国家"双一流"建设学科
辽宁大学应用经济学系列丛书
学术系列

总主编◎林木西

新时代东北老工业基地
产业结构一体化升级建构方略

The Strategy of the Integration and Upgrading of
the Industrial Structure of the Northeast Old Industrial Base in the New Era

吴云勇 马 会 著

中国财经出版传媒集团

经济科学出版社
Economic Science Press

图书在版编目（CIP）数据

新时代东北老工业基地产业结构一体化升级建构方略/
吴云勇，马会著．—北京：经济科学出版社，2019.12
ISBN 978 - 7 - 5218 - 1129 - 2

Ⅰ．①新… Ⅱ．①吴…②马… Ⅲ．①老工业基地 -
产业结构升级 - 研究 - 东北地区 Ⅳ．①F427.3

中国版本图书馆 CIP 数据核字（2019）第 287420 号

责任编辑：于海汛 程 铭
责任校对：杨晓莹
责任印制：李 鹏

新时代东北老工业基地产业结构一体化升级建构方略
吴云勇 马 会 著
经济科学出版社出版、发行 新华书店经销
社址：北京市海淀区阜成路甲 28 号 邮编：100142
总编部电话：010 - 88191217 发行部电话：010 - 88191522
网址：www. esp. com. cn
电子邮件：esp@ esp. com. cn
天猫网店：经济科学出版社旗舰店
网址：http：//jjkxcbs. tmall. com
北京季蜂印刷有限公司印装
710×1000 16 开 20.5 印张 290000 字
2020 年 2 月第 1 版 2020 年 2 月第 1 次印刷
ISBN 978 - 7 - 5218 - 1129 - 2 定价：72.00 元
（图书出现印装问题，本社负责调换．电话：010 - 88191510）
（版权所有 侵权必究 打击盗版 举报热线：010 - 88191661
QQ：2242791300 营销中心电话：010 - 88191537
电子邮箱：dbts@ esp. com. cn）

总　序

　　本丛书为国家"双一流"建设学科辽宁大学"应用经济学"系列丛书，也是我主编的第三套系列丛书。前两套系列丛书出版后，总体看效果还可以：第一套是《国民经济学系列丛书》（2005 年至今已出版 13 部），2011 年被列入"十二五"国家重点出版物出版规划项目；第二套是《东北老工业基地全面振兴系列丛书》（共 10 部），在列入"十二五"国家重点出版物出版规划项目的同时，还被确定为 2011 年"十二五"规划 400 种精品项目（社科与人文科学 155 种），围绕这两套系列丛书取得了一系列成果，获得了一些奖项。

　　主编系列丛书从某种意义上说是"打造概念"。比如说第一套系列丛书也是全国第一套国民经济学系列丛书，主要为辽宁大学国民经济学国家重点学科"树立形象"；第二套则是在辽宁大学连续主持国家社会科学基金"八五"至"十一五"重大（点）项目，围绕东北（辽宁）老工业基地调整改造和全面振兴进行系统研究和滚动研究的基础上持续进行探索的结果，为促进我校区域经济学学科建设、服务地方经济社会发展做出贡献。在这一过程中，既出成果也带队伍、建平台、组团队，使得我校应用经济学学科建设不断跃上新台阶。

　　主编这套系列丛书旨在使辽宁大学应用经济学学科建设有一个更大的发展。辽宁大学应用经济学学科的历史说长不长、说短不短。早在 1958 年建校伊始，便设立了经济系、财政系、计统系等 9 个系，其中经济系由原东北财经学院的工业经济、农业经济、贸易经济三系合成，财税系和计统系即原东北财经学院的财信系、计统系。1959 年院系调整，将经济系留在沈阳的辽宁大学，将财政系、计统系迁到大连组建辽宁财经学院（即现东北财经大学前身），将工业经济、农业经济、贸易经济三个专业的学生培养到毕业为止。由此形成了辽宁大学重点发展理论经济学（主要是政治经济学）、辽宁财经学院重点发展应用经济学的大体格局。实际上，后来辽宁大学也发展了应用经济学，东北财经大学也发展了理论经济学，发展得都不错。1978 年，辽宁大学恢复招收工业经济本科生，1980 年受人民银行总行委托、经教育部批准开始招收国际金融本科生，1984 年辽宁大学在全国第一批成立了经济管理学院，增设计划统计、会计、保险、投资经济、国际贸易等本科专业。到 20 世纪 90 年代中期，辽宁大学已有西方经济学、世界经济、国民经济计划与管理、国际金融、工业经济等 5 个二级学科博士点，当时在全国同类院校似不多见。1998 年，建立国家重点教学基地"辽宁大学国家经济学基础人才培养基地"。2000 年，获批建设第二批教育部人文社会科学重点研究基地"辽宁大学比较经济体制研究中心"（2010 年经教育部社会科学司批准更名为"转型国家经济政治研究中心"）；同年，在理论经济学一级学科博士点评审中名列全国第一。2003 年，在应用经济学一级学科博士点评审中并列全国第一。2010 年，新增金融、应用统计、税务、国际商务、保险等全国首批应用经济学类专业学位硕士点；2011 年，获全国第一批统计学一级学科博士点，从而实现经济学、统计学一级学科博士点"大满贯"。

在二级学科重点学科建设方面，1984 年，外国经济思想史（即后来的西方经济学）和政治经济学被评为省级重点学科；1995 年，西方经济学被评为省级重点学科，国民经济管理被确定为省级重点扶持学科；1997 年，西方经济学、国际经济学、国民经济管理被评为省级重点学科和重点扶持学科；2002 年、2007 年国民经济学、世界经济连续两届被评为国家重点学科；2007 年，金融学被评为国家重点学科。

在应用经济学一级学科重点学科建设方面，2017 年 9 月被教育部、财政部、国家发展和改革委员会确定为国家"双一流"建设学科，成为东北地区唯一一个经济学科国家"双一流"建设学科。这是我校继

1997 年成为"211"工程重点建设高校 20 年之后学科建设的又一次重大跨越，也是辽宁大学经济学科三代人共同努力的结果。此前，2008 年被评为第一批一级学科省级重点学科，2009 年被确定为辽宁省"提升高等学校核心竞争力特色学科建设工程"高水平重点学科，2014 年被确定为辽宁省一流特色学科第一层次学科，2016 年被辽宁省人民政府确定为省一流学科。

在"211 工程"建设方面，在"九五"立项的重点学科建设项目是"国民经济学与城市发展"和"世界经济与金融"，"十五"立项的重点学科建设项目是"辽宁城市经济"，"211 工程"三期立项的重点学科建设项目是"东北老工业基地全面振兴"和"金融可持续协调发展理论与政策"，基本上是围绕国家重点学科和省级重点学科而展开的。

经过多年的积淀与发展，辽宁大学应用经济学、理论经济学、统计学"三箭齐发"，国民经济学、世界经济、金融学国家重点学科"率先突破"，由"万人计划"领军人才、长江学者特聘教授领衔，中青年学术骨干梯次跟进，形成了一大批高水平的学术成果，培养出一批又一批优秀人才，多次获得国家级教学和科研奖励，在服务东北老工业基地全面振兴等方面做出了积极贡献。

编写这套《辽宁大学应用经济学系列丛书》主要有三个目的：

一是促进应用经济学一流学科全面发展。以往辽宁大学应用经济学主要依托国民经济学和金融学国家重点学科和省级重点学科进行建设，取得了重要进展。这个"特色发展"的总体思路无疑是正确的。进入"十三五"时期，根据"双一流"建设需要，本学科确定了"区域经济学、产业经济学与东北振兴""世界经济、国际贸易学与东北亚合作""国民经济学与地方政府创新""金融学、财政学与区域发展"和"政治经济学与理论创新"等五个学科方向。其目标是到 2020 年，努力将本学科建设成为立足于东北经济社会发展、为东北振兴和东北亚区域合作做出应有贡献的一流学科。因此，本套丛书旨在为实现这一目标提供更大的平台支持。

二是加快培养中青年骨干教师茁壮成长。目前，本学科已形成包括长江学者特聘教授、国家高层次人才特殊支持计划领军人才、全国先进工作者、"万人计划"教学名师、"万人计划"哲学社会科学领军人才、国务院学位委员会学科评议组成员、全国专业学位研究生教育指导委员会委员、文化名家暨"四个一批"人才、国家"百千万"人才工程入选者、国家级教学名师、教育部新世纪优秀人才、教育部高等学校教学指导委员会副主任委员和委员、国家社会科学基金重大项目首席专家等在内的学科团队。本丛书设学术、青年学者、教材、智库四个子系列,重点出版中青年教师的学术著作,带动他们尽快脱颖而出,力争早日担纲学科建设。

三是在新时代东北全面振兴、全方位振兴中做出更大贡献。面对新形势、新任务、新考验,我们力争提供更多具有原创性的科研成果、具有较大影响的教学改革成果、具有更高决策咨询价值的智库成果。丛书的部分成果为中国智库索引来源智库"辽宁大学东北振兴研究中心"和"辽宁省东北地区面向东北亚区域开放协同创新中心"及省级重点新型智库研究成果,部分成果为国家社会科学基金项目、国家自然科学基金项目、教育部人文社会科学研究项目和其他省部级重点科研项目阶段研究成果,部分成果为财政部"十三五"规划教材,这些为东北振兴提供了有力的理论支撑和智力支持。

这套系列丛书的出版,得到了辽宁大学党委书记周浩波、校长潘一山和中国财经出版传媒集团副总经理吕萍的大力支持。在丛书出版之际,谨向所有关心支持辽宁大学应用经济学建设与发展的各界朋友,向辛勤付出的学科团队成员表示衷心感谢!

林木西

2019 年 7 月

进入新时代，东北老工业基地正处于优化经济结构、转变发展方式和动能转换的重要攻关期。2016年发布的《中共中央国务院关于全面振兴东北地区等老工业基地的若干意见》和《东北振兴"十三五"规划》，明确提出了东北地区"促进区域一体化"和"促进区域产业结构协同发展"的战略目标。东北老工业基地在2020～2030年，"要实现全面振兴，走进全国现代化建设前列，成为全国重要的经济支撑带，具有国际竞争力的先进装备制造业基地和重大技术装备战略基地，国家新型原材料基地、现代农业生产基地和重要技术创新与研发基地"。在此背景下，探讨东北老工业基地产业结构一体化升级建构方略对东北老工业基地全面振兴和经济高质量发展具有十分重要的现实意义。本书是2019年度辽宁省社科规划基金项目"新时代东北老工业基地产业结构一体化升级建构方略"（L19BJL003）的最终成果。

本书基于国民经济学、区域经济学、产业经济学、新制度经济学等相关理论，从东北地区区域经济一体化升级的视角，对东北老工业基地产业结构的升级进程进行了历史性梳理，并利用主成分分析法、熵值法等定量方法，构建评价模型，对东北老工业基地产业结构的一体化升级进行了实证分析，找出了新时代东北老工业基地产业结构一体化升级的优势、劣势、机遇和威胁。在借鉴国内外发达国家和地区区域产业结构一体化升级经验的基础上，从宏观、中观、微观三个层次探索性地提出了新时代东北老工业基地产业结构实现一体化升级的具体方略。

具体来说，除结论外，全书分为七个部分：

第一章为绪论，主要介绍了新时代东北老工业基地产业结构一体化升级问题提出的背景、选题的意义、研究的方法、主要内容与基本结构、主要观点与创新之处等。

第二章围绕东北老工业基地产业结构一体化升级问题，对国内外文献进行了综述，在此基础上进行了简要的评价，提出了研究的整体框架构思。

第三章将东北老工业基地产业结构优化升级的历史演进，分为四个阶段进行了分析。其中，第一、二阶段的划分是以改革开放的1978年为临界点；第二、三阶段的划分是以《关于实施东北地区等老工业基地振兴战略的若干意见》发布的2003年为临界点；第三、四阶段的划分是以"十九大"中国特色社会主义进入新时代论断提出的2017年为临界点。

第四章通过构建产业结构一体化升级评价模型，对东北老工业基地产业结构的一体化升级进行了时间序列分析和区域间截面数据比较分析，发现产业结构优化升级绩效中的高度化程度更重要；东北地区产业结构一体化升级绩效整体呈上升趋势但是低于"京津冀"区域和"长三角"区域；东北老工业基地产业结构优化升级的动力来自辽宁省，阻力同样来自辽宁省。

第五章运用SWOT分析法对东北老工业基地产业结构一体化升级的优势、劣势、机遇、威胁进行了梳理。研究发现：优势包括地缘区位优势、技术创新优势、城市化响应优势、金融发展优势、交通运输基础建设优势和后发优势；劣势包括东北地区经济发展日益衰退、产业结构升级缓慢且结构不合理、东北地区资源优势逐渐丧失、东北企业劳动力数量与质量不足、产业制度安排还不健全；机遇包括东北老工业基地振兴的宏观经济政策、对外开放合作扩大且外商投资力度大、东北三省被纳入环渤海经济区；威胁包括国际贸易争端凸显、国内区域间竞争激烈和外商投资加剧产业分化。

第六章是对国内外区域产业结构一体化升级经验的总结与借鉴。利用美国纽约都市圈、日本东京都市圈、"长三角"区域、"京津冀"区域等的经验，归纳总结出东北老工业基地产业结构一体化升级的四个重要启示：政府与市场职能适度发挥、明确产业分工以实现区域产业一体化协调发展、完善通达的交通网络和发展高技术产业。

第七章从宏观、中观、微观三个层面，构建出东北老工业基地产业结构一体化升级的方略。具体来说，宏观层面需要建立和完善政策制度框架，东北发展应与国家战略相适应，包括以下五个方面：深化供给侧结构性改革，增强经济活力；借助"一带一路"机遇推动产业结构优化升级；坚持建设创新型国家，创新引领东北老工业基地振兴；深入推进乡村振兴战略和新型城镇化规划；落实全面减税降费改革。中观层面包括优化东北地区产业发展和推进区域经济一体化两个方面，前者主要从产业结构、产业组织、产业技术和产业布局四个方面提出了东北产业发展优化对策；后者重心应该放在推进东北亚区域经济合作和东北区域经济一体化上。微观层面需要对助力东北产业结构优化升级的经济主体精准施策，具体包括以下四个方面：发挥企业作为经营主体的能动作用；加强金融支持力度；充分发挥高校和科研机构的地位和作用；人才集聚助推东北发展。

目　录

第一章

绪 论

狭义上，东北地区是指辽宁省、黑龙江省、吉林省；广义上，东北地区则包括东北三省和曾经为东北三省管辖的今内蒙古东五盟市（呼伦贝尔市、通辽市、赤峰市、兴安盟、锡林郭勒盟）以及河北省的秦皇岛。"新时代东北老工业基地产业结构一体化升级构建方略"，拟从狭义上研究东北地区。

第一节 问题的提出

作为共和国"长子"，东北地区是新中国成立后第一个实现工业化的地区，良好的自然资源背景、丰富的矿产资源贮藏以及勤劳朴实的东北人民使得这片土地曾为中国经济的发展做出杰出的贡献。东北地区曾是新中国工业的摇篮，为建成独立、完整的工业体系和国民经济体系，为国家的改革开放和现代化建设做出了历史性的重大贡献。然而随着改革开放的深入，东北地区的经济发展速度逐渐落后于东部沿海地区，辽宁、吉林、黑龙江三省国内生产总值（GDP）增速在全国各省市的总排名中较为靠后，和欣欣向荣的长三角、珠三角、京津冀等地区相比，东北地区的经济状态已然成为中国经济的另一面。为此，2003 年 10 月，中共中央、国务院发布《关于实施东北地区等老工业基地振兴战略的若干意见》，将振兴东北老工业基地纳入国家发展战略中，明确了实施振兴战略的指导思想、方针任务和政策措施，标志着东北第一轮振兴的开始，东北地区产业结构的优化调整也进入了战略性优化升级的新阶段。诚然，在政策提出的最初几年中，随着社会保障试点、豁免企业历史欠税等政策的实施，东北地区的经济发展速度逐渐加快，人民的生活水平日益提高，逐步赶上了全国平均增速。但随着经济的增长，部分产能过剩的现象开始出现，钢铁过剩、风力发电设备过剩、石化工业过剩……东北地区的支柱产业几乎都处在过剩的区间。2012 年 3 月，国务院批复了《东北振兴"十二五"规划》，要着力破解制约东北老工业基地振兴的体制性、机制性、结构性矛盾，推动体制机制不断创新。自 2014 年以来能源价格出现下行趋势，以能源重化工业为主的东北地区受到的冲击最为显著。过剩的产能没了出路，必然会导致经济增长停滞不前，而摆脱危机最有效的手段，便是调整产业结构。基于此，《中共中央国务院关于全面振兴东北地区等老工业基地的若干意见》于 2016 年 4 月 26 日发布，在"十三五"开局之际吹响了新一轮东北老工业基地振兴战略的号角。2016 年 10 月，中共中央政治局常委、国务院总理李克强主持召开国务院振兴东北地区等老工业基地推进会议，部署进一步推动东北老工业基地振兴工作，通过了《东北振兴"十三五"规划》。2017 年 10 月，党的十九大报告提出"实施区域协调发展战略""建立更加有效的区域协调发展新机制""推动经济发展质量变革、效率变革、动力变革，提高全要素生产率，着力加快建设实体经济、科技创新、现代金融、人力资源协同发展的产业体系"，这为东北老工业基地更好地推进产业结构优化升级指明了方向。新时代，东北老工业基地应该重在进行一体化产业结构升级，到 2020 年，在重要领域和关键环节改革上取得重大成果，在转变经济发展方式和结构性改革上取得重大进展，经济保持中高速增长，与全国同步实现全面建成小康社会目标。在此基础上，争取再用 10 年左右时间，"东北地区实现全面振兴，走进全国现代化建设前列，成为全国重要的经济支撑带，具有国际竞争力的先进装备制造业基地和重大技术装备战略基地，国家新型原材料基地、现代农业生产基地和重要技术创新与研发基地"。

新时代，东北老工业基地产业结构优化升级需要新方略。辽、吉、黑三省单打独斗，各自为战，已解决不了东北经济全面振兴问题。东北老工业基地需要借鉴美国纽约都市圈、日本东京都市圈、"长三角"地区、"京津冀"地区等发达国家和我国发达地区的经验，从区域经济一体化升级视角寻找路径，实现东北老工业基地全面全方位振兴。即将东北地区作为一个整体，系统性地研究东北老工业基地产业结构一体化升级问题，深入探讨新时代东北老工业基地产业结构一体化升级问题的优势、劣势、机遇与威胁，多层次驱动产业结构一体化升级战略，最终实现东北老工业基地全面全方位振兴和区域经济高质量发展。

第二节 研究的意义

进入新时代，东北地区正处于优化经济结构、转变发展方式和发展动能转换的重要攻关期。2016 年 3 月国务院颁布的《关于深化泛珠三角区域合作的指导意见》明确提出了"促进区域一体化"和"促进区域产业结构协同发展"的战略目标。在此背景下，深度探讨东北地区产业结构优化升级方略问题对东北老工业基地振兴和经济高质量发展具有十分重要的现实意义。习近平总书记（2019）指出，东北地区的战略地位十分重要，要有效整合资源，主动调整经济结构，形成新的均衡发展的产业结构、推动东北地区全面全方位振兴。

产业结构优化升级在东北老工业基地振兴中的重要性已经得到共识，习近平总书记和李克强总理也多次在一些重要会议上进行了强调。但是，到目前为止，新时代背景下，东北地区产业结构如何一体化升级还没有形成一个普遍性的共识。本书拟从区域经济一体化的视角出发，对东北老工业基地产业结构优化升级的过去、现状与未来进行应然与实然的研究，将进一步丰富现有的产业结构优化升级的相关理论，并且还将为中央政府和地方政府在新时代背景下优化东北老工业基地产业结构提供借鉴与参照，具有重要的研究价值和现实意义。具体来说，一是可以丰富产业结构方面的理论研究，让理论研究走在实践的前面；二是可以让东北三省政府按图索骥，通过理论与政策建议的引领，实施相关政策，系统性地优化升级本省的产业结构；三是有利于东北三省的政府和学术界形成共识，各省间采取相向的、有效配合的措施，"美人之美、美美与共"，共同推进东北老工业基地产业结构一体化升级，从而最终实现东北经济的全面全方位振兴。

第三节　研究的方法

本书在研究过程中，综合运用了文献分析法、访谈调查法、实证分析法和规范分析法、静态分析法和比较静态分析法、系统分析法。

（1）文献分析法。文献分析法就是对文献进行查阅、分析、整理并力图寻找事物本质属性的一种研究方法。本书运用文献分析法的目的在于：确定研究问题的基本范围；构建应然的研究分析框架，指导访谈提纲等研究工具的设计与开发，为准确描述东北老工业基地产业结构一体化升级寻找理论基础。本书主要收集的文献包括学者著作、政策文本、统计年鉴、数据报告、学术文章等。

（2）访谈调查法。访谈调查法是通过被访者的答复来收集客观事实材料，按照研究的需要向不同类型的人了解不同类型材料调研方法。本书采用访谈调查法的主要目的是：通过对政府相关领导进行专门访谈，了解政策制定部门的政策观点与改革思路，有针对性地了解东北老工业基地产业结构的历史演化过程，准确掌握其改革逻辑、政策初衷与历史经验；了解业内相关学者和企业专家对东北老工业基地产业结构优化升级问题的评价与反思，补充文献没有分析到的内容，重点了解业内知名学者对东北老工业基地产业结构一体化升级重点问题的深层次追问和分析，利用访谈资料与文献资料相互印证，提高研究结论的可靠性。

（3）实证分析法和规范分析法。实证分析只对经济现象、经济行为或经济活动及其发展趋势做客观分析，只考虑经济事物间相互联系的规律，并根据这些规律来分析和预测人们经济行为的效果。它要回答的是"是什么"的问题。规范分析是以一定的价值判断为基础，提出某些分析处理经济问题的标准作为制定经济政策的依据，并研究如何才能符合这些标准。它要回答的是"应该是什么"的问题。本书试图将两种分析方法联系起来，通过对东北老工业基地产业结构一体化升级问题的具体分析，在回答产业结构优化升级"是什么"（what）的基础上，提出东北老工业基地产业结构优化升级应该"怎么办"（how）。具体说来，本书以国民经济学、区域经济学、产业经济学、管理学理论以及系统科学等多学科领域的理论为指导，对产业结构优化升级概念的界定、相关理论和文献的回顾、路径选择等问题以规范分析为重点，对东北老工业基地产业结构优化升级的演进、绩效评价等内容分析则以实证分析为主，努力实现规范分析与实证分析的有机结合。

（4）静态分析法和比较静态分析法。静态分析法是要说明各种经济变量达到均衡的条件，比较静态均衡分析是要说明从一种均衡状态变动到另一种均衡状态的过程，即原有的条件变动时，均衡状态发生了什么相应的变化，并把新旧均衡状态进行比较。东北老工业基地产业结构一体化升级问题有其产生、发展的演进规律，有其自身的阶段性、区域性特征。东北地区产业结构优化升级阶段性的分析离不开具体的时点，这属于静态分析；将东北老工业基地产业结构优化升级的不同时点、不同时期状况进行比较，以及与其他区域进行比较，就属于比较静态分析了，因此比较静态分析也是本书重要的研究方法。这些方法的融合，体现在本书所有的时间序列数据和截面数据的应用中。

（5）系统分析法。系统分析法是以系统的整体最优为目标，对系统的各个方面进行定性和定量分析。它是一个有目的、有步骤的探索和分析过程，为决策者提供直接判断和决定最优系统方案所需的信息和资料，从而成为系统工程的一个重要程序和核心组成部分。东北老工业基地产业结构的优化不是单纯由某一个指标推动的，是若干个指标构成的一个指标束，同时，也不能由一个省或市推动，需要东北三省通过区域经济一体化升级推动。所以，需要把东北老工业基地产业结构一体化升级问题看成是一个系统，既分析其整体情况，又对其各个构成要素进行剖析，只有用系统分析方法，并综合运用国民经济学、新制度经济学、计量经济学等理论，开展多学科系统性研究，才能真正发现规律并对新时代一体化升级路径进行有效研究。

第四节　主要内容与基本结构

一、主要内容

本书基于国民经济学、区域经济学、产业经济学、新制度经济学、管理学等的相关理论，从东北老工业基地区域经济一体化升级的视角，对东北老工业基地产业结构的优化进程进行历史性梳理；通过分阶段研究，对东北老工业基地产业结构的演进进行纵向和横向评价，找出新时代东北老工业基地产业结构一体化升级的优势、劣势、机遇和威胁；在国内外区域产业结构一体化升级经验借鉴的基础上，找出新时代东北老工业基地产业结构一体化升级科学的、有效的、系统性的方略。

具体来说，本书主要包括以下内容：

第一章绪论主要介绍了新时代东北老工业基地产业结构一体化升级问题提出的背景、选题的意义、研究的方法、主要内容与基本结构、主要观点与创新之处等。

第二章围绕东北老工业基地产业结构一体化升级问题对国内外文献进行了综述，在此基础上进行了简要的评价，提出了研究的整体框架构思。

第三章将东北老工业基地产业结构升级的历史演进分四个阶段进行了分析。其中，第一、二阶段的划分是以改革开放的1978年为临界点；第二、三阶段的划分是以《关于实施东北地区等老工业基地振兴战略的若干意见》发布的 2003 年为临界点；第三、四阶段的划分是以"十九大"中国特色社会主义进入新时代论断提出的 2017 年为临界点。

第四章通过构建产业结构一体化升级评价模型，对东北老工业基地产业结构的一体化升级进行了时间序列分析和区域间截面数据比较分析，发现产业结构优化升级绩效中的高度化程度更重要、东北地区产业结构一体化升级绩效整体呈上升趋势但是低于京津冀区域和长三角区域、东北老工业基地产业结构优化升级的动力来自辽宁省，阻力同样来自辽宁省。

第五章对东北老工业基地产业结构一体化升级的优势（S）、劣势（W）、机遇（O）、威胁（T）进行了分析，即 SWOT 分析。其中，S 包括地缘区位优势、技术创新优势、城市化响应优势、金融发展优势、交通运输基础建设优势和后发优势；W 包括东北地区经济发展日益衰退、产业结构升级缓慢且结构不合理、东北地区资源优势逐渐丧失、东北企业劳动力数量与质量不足、产业制度安排不健全；O 包括东北老工业基地振兴的宏观经济政策、对外开放合作扩大且外商投资力度大、东北三省被纳入环渤海经济区；T 包括国际贸易争端普遍、国内区域间竞争激烈和外商投资加剧产业分化。

国内外区域产业结构一体化升级的经验对东北老工业基地产业结构一体化升级具有可借鉴性。所以，第六章分析了美国纽约都市圈、日本东京都市圈、"长三角"区域、"京津冀"区域等国际和国内区域产业结构一体化升级的经验。研究得出四点启示：政府与市场适度发挥职能、明确产业分工以实现区域产业一体化协调发展、完善通达的交通网络和发展高技术产业。

第七章构建了东北老工业基地产业结构一体化升级的方略。具体可以从三个层面进行方略构建：（1）从宏观层面上，需要建立和完善政策制度框架，东北发展应与国家战略相适应；（2）从中观层面上，需要优化东北地区产业发展和推进区域经济一体化；（3）从微观层面上，需要对助力东北产业结构优化升级的经济主体精准施策。

二、技术路线

本书的研究框架如图 1-1 所示。

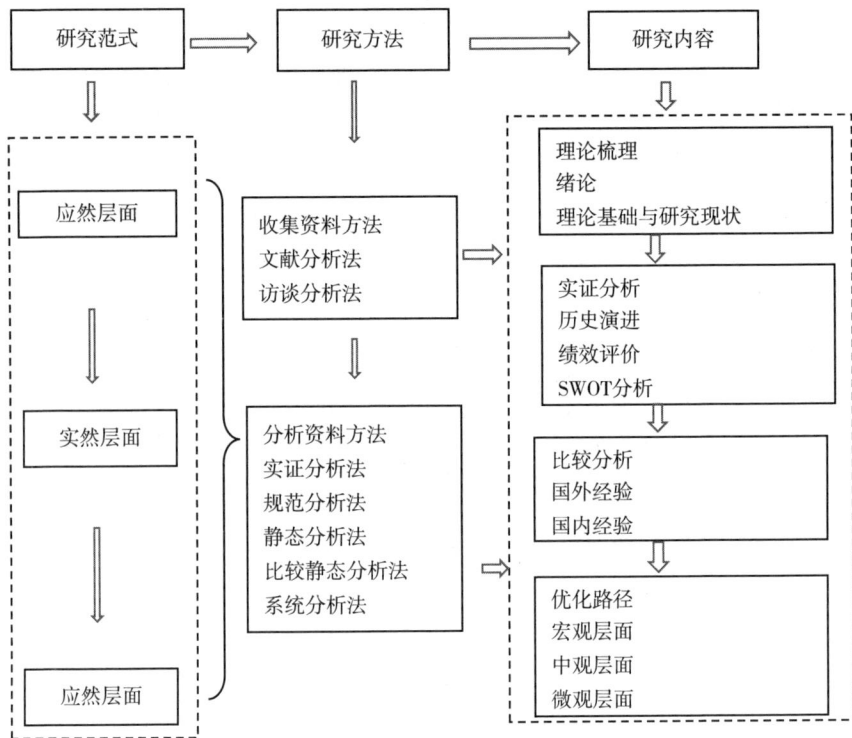

图 1-1 研究框架路线图

第五节 主要观点与创新点

一、主要观点

（1）东北老工业基地产业结构一体化升级是东北经济全面全方位

振兴的关键;

（2）东北老工业基地产业结构一体化升级能发挥出 1 + 1 + 1 > 3 的效果，因此把东北地区作为一个系统来研究，比分辽、吉、黑三个省份——研究更有可能解决东北老工业基地全面全方位振兴问题;

（3）纽约都市圈、东京都市圈、长三角、京津冀等地区的区域产业结构一体化升级经验对东北老工业基地产业结构一体化升级有重要的借鉴意义;

（4）东北老工业基地产业结构优化升级有规律可循、有方略可破解;

（5）辽、吉、黑三省单打独斗，各自为战，已解决不了东北老工业基地振兴问题，需要借鉴外部经验，从区域经济一体化升级视角寻找路径，实现东北地区全面全方位振兴。

二、创新之处

本书的创新之处主要体现在研究视角、研究方法、研究价值三个方面。

首先，体现在研究视角方面。本书将东北地区产业结构优化升级问题看成是一个系统性的问题，认为需要从产业结构一体化升级的视角进行研究，新时代，东北老工业基地振兴受阻，迫切需要展开新视角的研究。

其次，体现在研究方法方面。本书重在通过东北老工业基地演进的阶段划分，实证评价东北老工业基地产业结构优化升级的绩效，以及新时代面临的优势、劣势、机遇和威胁，这种研究既有理论又有实践，既立足于过去又重在解决现实问题，对东北老工业基地全面全方位振兴有重要参考价值。

最后，体现在研究价值方面。体制机制问题制约了东北老工业基地振兴，但如果把劣势变为优势，通过宏观、中观、微观三个层次实施东北老工业基地产业结构一体化升级方略，实现产业结构合理化、高级化和可持续发展战略，将会事半功倍，带动东北地区经济高质量发展。

第二章

理论基础与研究现状

产业结构主要研究不同产业的产值在总产值中所占比重的问题，对产业结构优化升级问题的研究，是解决经济增长与经济高质量发展问题的重要途径。在此，通过梳理产业结构优化升级问题的理论基础与研究现状，以期为新时代东北地区产业结构优化升级路径的选择提供前期文献基础。

第一节　理 论 基 础

关于产业结构优化升级的理论，可以从封闭经济和开放经济角度分别进行分析，比较著名的学者包括霍夫曼（Hoffmenn）、克拉克（Clark）、库兹涅茨（Kuznets）、里昂惕夫（Leontief）、钱纳里（Chenery）、罗斯托（Rostow）、波特（Porter）、筱原三代平（Miyohei）、赤松要（Akamatsu）等。

一、封闭经济下的理论

（一）霍夫曼定理

1931 年霍夫曼（Hoffmenn）在对大约 20 个国家的历史工业数据进

行统计分析的基础上，重点分析了消费品工业附加值与资本资料工业净产值的比例关系（路正南，2007），阐述了重工业与轻工业之间的比例关系，进而得出上述比例关系是一个持续下降的过程，这一结论即为著名的霍夫曼定理。这一理论打开了研究经济增长与产业结构之间关系的窗口。

（二）配第—克拉克定理

1940 年，克拉克（Clark）在研习霍夫曼定理基础上，从人均国民收入水平的角度提出了"配第—克拉克定理"（刘志彪，2013），阐述了产业结构内部自有的关联性。该定理是对三次产业分类法的拓展，最终得出的结论是：经济发展的过程中，劳动力的转移会随着人均国民收入水平的提升而发生变化。刚开始随着人均收入水平提高，劳动力会由第一产业向第二产业转移，随后，人均国民收入水平的进一步提高会导致劳动力流入第三产业。

（三）库兹涅茨准则

库兹涅茨对克拉克定理关于人均国民收入的结论作了更进一步的发展（西蒙，1988）。他在收集了 20 多个国家大量历史数据基础上，研究了人均国民收入与产业结构之间的关系，指出产业结构的变化受人均收入的影响，提出了著名的库兹涅茨准则。即：（1）随着时间的推移，农业部门的国民收入在整个国民收入中的比重和农业劳动力在全部劳动力中的比重不断下降。（2）工业部门国民收入在整个国民收入中的比重大体上是上升的，但是，工业部门劳动力在全部劳动力中的比重则大体不变或略有上升。（3）服务部门的劳动力在全部劳动力中的比重和服务部门的国民收入在整个国民收入的比重基本上都是上升的。

（四）投入产出分析方法

里昂惕夫（Leontief）创立了投入产出分析法，他以及后来的一些学者，跳出整个国民收入笼统的大范围，从影响国民收入的某个具体影响因素角度去阐述产业结构与某个具体影响国民收入的参数之间的关系。通过量化数据的方法，建立一些数学及经济模型进行精准的量化分析，在后来的实际应用中有非常广泛的用途。

（五）标准结构理论

钱纳里（Chenery）对量化的判断标准进行了进一步的深化，通过对 50 多个国家的历史数据研究，他发现在国民收入不断增长的过程中，第一产业农业与第三产业服务业比重最小，而第二产业中的制造业占比最大。在此基础上，他提出了产业结构变动的标准结构理论，从产业关联度的角度为制造业的产业变动打下了基石；并且他还提出了经济增长即经济结构转变过程的观点，换言之，他认为产业结构升级的过程等同于经济增长的动态化（周琴，2010）。

（六）产品生命周期理论

在 20 世纪 80 年代，弗农·拉坦（Vernon Rutton）通过研究美国不同行业的演变过程，得出产品的市场发展过程可以归纳为四个阶段，即产品生命周期理论：在导入期阶段，市场上产品属于新兴物品，生产企业很少，企业的生产技术还不是很成熟，产品还缺乏竞争力，市场认可度和接纳度很低；在成长期，产品的生产技术大大提高，消费者对产品的需求也大幅提升，出现供不应求局面，场外的厂商会被大批吸引进入市场，产品利润开始急剧增加；在产品成熟期，产品市场基本趋于稳定，产品的价格需求弹性降低，企业能获得不错的利润回报；到了产品衰退期，此时新的更高技术含量的替代产品出现，产品价格会下降，厂商开始逐渐退出，该产品相关的产业会被逐渐淘汰。产品生命周期理论揭示了产业优化升级的阶段性。

上述的相关研究有一个基本的假设前提，就是一国的经济是处于封闭的环境之中的，即不考虑开放流动的市场外部环境对其产生的影响；但是一旦加入开放的外部环境因素的影响，上述的理论研究就略显不足。

二、开放经济下的理论

（一）早期的研究

最早考虑外部因素对产业结构影响的著作是亚当·斯密（Adam Smith）的《国民财富的性质和原因的研究》（以下简称《国富论》），在这本著作中他提出了绝对成本说，即分工可以提高劳动效率，这成为国际分工理论的基石，同时也为其他经济学科的发展提供了理论支撑。之后的大卫·李嘉图（David Ricardo）在亚当·斯密《国富论》的基础上提出了比较成本说，阐述了比较优势理论。再之后贝蒂·戈特哈德·俄林（Bertil Ohlin）阐述了要素禀赋论；库兹涅茨提出的库兹涅茨法则阐述了发展中国家与发达国家之间的依存关系；罗斯托进一步深化了国际分工对产业结构影响的理论研究，提出了"经济六阶段增长理论"；波特则从国际竞争力的角度阐明了国际分工带来的比较优势与产业结构之间的关系，并且提出了著名的"钻石理论"，该理论后来被广泛地应用于宏观战略管理之中。

（二）日本学者的研究

以上相关理论的提出者大多为欧美学者，但是自20世纪50年代之后，日本迫于国内经济发展以及产业结构优化升级的迫切需要，许多学者开始研究如何实现日本在世界经济中的赶超问题。比如，日本经济学家盐野谷裕一通过研究霍夫曼提出的轻重工业比例关系持续下降的相关问题，提出霍夫曼定理中存在的一些缺陷，并提出了相应的改良方法。他发现霍夫曼定理中关于消费资料与工业资料之间的概念界定存在模糊的"中间地带"，即有些资料既不是消费品又不是工业品，故应将这类中性资料剔除掉。同时，通过商品流通法则推导出改良后的霍夫曼定理，发现霍夫曼比例在高水平的工业化国家趋于稳定。

还有一些日本学者在工业结构加工化、工业结构知识集约化以及产业结构软化等方面进行了研究。对工业结构加工化和集约化的研究表明重工业的发展进程大致有两个阶段，即原材料和组装加工两个阶段，二者分别从不同侧重点提出了重点发展的领域；对产业结构软化的研究则指出了工业化的发展历程往往会有两个阶段性变化，即从劳动密集型转向资源密集型，再从资源密集型转向技术密集型的发展模式，并且每一次转换往往会使整个产业结构趋于软化。

日本学者筱原三代平（Miyohei）在 20 世纪 50 年代提出了"动态比较费用论"（李悦，2004），他着重阐述了如何降低产业中产品的生产成本，并且他强调在国际竞争中暂时处于比较劣势的产业不一定没有机会成长起来，国家可以通过合适的政策手段，诸如合理的产业帮扶计划、贸易保护政策等，使处于弱小领域的产业经过一段时间（以年为单位）发展，跻身国际优势产业领域，同时实现产品成本大大下降，更好地参与国际竞争。

日本学者赤松要（Akamatsu）（1960）在筱原三代平提出的"动态比较费用论"的基础之上，提出了著名的"雁行形态发展论"。该理论认为落后国家的产业赶超先进国家产业时，产业结构的变化呈现出雁行形态，即落后国家产业发展是按照"进口—国内生产—出口"这样的交替模式进行，雁行形态说因此得名（张璞，2010）。雁行形态中，"进口"指的是一些落后的工业化初期国家无力生产很多工业产品，只能依靠进口；"国内生产"是指随着国内对进口产品的需求形成规模后，国内的一些生产厂商会进入这个领域，此时国内生产便开始了；"出口"是指随着国内生产产品技术的成熟，由于具备廉价的劳动力优势，形成了在该产业的规模效应和该产业的比较优势，于是便开始了出口浪潮，同时产业结构也会朝着更高级化的方向进步。但是需要注意的是，雁行形态说并不适用所有的国家，它的形成具有一定的条件，它对处于工业化初期且劳动力资源丰富的国家比较适用。

第二节　研　究　现　状

现有文献中，关于东北地区产业结构优化升级问题的研究，可以从现状与问题、关键因素和解决对策三个层面进行梳理。

一、产业结构优化升级的内涵

周振华（1992）指出，产业结构优化升级内涵可以从产业结构高度化和合理化两个方面进行阐述。所谓产业结构的高度化即产业结构发展水平从低水平向高水平发展的过程，这个过程的测定可以通过中间产品产值与最终产品产值的对比进行。所谓产业结构合理化即产业结构作为一个聚合体，其内部不同的产业之间是一个有机的联系过程，这个整合过程会使产业结构产生完全不同于各单独产业的聚合能力。从周振华提出的产业结构优化升级的内涵中可以发现，产业结构优化升级的过程其实是产业结构实现升级转型的一个过程，是各个产业不断由低技术含量、低附加值、低聚合度向高技术含量、高附加值、高聚合度转变的过程。产业结构内部的各产业的比例也会在这个转变的过程中趋于合理化。因为市场局部失灵问题和资源的错配问题一直存在，经济很少真正处于帕累托最优状态。产业结构优化升级的过程也是社会资源的再分配过程，政府通过相关的产业政策来优化各产业状态，解决产业之间供需不平衡状况，进而推动社会资源的合理配置与再分配。

李悦、李平（2008）在其著作《产业经济学》中提出，产业结构的优化是使产业结构趋于协调性的过程，最终实现产业机构的协调化和合理化。并且他们还指出，经济的持续增长离不开产业结构的优化升级，经济增长质量的提升，更需要产业结构水平的提升。

苏东水（2010）则在周振华的基础上提出，产业结构优化升级是实现产业结构合理化与产业结构高级化的过程。其在著作《产业经济学》中，除了对产业经济学相关理论做了详细说明外，还提出了适合中国特色和经济全球化的产业经济理论。陈仲常（2005）则指出，产业结构优化升级是使产业结构朝高级化与合理化发展的动态过程。

杨治（1985）重点研究了产业结构内涵中的高级化部分，他利用大量历史数据进行了论证，发现产业结构高级化的过程与经济增长的关系并不是很显著，但产业结构高级化与经济发展之间的关联性较高。他强调经济的发展需要决定了产业结构的变化过程，同时产业结构变化过程又意味着经济发展到了不同的阶段，二者是一个相互映射的关系。并且经济的发展是由供需两方面共同决定的，这也同样决定了产业结构的演进过程。同时他还强调了产业结构从低层次向高层次的过渡过程，以及产业结构调整变化过程，这和产业结构高级化和合理化其实是一个意思，只是表述不同而已。

李红梅（2000）的观点是，产业结构优化升级表示产业结构的转型升级，是一种进步过程，这个进步过程往往伴随着资本、技术等要素的聚合程度的提升。张立厚（2000）提出产业结构优化升级是以实现国民经济整体效益最大化为目标的，即优化的最终归宿是整个国民经济整体。他还强调，要在有限的资源下，根据经济发展不同阶段的发展水平、国内外经济政治环境以及科技水平、居民素质等因素，来进行合理的要素配置，从而实现各个产业的协调发展。张立厚指出产业结构优化升级的重心是使产业结构高级化和合理化两个部分实现有机统一，二者之间可以是一个相互促进的过程，产业结构的高级化可以带动产业结构合理化，产业结构合理化也能促进产业结构高级化。

二、产业结构优化升级的标准

产业结构优化升级标准，其实是对产业结构高级化和产业结构合理化标准的界定问题。目前国外最广泛采用的是"标准结构"，几种主要的产业结构优化升级（合理化）标准为：钱纳里提出的产业结构标准模型、库兹涅茨提出的标准结构，以及钱纳里—塞尔昆模型等。在国内，研究产业结构优化升级标准的代表人物包括江小涓（1996）、苏东水（2005）等人。他们对产业结构的研究大都是在国外现有的产业结构优化升级标准基础上，提出适合中国经济发展的优化标准。不过由于他们对于变量的选择往往局限于收入、产值以及资本、劳动等要素投入量，故无法对不同国情决定的产业结构升级问题做出系统性、差异化的研究。实际上由于各国之间产业结构、经济状况存在差异性，产业结构的优化没有统一的标准，其判断标准也是多样的。关于产业结构优化升级标准（高级化）的研究目前也并没有完美的衡量标准，但是常用的方法包括"标准结构法"与"相似性分析法"。这里的"标准结构法"是指某国或者某地区的产业结构存在比较价值，一般通过总结发达国家的经验，然后将本国的产业结构状况与发达国家产业结构进行比较，进而得出本国产业结构的高度水平；而"相似性分析法"是在"标准结构法"基础上的延伸，目的是克服"标准结构法"自身由于比较所导致的适应性问题，故通过"相似性分析方法"，把本国的产业结构状况与发达国家的产业结构状况进行对比，从而确定本国产业结构的高级化水平。

张建华、李博（2008）根据不同要素的特点，创造性地提出了以劳动、资本、原料、能源、服务为根据的 KLM 方法；同时以数据库为核心依据，构建了产业结构优化升级评价体制，充分研究了不同国家要素禀赋差异化对产业结构优化升级的影响。

黄继忠（2002）认为产业结构的高效化应该作为产业结构优化升级的主要内容之一，并且提出产业结构的优化应该由高效化、高级化以及合理化三者共同构成。所谓高效化就是指在假定技术经济条件不变的前提下，低效的产业比例下降以及高效的产业比例上升的过程。通过实证分析，他还模拟了高效化的产业结构带来的优化效果。

三、产业结构优化升级的关键因素

产业结构优化升级的过程中受到很多因素的影响，总体上可以概括为以下几个方面：经济制度影响、技术创新影响、对外贸易影响以及利用外资影响。并且在不同的时期学者们研究的侧重点也是略有差异，下面将具体从这四个方面对此做介绍。

（一）经济制度和产业结构

关于经济制度与产业结构之间关联性的研究文献比较少，一般都是伴随着经济学这门学科的发展，这些诸如产业结构转型升级的理论，被大量应用于发展经济学和制度经济学。所以在关于经济制度对产业结构优化升级影响方面缺乏系统性的梳理，学者们的论点大部分都很零散。不过从目前来看，经济制度对产业结构影响的研究大部分是关于经济持续增长与制度确定、优化、完善之间的关联性研究，尤其是在新制度经济学出现后，这种研究开始增多。

库兹涅茨（Kuznets，1988）通过计量的方法，将制度对产业结构优化升级的影响分解为直接影响和间接影响，他认为制度对产业的影响是通过消费者自身的需求次序决定的，而消费者的需求次序又是由人类对制度差异的最终需求敏感度而决定的。

钱纳里（Chenery，1995）认为激励制度的建立会对产业结构产生重大的影响，合适的激励制度能够极大促进产业结构的优化，进而促进经济的增长。

诺曼·尼克尔森（2003）将制度与产业结构之间的作用原理进行了推演、论证，他指出制度对经济结构发生作用的机理是制度通过发挥其在资源配置、增长动力以及信息流通方面的作用，促使经济结构优化升级，进而促使产业结构优化升级，同时实现经济的增长（Peneder，2003）。

诺斯（North，2003）认为，经济结构的变动不单单是由"技术"决定的。他把经济结构的变化归因于制度结构的变化，认为制度的建立与变化会对经济结构产生影响，制度的进步可以促进技术的更新，进而促进经济结构的升级，带动产业结构的优化。

江小涓（1996）通过对西方产业理论及公共理论的研究，在其著作中详细论述了产业结构调整过程中政府发挥的作用，同时也分析了在产业结构政策制定、决策等过程中，政府干预会产生的影响。并且她通过借鉴西方产业理论的研究思路，建立了中国特色的产业结构优化升级研究方法。

郭克莎（2001）认为产业结构在经济发展过程中受到僵化体制制约严重，产业结构的调整应该从需求角度着手。周叔莲（2007）对双体制下，制度因素与产业结构调整之间存在的问题进行了分析，并且根据存在的问题提出了不同的解决措施，诸如改变产业布局和产业组织政策、创新投资策略、提升运输领域效率等。

张亚斌（2001）通过耦合度测试，分别从动、静两个方面说明了产业结构与所有制之间耦合关系及路径选择。他认为产业结构与所有制结构之间是相互关联、有机统一的；而且产业结构的调整优化第一步是调整所有制结构。沈坤荣（1999）认为，产业结构调整主要依赖于国有经济的变革以及国家经济政策的制定，而所有制结构对产业结构也是有影响的，但不是主要的影响因素。

国内还有一些学者分别从马克思主义制度、资产重组作用于所有制结构等角度对产业结构调整进行了分析。总体而言，国外学者对产业结构优化的理论方面的研究相对于国内学者而言更加全面，但是整个经济制度对于产业结构影响的研究文献还是很少，所以整体的系统性还略显不足。

（二）技术创新和产业结构

熊彼特（Schumpeter，1932）作为技术创新领域最早进行研究的学者，强调技术创新所能带来的作用。他认为在竞争市场中，核心作用机制不是价格而是创新，他强调创新过程的动态性和长期性，同时认为正是这些特性决定了创新在竞争市场中的作用，并且通过发达国家经济发展历程论证了他的思想。

罗默（Romer，1990）也研究过经济增长与技术创新之间的关系，提出了诸如垄断竞争模型、内生增长理论等，认为技术进步源于研发活动，并且提出了技术进步对政府政策制定的一些建议。

江小涓（2008）指出虽然中国目前对于技术的应用还是不错的，但是只停留在用别人技术的层面，自主创新能力还不足，因而要实现经济增长与产业结构的优化，需要提升自主创新能力，特别是提高某些具有战略地位领域的技术创新能力。

吕政（2005）指出，国内产业自主创新能力弱的原因在于过度依赖国外的技术，而且国内的一些创新领域并没有很好地服务于国民经济和国际竞争。

（三）对外贸易和产业结构

商品的贸易方式、结构等都会对产业结构产生深远的影响。最早在比较优势说中就涉及贸易选择问题，后来发展出了古典贸易理论与新贸易理论，两者共同之处在于都是通过对国际比较优势来探讨产业结构的问题，即从劳动要素的国际分工问题来阐述贸易对产业结构的影响。

李嘉图的古典贸易理论，主要是建立在劳动价值论的基础之上。根据李嘉图提出的比较成本说，其核心要义是：选取相对最优化方案。自李嘉图之后，马歇尔、穆勒将需求强度作为贸易交换的依据之一，进一步发展了古典贸易理论，提出了新古典贸易理论。新古典贸易理论更加强调强化本国国际分工的供给能力是提升本国产业结构竞争力的重要因素。

要素禀赋理论是在新贸易理论基础上的进一步优化，赫克歇尔以及俄林认为一国资源的稀缺程度是影响供给能力的重要因素，要从要素改善的角度比照比较优势理论的相关原则来构建并优化产业结构。

自 20 世纪 60 年代后，新贸易理论的研究开始日益增多。林达尔（Lindahl）在其著作《论贸易与转变》中提及相似偏好理论，首次从需求的角度讨论了国际贸易的成因，并且很好地解释了产业贸易存在的原因。20 世纪 80 年代之后规模经济理论成为盛行的学说。该理论指出：在其他条件相同的情况下，规模大的厂商比规模小的厂商更具有比较优势。规模经济的产生，源于产业贸易过程中，各国专注于自己某一领域的部分产业，并且不断地提升该部分产业的竞争力，从而形成专业化的国际分工，导致了贸易交换、进出口等。

此外，还有一些非主流的贸易理论，如战略性贸易政策、保护幼稚产业学说等，它们的主要观点是保护一国国内的幼稚产业，同日本学者提出的雁行学说比较类似，强调通过保护幼稚产业，进而逐渐形成该领域的优势产业。

（四）外商投资和产业结构

外商的投资能在很大程度上给被投资国带来新的技术、理念、管理经验等，因此外商投资对产业结构的影响是巨大的，在产业结构调整的过程中能够起到很好的引导作用。20 世纪 70 年代中后期，日本学者小岛清（Kiyoshi Kojima）提出了著名的"边际产业转移理论"，又名"小岛清理论"，该理论认为通过利用国际分工的优势原则，能够很好地进行边际产业扩张。小岛清进一步指出，按照产业好坏的次序对外进行直接投资，同时保留本国具有优势的产业，不仅可以实现产业的国际化、促进贸易的发展，还可以利用投资与贸易之间的互补关系，带动被投资国经济的发展，是一个双赢的过程。

国内也有部分学者对外国直接投资（FDI）的相关理论做了研究，主要表现在以下几个方面：投资国能否从 FDI 中获益，如何平衡 FDI 与投资国之间的利益分配问题，以及如何制定政策引导 FDI 的投资问题。王岳平（1999）通过对 FDI 与技术进步之间的关系进行分析，指出了 FDI 具有的产业特点，以及 FDI 的变化对工业的影响效果。江小涓（1996）从宏观的角度，研究了如何利用 FDI 促进中国经济持续增长，以及经济结构调整的问题，着重强调了如何提升经济发展质量。

无论是从哪个角度出发，对产业结构优化升级影响因素的分析从很早就开始了，并且国外学者的研究趋向于对理论性内容的总结归纳，而国内学者则倾向于解决实际问题，大部分是对国外学者理论的具体应用，不过这种应用是结合了我国实际情况，所以大部分研究还是颇有成效的。这些研究充分阐明了中国产业结构变动是受多方面因素影响的，正如前文所述的，诸多学者分别论述了产业结构与经济制度、技术创新、利用外资、对外贸易等因素之间的内在关联性。国内外学者关于产业结构影响因素的分析，不仅从理论层面上丰富了世界产业结构的相关理论，而且为中国自改革开放以来经济结构的优化以及实现经济的持续增长提供了很好的借鉴经验。

（五）金融发展和产业结构

近些年，一些学者试图通过研究金融与产业结构之间的关联性，来进一步深化产业结构相关理论的内涵，同时更好地指导当今社会经济发展与增长。

慧晓峰、沈静（2006）通过实证分析验证了金融发展与产业结构之间的关联性，认为东北老工业基地金融发展对产业结构的优化具有一定的作用，但是辽吉黑三省的作用程度是不同的。他们分别从金融发展与产业结构的内在作用机理、多元线性实证分析以及对策建议等方面对金融发展与产业结构调整之间的关系进行了论述，认为要发挥金融领域对产业结构的积极作用，需要建立全方位、多层次、立体化的金融服务体系，同时要加大对传统产业的技术改造。

孙笑菲（2015）认为金融领域中的区域信贷与产业结构优化升级之间存在很强的关联性，产业结构升级的关键因素源于区域信贷的增长。她认为银行信贷一直对经济持续发展以及产业结构优化升级起着重要的作用，但是结合东北老工业基地来说，信贷金融发展对产业结构优化的作用不是很大，存在一些制约因素，并且在不同省份，信贷对产业结构的影响作用也是有差异的。通过实证分析，运用 ADF 检验、White 检验、EG 两步法等方法，针对存在的问题，她提出了一些战略性建议，建议内容大致围绕完善信贷作用机制以及信贷体系。

四、东北地区产业结构优化升级的研究

（一）现状与问题

林秀梅、纪鸿、王磊（2005）对东北老工业基地劳动力的产业结构做了动态的分析，通过对其劳动力市场产业结构的调整效益进行对比动态分析，提出了相应的问题解决对策。研究表明东北老工业基地劳动力在各产业之间的配置是不合理的，存在大量闲置剩余劳动力，没有充分发挥其作用；并且东北老工业基地的经济效益主要取决于劳动力素质、技术水平等因素。因而可以从调整东北工业结构、发挥农业优势，培育一二三产业融合机制等方面着手改善。

曹阳、赵英才、马林（2007）对东北三省、内蒙古地区的产业结构特征进行了探讨，并且通过对东北大区的分析，提出：东北大区的产业结构之间是具有产业梯次的，且不同地区之间的产业结构有差异性，但是这种差异性又因不同省份之间的差异而呈现出"趋同""趋异"两种特征。对此，他们得出了东北区域关于区域经济发展模式的结论，即东北区域应该按照以核心区为中心，逐步向外围区扩散的模式，充分发挥区域之间的相互协调作用。

方毅、林秀梅、徐光瑞（2010）通过计算贸易竞争、相对出口优势等指标，对东北老工业基地的国内地位进行了定量的分析，同时通过因素分析法，对东北老工业基地的产业竞争力做了分析，测定影响东北老工业基地发展的主要因子，包括规模大小、创新能力以及政府支持力度。同时将东北老工业基地的产业现状与国内其他发达地区做比较，找出制约东北产业结构优化升级的要素，据此提出了优化东北老工业基地产业结构的对策。他们认为，一方面，人才是经济发展结构优化的主要因素，因而要大力吸引优秀人才，同时提高劳动力的劳动效率。另一方面，要提高对东北的投资水平，投资是技术进步以及经济发展的重要推动力。

　　孙绪（2014）通过偏离份额分析法、三次产业结构标准等方法对长吉图的产业结构与经济问题进行了探讨。他认为与发达区域相比，长吉图地区产业结构落后且主要以一二产业为主，第三产业比重很低。他指出长吉图地区目前存在的主要经济问题包括产业空间布局混乱、农业领域环境污染严重、工业结构趋同性明显以及产业关联性差等。因此他主张通过开拓周边区域市场，加强与周边地区合作，吸引投资，加强长吉图地区生态环境建设等措施，来促进长吉图地区产业结构优化升级，进而促进整个地区经济发展，缩小区域发展差距。

　　于庆华（2011）认为东北三省以及内蒙古地区经济发展的主要问题是产业结构层次不明晰、税负压力大、垄断行业进入壁垒较大等。

　　朱慧霞、刘文昌、张彩虹（2016）以马尔可夫模型为依据，对东北老工业基地的产业结构进行了预测分析。通过采用区间自适应遗传算法，计算转移概率矩阵，以东北老工业基地 2004～2014 年数据为依据，对东北老工业基地 2015～2016 年的产业结构相关状况进行了预测。模型的拟合结果证明东北老工业基地的产业结构呈现出"二三一"发展模式，二、三产业的占比很大，尤其是第二产业比重远超全国平均水平。同时，他们认为通过运用现代数学，可以使预测的结果更加准确。

　　邢玉升（2016）对东北老工业基地的产业结构现状、演变历程进行了充分的论述。通过相似系数、区域熵的分析方法，很好地对东北老工业基地的三次产业结构做了全面的阐述，并且得出了东北老工业基地产业结构混乱分散的结论。通过横向比较分析，发现东北老工业基地产业结构相似度极高，没有形成自身的优势产业，产业结构逐渐陷入了固化陷阱。对此，他认为，要充分抓住"一带一路"的发展契机，同时加大国际产业转移，开展国际间的产能合作，通过这些举措使东北老工业基地脱离目前分散化的产业结构现状。

　　中国社科院工业经济研究所所长黄群慧（2016）也认为，东北老工业基地的经济结构已经呈现了明显的分化状态，每个省的状况不完全相同，因而她支持产业政策的制定与实施要因地制宜，不同的省份，要根据其特点制定不同的产业结构优化升级的政策。

秦惠敏、徐卓顺（2016）通过选择基尼系数作为测度指标，建立DEA模型进行实证分析后发现：东北老工业基地的制造业产业集聚程度较差、现代化水平较低。东北三省应该根据其自身工业方面的供需现状，针对性地进行不同省份、不同行业的产业结构优化升级工作。针对上述问题，他们认为，要加大高效率培训服务，通过大规模吸引投资的方式提升产业竞争力，同时要促进产业科技含量的提升，促使产业向高附加值行业转型。

苏向坤、任婧（2017）探讨了"十三五"期间东北老工业基地经济结构转型的问题。他们通过对比"十二五"期间东北老工业基地在产业结构调整、所有制结构转型、区域经济一体化等方面存在的问题，指出"十三五"期间，要从完善区域经济一体化、产业结构调整升级、就业结构优化升级、需求结构优化等方面入手，解决目前东北老工业基地经济发展滞后的问题。

（二）原因分析

任楠（2007）探讨了区域产业结构优化升级问题，详细说明了影响产业结构优化升级的因素，并且整合了区域产业结构优化升级理论。根据东北老工业基地的区位优势和产业优势，探讨了东北老工业基地产业结构优化升级的具体实施策略。

李怀、高磊（2009）以边际产出模型和灰色关联度模型为根据，对东北老工业基地的产业投资结构进行了协调性检验，检验结果表明，各产业之间的投资比例只有在协调的情况下才能起到积极促进产业发展的效果。同时，检验结果表明东北老工业基地的三次产业结构呈现出不均衡发展的态势，尤其是第三产业投资结构具有明显的单一性和低端性特点，高端产业的服务业比重很低，产业结构创新性差。针对上述问题，他们认为可以从不同的行业，诸如交通、金融、文教、生态等，行业进行改进完善。

黄晓军、黄馨、李城固（2010）以钱纳里、塞尔昆提出的城市化与工业化之间关系的变动模式为根据，对东北老工业基地的产业结构、就业结构进行了偏差性的分析。他们认为由于东北老工业基地产业结构偏向单一性，且演变过程滞后，导致东北老工业基地的城镇化水平落后，农业与非农业的拟合度差。东北老工业基地的地域差异导致东北老工业基地不适合进行统一的城市化发展措施，各个不同的省份要采取具有地方特色的发展方式。

曲洋、支大林和唐亮（2011）对影响产业结构因素中的对外贸易因素进行了研究。他们认为产业结构演进受三大要素的支配：需求结构、对外贸易以及相对成本，认为开展对外贸易会对产业结构的优化起到正效应。通过实证分析，他们得出东北老工业基地一二三产业与对外贸易之间存在很强的关联性，因而建议：东北老工业基地产业结构优化升级过程中要发挥对外贸易的优势作用，做好进、出口之间的协调，改善进出口产品质量及附加值，促进整个贸易链条质量的提升。同时要保持好东北老工业基地在第二产业中的特有的工业技术优势，并在此基础上不断创新。

史云鹏、赵黎明和贺颖（2012）通过对东北老工业基地的面板数据分析，研究了产业结构与城乡收入差距之间的关系问题。实证分析表明，东北老工业基地的产业结构与收入差距之间的现状是符合库兹涅茨的假说的，他们还得出结论：东北老工业基地城乡收入差距与第三产业之间是呈现线性相关关系的。他们认为缩短城乡收入差距需要发挥第三产业的积极作用，努力消除城乡劳动力之间的分割问题，促进农村劳动力技能的提升，鼓励农村劳动力进城务工。

陈倩茹（2012）对东北老工业基地的产业结构相似性问题进行了探究，研究表明，东北老工业基地的三次产业结构之间存在高度的相似性，但是东北老工业基地之间不存在产业同构的现象，制造业、工业内部相似系数较低。东北老工业基地的优势产业具有一定的趋同性，但是内部产业发展的重心却有所不同。她认为东北老工业基地要促进产业规模化，推动区域一体化体系的形成。

帅先富（2012）对双重约束下的产业结构优化升级问题进行了探讨。他认为，要素和市场的约束是束缚海南产业结构优化升级的重要因素，正是它们导致产业结构呈现低级化和畸形化特点。他指出，依靠单一路径很难实现产业结构优化升级目的，但是选择多路径同时进行则能达到这个效果。他认为市场配置的优化、地方政府职能的有效转变、高等教育事业的发展以及经济转型为外向型经济，都能很好地改善海南省产业结构的现状。他的研究对于新时代东北老工业基地产业结构升级问题也有一定借鉴意义。

刘宇（2012）在双约束条件下，探讨了辽宁省产业结构优化升级的相关问题。他以影响辽宁省产业结构的两大要素——资源和环境为因子，对辽宁省产业结构现状、演进，以及优化举措等进行了详细论述。他从资源、环境以及经济增长之间的关系着手，通过研究区域产业选择理论，得出辽宁省产业结构现状的糟糕程度。研究结果表明辽宁省急切需要提升产业层次，优化产业结构，最终得出了一些产业结构优化升级的有效举措。他认为辽宁省产业结构的优化要改善经济运行方式，大力发展循环经济，升级评价经济增长的指标，采用绿色GDP作为衡量经济发展程度的指标。针对环境约束问题可以通过技术和能源替代等手段，提升辽宁省整体生态环境，为产业结构优化升级提供不竭的动力。

孙平军、修春亮、董超（2013）对东北老工业基地经济发展空间与其发展驱动力做了定量的研究。他们以东北老工业基地人均GDP作为测定指标，同时结合社会资产投资、商品零售额等变量，建立线性回归模型，测度了东北老工业基地空间极化水平。他们认为，东北老工业基地经济发展存在明显分化趋势，呈现出南强北弱的态势，并且这种区域分化，总体呈现先上升后下降的趋势。针对存在的问题，他们认为要强化市场转轨机制，同时国有企业要加快市场改革，充分发挥市场导向与政府政策的双向作用。

霍影、姜颖、籍丹宁、于丹（2014）从高等教育的视角研究人才与产业结构之间的关联性问题。通过建立协同测度模型，分析了东北老工业基地产业结构演进、优化的重要影响因素之一，即人才结构。研究表明，东北老工业基地之间的人才结构与产业结构差异比较明显，其中辽宁省的人才与产业之间的适配性最好。并且她们根据协调测度结果，为三省的高等教育招生提出了合理的招生空间与方案，她们认为东北老工业基地整体上要加大对医学和农学的人才培养。

在新一轮东北老工业基地振兴的对话中，赵昌文、李晓华、李政、银温泉、杨荫凯、王佳宁（2015）等几位学者分别就东北的经济形势提出了一些发展策略。赵昌文认为东北老工业基地目前经济增速和效益下滑严重，归因于僵化的体制以及国有经济的高比重，他认为历史包袱是制约东北发展的重要因素，指出在经济新常态下，要继续充分发挥投资稳定经济的作用。李晓华认为，东北老工业基地具备天然的资源优势，要保持好第一产业的优势地位，同时大力促进第三产业服务业质量的提升，增强第三产业科技含量。李政指出，国企的改革结果是影响东北老工业基地经济发展的主要因素，只有成功地纠正了国企里长期以来的僵化问题，才能从根本上解决东北老工业基地经济、产业结构固化的问题。

杜威（2016）以东北老工业基地 2003～2013 年 10 年面板数据为依据，探讨了产业结构与政府干预和所有制结构之间的关系。他从资源禀赋的视角出发，发现资源型与非资源型城市的政府干预会给产业结构带来截然不同的影响。资源型城市的政府干预与产业结构之间关联性很小，非资源型城市则完全相反。东北老工业基地作为资源型城市，要更大程度地发挥市场的作用，政府的干预应当适当。政府干预对国有企业会产生较大的影响，这是资源型城市特有的特征，据此，他认为政府要根据不同区域的要素禀赋特征，因地施策。

李兴法、朱天星、李锦玲（2016）认为经济实现高速增长的核心在于产业结构的优化调整。他们通过 2001～2014 年的工业总产值数据，测算了东北老工业基地产业结构趋同问题。他们利用产业结构相似系数测定，发现东北老工业基地不同的工业部门相似系数呈现上升态势，也就是工业部门内部重复建设问题比较明显，但是趋同的问题没有超过国际社会的 0.85 的警戒线。用区位熵指标测定发现，东北老工业基地的产业中只有少部分产业处于高附加值、高专业化的生产状态，大部分产业专业化水平比较低，而且产品的产值较低。用收敛系数对产业结构趋同也进行了测算，其结论与区位熵测算的结果基本一致。换言之，东北老工业基地很大一部分的产业都集中在了较低端的劳动密集型产业。

杨宇、董雯、刘毅、李小云（2016）通过对产业竞争力以及空间聚集效应的分析，发现东北老工业基地属于明显的资源型产业结构，产业结构具备一定优势，但是在不同行业之间，其竞争力略显不足。同时，东北老工业基地的资源分布具有分散性特点，而且不同的产业之间的空间集聚效果较差。对此他们认为要从建立及完善技术创新体系、优化产业资源的空间、提高产业间产品附加值等方面着手进行改善。

余振、顾浩（2016）研究了全球价值链分工下的产业结构升级问题。通过东北老工业基地投入产出表，按照模型估算出东北老工业基地在全球价值链中的地位，进而对其产业结构升级给出对应的政策建议。他们认为，东北老工业基地的制造业整体在全球价值链中地位偏高，其他产业虽然三省各有差异，但是在全球价值链中地位都很低。针对这一现状，他们认为要转变发展理念，提高技术水平；推动传统产业与新兴产业有机融合；借鉴其他地区发展经验，并且学以致用，将其他发达地区的发展经验运用于东北老工业基地的产业结构调整。

熊琳、张平宇、谭俊涛、刘文新（2017）通过灰色关联分析法，研究了人口与经济发展之间的耦合问题。他们将东北老工业基地人口与经济发展耦合度分为四个类型，具体包括：低水平协调、拮抗型、磨合型、高水平协调。研究表明东北老工业基地目前处于拮抗型阶段，且在2004～2013年之间经历了耦合度由高向低的两个阶段，由此表明东北老工业基地在这10年间发生了人才大量外流的问题。针对这些问题，他们认为，东北老工业基地要加快产业结构优化升级的步伐、同时要采取合理措施促进人口与经济协调发展。

在新一轮东北老工业基地振兴的座谈会上，谢地（2017）认为东北老工业基地经历了13年的振兴历程，目前已经进入了"新东北困局"阶段，经济的发展瓶颈依旧很大。但是谢地认为，这是一种正常现象，对比国外的工业基地振兴经验来看，一个地区的强盛往往经历了 30 年的长期振兴过程，因而不需要担心，也不必唱衰东北老工业基地的经济前景。他同时还指出关于人口外流与东北老工业基地经济发展之间的关联性，他认为东北老工业基地人口外流在很大程度上不一定就是导致东北经济下滑的原因所在，人口的外流能在很大程度上减轻东北老工业基地各大城市的负担，起到缓解资源紧张的作用。他们指出产业政策的制定重点是要规避重复建设问题，同时促进新兴产业实现跨越式发展。

马苏、高良谋、满谦宁（2018）通过偏离份额分析法，对东北老工业基地产业结构的动态演进过程进行了分析预测，并且对分析结果进行了高级化评价。他们指出，东北老工业基地第二产业具有明显的优势，但是第一、第三产业实力薄弱，尤其是第三产业无论是发展水平还是增长速度都远不及国家平均发展水平。他们认为导致这种现状的主要因素是因为传统行业的地位根深蒂固，且作为资源性城市的东北老工业基地，产能过剩问题一直存在。

王炜、郑悦（2019）将产业结构的发展与人口流动之间的关系进行了剖析，并且针对存在的问题给出了建议。他们分别从产业结构与就业结构之间的关联性、产业结构升级对东北老工业基地人口结构的影响、产业结构升级如何促进人口流动等方面，阐述了产业结构演进与人口之间的关系问题。通过分析，他们认为东北劳动力处于由第一产业向第二、第三产业转移的过程，但是服务业吸纳劳动力的水平较低。因此可以通过培养自主创新能力、发展现代化农业、建立完善的服务业体系等方法解决东北老工业基地产业结构面临的一些问题。

（三）解决对策

金成晓、任妍（2005）分析了东北老工业基地在现有产业结构下如何选择主导产业的问题。通过实证分析，他们认为，东北老工业基地在经济全球化背景下，适合优先发展化工制造、交通运输、设备制造等工业。同时要转变发展方式，将传统的发展模式转变为高效节能的发展方式；还需要进一步转变政府职能，创造良好的投资和创业的市场环境，刺激企业之间的竞争。

魏世红、谭开明（2007）认为东北老工业基地的三次产业的就业比重与全国平均水平相比还具有比较大的优势，但东北老工业基地的产值结构不太理想，近年来与其他地区相比一直呈现下降趋势，处于后工业化阶段。他们认为，东北老工业基地应该把第三产业作为发展的重中之重，同时要走内涵发展的道路，即着力提高东北老工业基地产业结构效益。他们还指出东北老工业基地要改变产业发展滞后的状态。

林秀梅、臧霄鹏（2012）研究了东北老工业基地生产性服务业与产业之间的关系问题。通过对比分析、实证分析，发现第三产业中的生产性服务业对第二产业依赖度最高，第一产业依赖性较弱，且东北老工业基地不同省份之间的依赖程度略有差异。并且他们引入了影响力系数和感应度系数，指出服务业已转型为"高带动型"，且生产性服务业的影响力系数较感应度系数高。同时还指出发展生产性服务业能够很好地促进东北老工业基地产业结构的调整升级。

孙浩进、王璐（2016）认为东北老工业基地在新时代下，出现了一些"新东北现象"，因而东北老工业基地在新时代全面振兴战略中，要把握好现有的战略导向，坚持融入"一带一路"策略。他们认为，区域间的政府合作能很好地促进经济的发展、改善就业，东北老工业基地经济的发展要充分发挥规模效应，同时构建完善的区域合作协调机制、形成各区域共同发展的格局。

张欣钰、唐晓华、周帅（2019）研究了多种约束条件下，东北老工业基地制造业中产业结构优化升级的相关问题，认为产业结构优化升级调整要以资源节约以及环保为目的。他们通过采用 RAS 平衡法分析了东北老工业基地 2012 年的投入产出比，并且通过 NSGA－II 算法成功对模型进行了求解，根据三个省份不同的产业结构现状，分别提出了不同的产业结构优化升级方法，具体包括环境保护型、经济发展型和就业保障型。

第三节　研究述评

前两节已经详细介绍了当前东北地区产业结构优化升级问题的相关理论基础与研究现状，下面从产业结构优化升级的研究内容、研究方法和研究视角三个角度进行一个简要述评。

一、产业结构优化升级的研究内容

产业结构优化升级的研究内容，是随着时间的推移不断广化和深化的。亚当·斯密在《国富论》中最早提及这一内容，霍夫曼、克拉克、库兹涅茨等国外学者进一步发展和丰富了产业结构优化升级的研究内容。20世纪80年代后，越来越多的中国学者关注到如何应用产业结构理论来发展国民经济，特别是进入21世纪以来，产业结构优化升级研究的中国化特色日益明显，在党的十九大报告中，习近平总书记提出的供给侧结构性改革，是中国共产党和国家领导人对产业结构优化升级理论的创新和实践，随着中国经济的崛起，中国学者将在产业结构优化升级研究方面贡献更多的中国智慧。

二、产业结构优化升级的研究方法

产业结构优化升级的研究方法随着产业结构理论的演进也是在不断地丰富与发展。早期大多以定性分析为主，随着后来大数据应用处理能力的提升，更多的计量分析方法也被越来越多地应用在了产业结构优化升级理论的分析上。目前产业结构相关理论的研究方法主要包括以下几大类：一是建立产业指标体系研究，包括产业结构高级化、合理化、高效化等指标，诸如霍夫曼比例、三次产业结构比例等；二是采用相对比较判定法研究，即通过诸如产业结构相似系数等；三是利用经济发展阶段判别法研究，诸如罗斯托的经济发展阶段说等；四是通过具体计量方法研究，诸如区位熵法、耦合度测试法、偏离—份额法、库兹涅茨法则、灰色关联分析法等。

三、产业结构优化升级的研究视角

产业结构优化升级问题可以从很多的视角开展，大多数学者会从诸如空间极化视角、多重约束条件视角、地域视角、教育视角、动态分析视角等方面进行研究，还有些学者从具体的某种计量方法或者某个测算指标的视角对产业结构优化升级问题进行研究，诸如从灰色关联分析法的视角、区位熵视角。研究产业结构优化升级的视角，可以从需要研究的问题出发去确定，一些要素禀赋也可以成为研究的视角，诸如环境视角、资源视角、劳动力视角、资本视角等。

第三章

东北老工业基地产业结构
优化升级的历史演进

结合东北地区经济增长与历史发展阶段，可以将其产业结构升级的演进划分为四个阶段：1949~1977 年为第一阶段；1978~2002 年为第二阶段；2003~2016 年为第三阶段；2017 年至今为第四阶段。

第一节　第一阶段：1949~1977 年

我国在这一时期处于计划经济阶段，发展重心在重工业上。在新中国成立初期，工业的发展主要依赖于自然资源的优势。由于具备一定的工业基础和丰富的自然资源，东北地区被列入发展重工业的重点地区行列。这一时期东北地区的三次产业比由 1952 年的 39.5∶38.6∶21.9 调整为 1977 年的 21.3∶62.6∶16.1，可见第一产业和第三产业的占比呈明显下降的趋势，而第二产业占比处于大幅度增长的状态，增加幅度超过 60%。

一、东北地区经济发展总量分析

（一）人均国内生产总值（GDP）水平

图 3-1 反映了东北地区各省和全国的人均 GDP 从 1952 年到 1977 年的变化趋势。分省来看，吉林省人均 GDP 与全国人均 GDP 差距不大，而辽宁省和黑龙江省均高出全国平均水平很多；辽宁省人均 GDP 在 1960 年达到这一阶段的最大值，在之后开始下降，而后以较快的增速波动式上升，而吉、黑两省增速较缓。从总体上来看，东北老工业基地的人均 GDP 都居于全国平均水平之上。

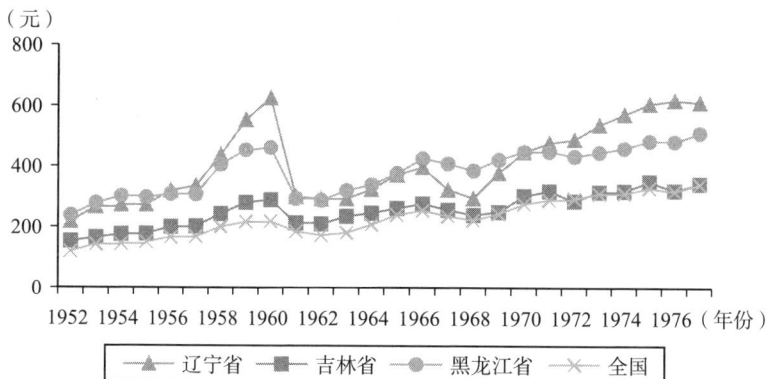

图 3-1　东北三省及全国人均 GDP（1952～1977 年）

资料来源：《新中国六十年统计资料汇编》。

（二）城镇化发展水平

在经济发展过程中，产业结构的优化会引起该地区的劳动力由农村向城镇不断地转移。因此在人口转移过程中，地区的城镇化人口的比重也会进一步增加，城镇发展水平也会进一步提高。因此城镇化发展水平也能在一定程度上侧面反映产业结构的优化水平。

图3-2反映了1949年至1977年东北地区及全国城镇化人口比重的变化趋势。1949年至1960年东北地区的城镇化人口比重处于增长状态，并且远高于全国平均水平；1960年至1970年东北地区城镇化人口比重处于下降状态，辽宁省下降幅度相对较大；1970年以后，各省城镇化人口比例趋于稳定，但始终高于全国平均水平。

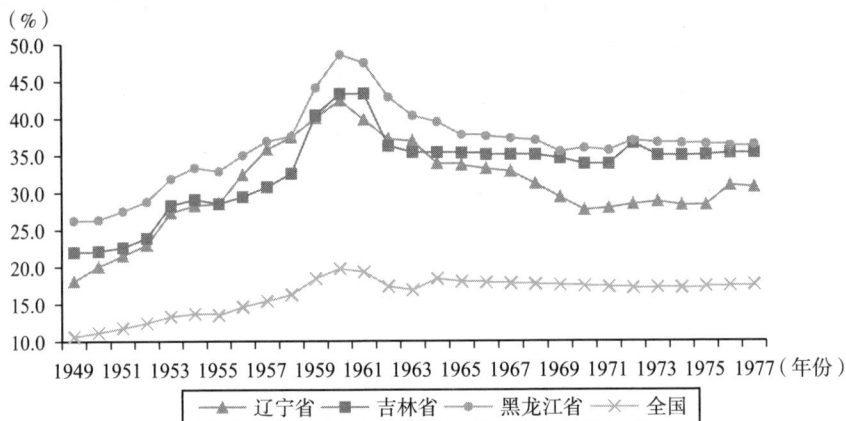

图3-2　东北三省及全国城镇化人口比重（1949～1977年）

资料来源：《新中国六十年统计资料汇编》。

对比图3-3中1949年和1977年的相关数据，全国城镇化人口比重增加了7个百分点，变化幅度较小，可见城镇化水平发展缓慢，但是东北地区各省的城镇化人口占比都居于全国平均水平之上。可见在新中国成立初期，东北地区的城镇化发展水平要高于全国平均水平，发展态势非常乐观。

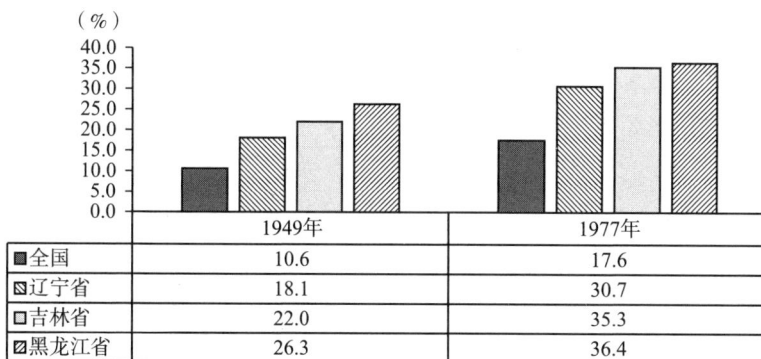

	1949年	1977年
■全国	10.6	17.6
◨辽宁省	18.1	30.7
☐吉林省	22.0	35.3
▨黑龙江省	26.3	36.4

图 3 - 3　东北三省及全国城镇化人口比重对比（1949 年、1977 年）

资料来源：东北地区各省统计年鉴、中国统计年鉴。

二、东北地区产业结构调整

（一）东北地区三次产业结构纵向分析

此处，我们选取了东北地区 1952～1977 年的三次产业的产值以及所占比重进行纵向分析。

表 3 - 1 反映了 1952 年至 1977 年东北地区三次产业的产值以及所占比重的具体数值。从产值来看，各产业的产值都处于增长状态：对比 1952 年，1977 年的第一产业的产值增加了 1.78 倍，第二产业的产值增加了 7.33 倍，第三产业的产值增加了 2.77 倍。从产业结构来看，三次产业占比的变化趋势如图 3 - 4 所示，1960 年之前的第一产业比重处于下降状态，第二产业的比重呈现增长的趋势，而第三产业比重的变化幅度非常小；在 1961 年之后，第一产业的占比开始小幅度地增长，同时第二产业的占比在 1961 年下降之后又开始小幅度地缓慢上升，而第三产业的占比在 1961 年增长之后又开始小幅度逐渐下降，第三产业的变化趋势恰好与第二产业相反。在此期间，第二产业占比一直非常高，而且大多数时间处于上升趋势。第一产业和第三产业占比分别减少了 18.2 个和 5.8 个百分点，而第二产业占比却增加了 24 个百分点。

表 3-1　　　东北地区三次产业产值及占比（1952～1977年）

年份	各产业产值（亿元）				产业结构（%）			
	第一产业	第二产业	第三产业	合计	第一产业	第二产业	第三产业	合计
1952	33.1	32.4	18.4	83.9	39.5	38.6	21.9	100.0
1953	34.1	42.8	26.8	103.7	32.9	41.3	25.8	100.0
1954	38.1	49.4	26.5	114.0	33.4	43.3	23.2	100.0
1955	41.1	50.8	26.8	118.7	34.6	42.8	22.6	100.0
1956	45.2	60.9	32.9	139.0	32.5	43.8	23.7	100.0
1957	42.0	71.7	34.7	148.4	28.3	48.3	23.4	100.0
1958	43.7	115.5	39.2	198.4	22.0	58.2	19.8	100.0
1959	45.7	153.0	48.7	247.4	18.5	61.8	19.7	100.0
1960	34.7	192.1	53.7	280.5	12.4	68.5	19.1	100.0
1961	36.0	80.3	45.6	161.9	22.2	49.6	28.2	100.0
1962	40.2	77.0	42.7	159.9	25.1	48.2	26.7	100.0
1963	46.4	85.9	41.6	173.9	26.7	49.4	23.9	100.0
1964	46.5	101.5	45.8	193.8	24.0	52.4	23.6	100.0
1965	53.0	123.4	48.6	225.0	23.6	54.8	21.6	100.0
1966	62.2	139.1	50.2	251.5	24.7	55.3	20.0	100.0
1967	66.3	114.3	48.1	228.7	29.0	50.0	21.0	100.0
1968	65.9	105.8	46.7	218.4	30.2	48.4	21.4	100.0
1969	60.8	147.1	52.1	260.0	23.4	56.6	20.0	100.0
1970	72.8	175.9	55.4	304.1	23.9	57.8	18.2	100.0
1971	71.8	194.2	59.2	325.2	22.1	59.7	18.2	100.0
1972	67.5	197.5	60.7	325.7	20.7	60.6	18.6	100.0
1973	82.8	213.2	62.9	358.9	23.1	59.4	17.5	100.0
1974	87.8	228.3	65.7	381.8	23.0	59.8	17.2	100.0
1975	90.6	252.8	68.9	412.3	22.0	61.3	16.7	100.0
1976	85.4	262.8	67.3	415.5	20.6	63.2	16.2	100.0
1977	92.1	270.0	69.4	431.5	21.3	62.6	16.1	100.0

资料来源：根据《新中国六十年统计资料汇编》中东北三省的三次产业产值计算整理所得。

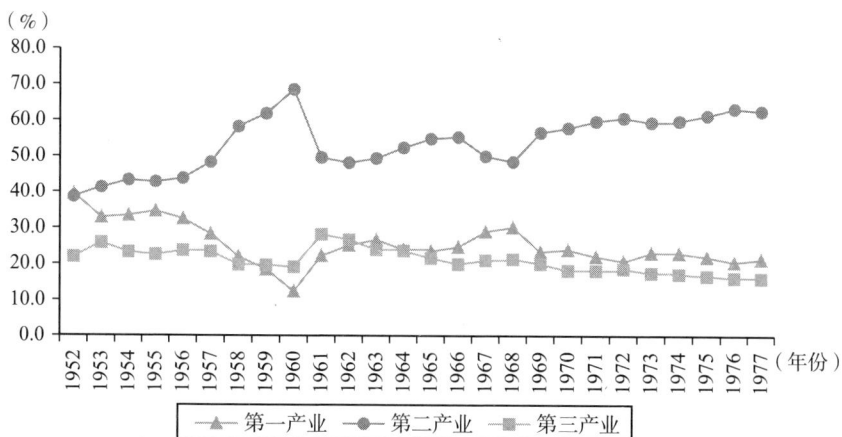

图 3 - 4　东北地区产业结构变化趋势（1952 ~ 1977 年）

资料来源：根据表 3 - 1 中数据绘制。

（二）东北地区三次产业结构横向分析

表 3 - 2 反映了东北地区和全国 1952 ~ 1977 年三次产业的比重。比较同一时期的东北地区和全国的三次产业比重，第一产业和第三产业占比均在全国平均水平之下，而第二产业的占比居于全国平均水平之上。可见东北地区第二产业的发展在当时居于全国前列，发展态势良好，而第三产业的发展不容乐观，还有待于进一步加强。总体来看，东北地区这一阶段的产业结构存在发展不均衡的问题，重心在第二产业上，而忽略了第一、第三产业。

表 3 - 2　　　东北地区及全国三次产业比重（1952 ~ 1977 年）　　单位：%

年份	东北地区			全国		
	第一产业	第二产业	第三产业	第一产业	第二产业	第三产业
1952	39.5	38.6	21.9	51.0	20.9	28.1
1953	32.9	41.3	25.8	46.3	23.4	30.3
1954	33.4	43.3	23.2	46.0	24.6	29.4

续表

年份	东北地区			全国		
	第一产业	第二产业	第三产业	第一产业	第二产业	第三产业
1955	34.6	42.8	22.6	46.6	24.4	29.0
1956	32.5	43.8	23.7	43.5	27.3	29.2
1957	28.3	48.3	23.4	40.6	29.6	29.8
1958	22.0	58.2	19.8	34.4	37.0	28.6
1959	18.5	61.8	19.7	26.9	42.7	30.4
1960	12.4	68.5	19.1	23.6	44.5	31.9
1961	22.2	49.6	28.2	36.5	31.9	31.6
1962	25.1	48.2	26.7	39.7	31.2	29.1
1963	26.7	49.4	23.9	40.6	33.0	26.4
1964	24.0	52.4	23.6	38.7	35.3	26.0
1965	23.6	54.8	21.6	38.3	35.1	26.6
1966	24.7	55.3	20.0	37.8	37.9	24.3
1967	29.0	50.0	21.0	40.5	33.9	25.6
1968	30.2	48.4	21.4	42.4	31.1	26.5
1969	23.4	56.6	20.0	38.2	35.4	26.4
1970	23.9	57.8	18.2	35.4	40.3	24.3
1971	22.1	59.7	18.2	34.2	42.0	23.8
1972	20.7	60.6	18.6	33.0	42.8	24.2
1973	23.1	59.4	17.5	33.5	42.9	23.6
1974	23.0	59.8	17.2	34.0	42.5	23.5
1975	22.2	61.3	16.7	32.5	45.5	22.0
1976	20.6	63.2	16.2	32.9	45.2	21.9
1977	21.3	62.6	16.1	29.5	46.9	23.6

资料来源：根据《新中国六十年统计资料汇编》中东北各省三次产业的相关数据计算整理所得。

（三）东北地区各产业变化趋势

1. 东北地区第一产业变化趋势

图 3 - 5 展示了东北地区第一产业占比的变化趋势，可以看到 1960 年之前，第一产业的占比处于下降状态，其中辽宁省第一产业占比最小，吉林省第一产业占比相对较高，1960 年之后各省的第一产业占比开始小幅度波动变化。

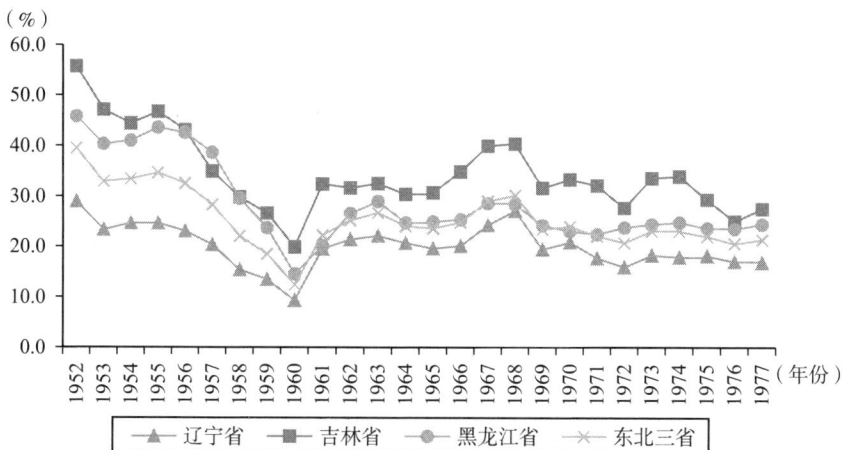

图 3 - 5　东北地区第一产业占比变化趋势（1952～1977 年）

资料来源：根据表 3 - 2 及《新中国六十年统计资料汇编》绘制。

2. 东北地区第二产业变化趋势

图 3 - 6 展示了东北地区第二产业占比的变化趋势，可见东北地区第二产业占比的变化趋势比较一致，在 1960 年之前第二产业占比在增加，1960 年之后开始大幅度下降，而后又开始波动式小幅度地上升。其中，辽宁省的占比最高，吉林省的占比较小，而黑龙江省的占比大致与东北地区的平均水平相同。

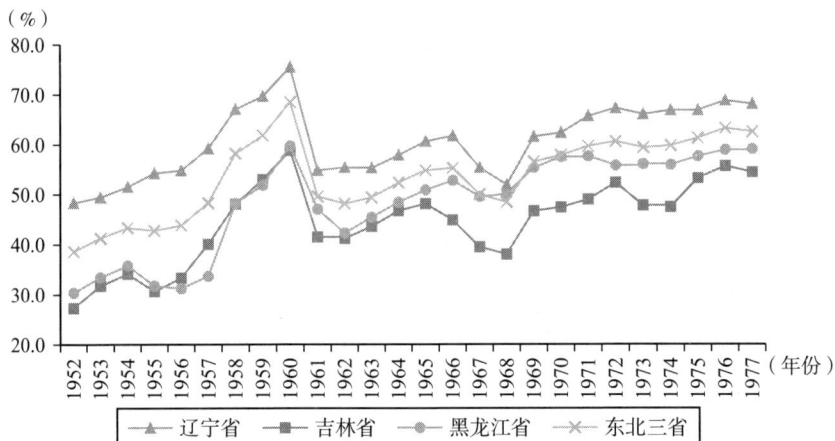

图 3 – 6　东北地区第二产业占比变化趋势（1952～1977 年）

资料来源：根据表 3 – 2 及《新中国六十年统计资料汇编》绘制。

3. 东北地区第三产业变化趋势

图 3 – 7 展示了东北地区第三产业占比的变化趋势，在 1961 年之前，各省的第三产业的占比变动比较大，没有明确的变化趋势；在 1961 年之后，各省的第三产业占比开始下降，变化趋势一致。

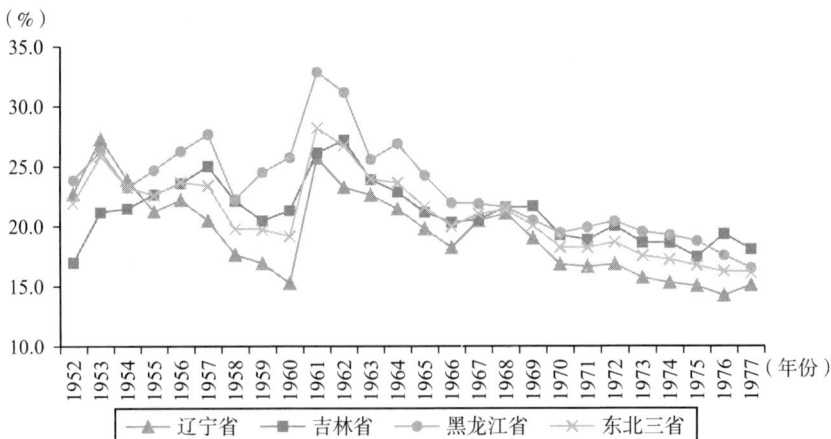

图 3 – 7　东北地区第三产业占比变化趋势（1952～1977 年）

资料来源：根据表 3 – 2 及《新中国六十年统计资料汇编》绘制。

三、东北地区各产业内部结构变化趋势

（一）第一产业内部结构变化趋势

1. 辽宁省第一产业内部结构变化趋势

图 3-8 反映了辽宁省第一产业内部结构变化趋势，可以看到各行业的变化幅度较小，第一产业的内部结构较为稳定，无明显变化。

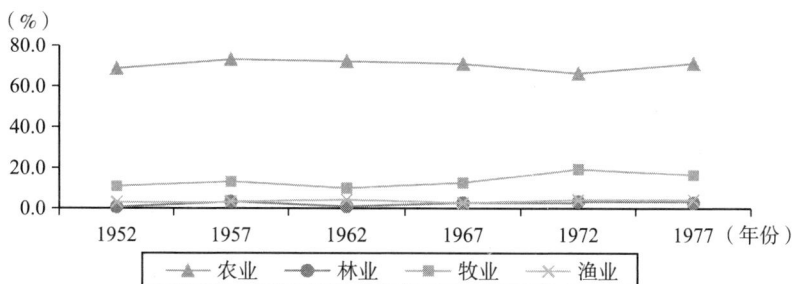

图 3-8　辽宁省第一产业变化趋势（1952~1977 年）

资料来源：《新中国六十年统计资料汇编》。

2. 吉林省第一产业内部结构变化趋势

图 3-9 反映了吉林省第一产业内部结构的变化趋势。农业占比有小幅度下降，总体趋于平稳，基本没有太大变化。

3. 黑龙江省第一产业内部结构变化趋势

图 3-10 反映了黑龙江省第一产业内部结构的变化趋势。可以观察到农业的占比呈缓慢下降趋势，但占比一直非常高，高达 80% 以上；而牧业呈微小幅度上升的趋势，占比不超过 20%；其他行业相对占比就更小了。不过总体来看，各行业占比较为稳定，没有大幅度的变动。

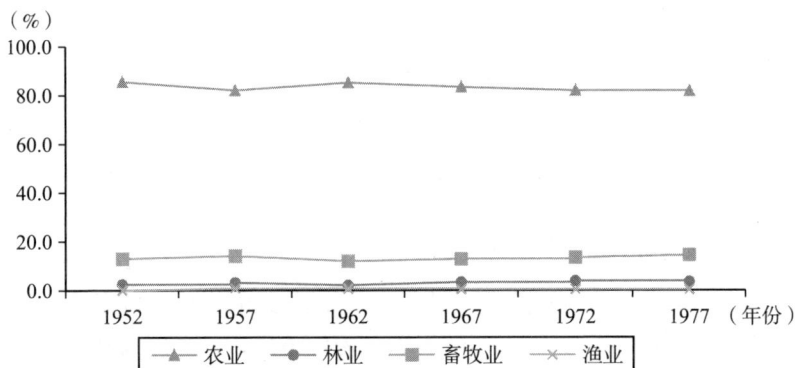

图 3-9　吉林省第一产业内部结构变化趋势（1952~1977 年）

资料来源：《新中国六十年统计资料汇编》。

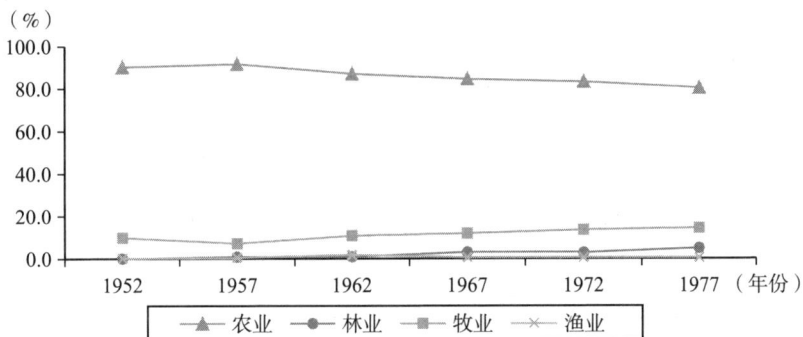

图 3-10　黑龙江省第一产业内部结构变化趋势（1952~1977 年）

资料来源：《新中国六十年统计资料汇编》。

（二）第二产业内部结构变化趋势

1. 辽宁省第二产业内部结构变化趋势

图 3-11 反映了辽宁省 1952 年至 1977 年第二产业内部结构变化趋势，轻工业的占比在 1957 年之前处于下降的状态，在 1957 年以后占比较为稳定；重工业的占比在 1957 年之前逐渐增加，并最终趋于稳定，在 1971 年以后开始微小幅度下降。可见辽宁省的重工业占比很高，这一期间达到 70% 以上。

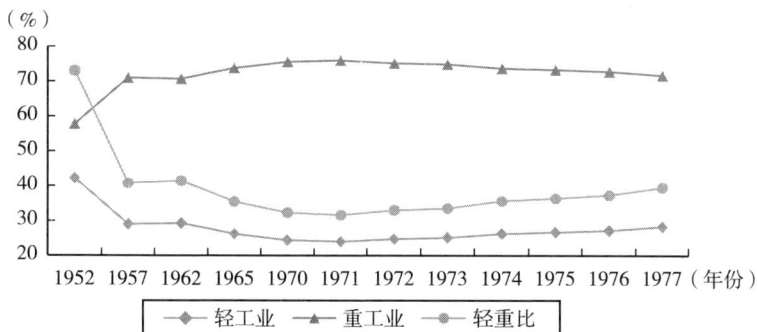

图 3 - 11　辽宁省工业总产值轻重工业比例（1952 ~ 1977 年）

资料来源：《新中国六十年统计资料汇编》。

2. 吉林省第二产业内部结构变化趋势

图 3 - 12 反映了 1952 ~ 1977 年吉林省第二产业内部结构的变化趋势。可以看到在 1956 年以前，工业占比处于下降状态，建筑业占比处于上升状态；在 1956 ~ 1966 年之间，工业占比开始逐步上升，建筑业占比开始下降，二者变化幅度都非常小；在 1966 ~ 1977 年之间，工业和建筑业占比处于稳定状态，其中工业占比高达 90%，而建筑业仅占 1/10 左右。

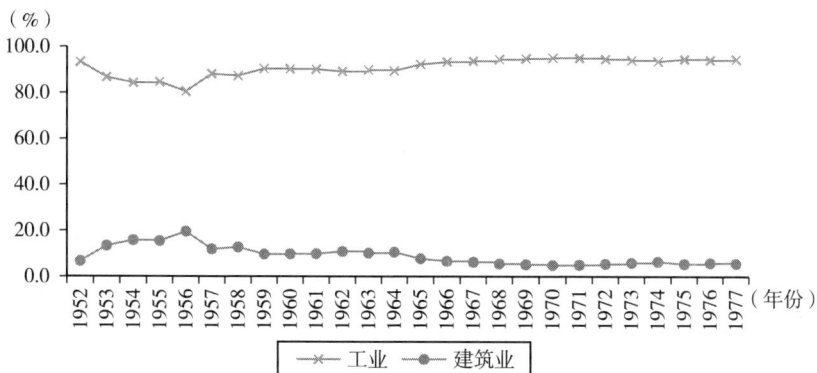

图 3 - 12　吉林省第二产业内部结构变化趋势（1952 ~ 1977 年）

注：由于数据收集困难，吉林和黑龙江二省选取工业和建筑业作对比。

3. 黑龙江省第二产业内部结构变化趋势

图 3-13 反映了黑龙江省 1953~1977 年第二产业内部结构的变化趋势，整体看来，工业和建筑业各自占比几乎没有变化，工业占比高达 90%，建筑业占比大约只有 10%，与吉林省情况类似。

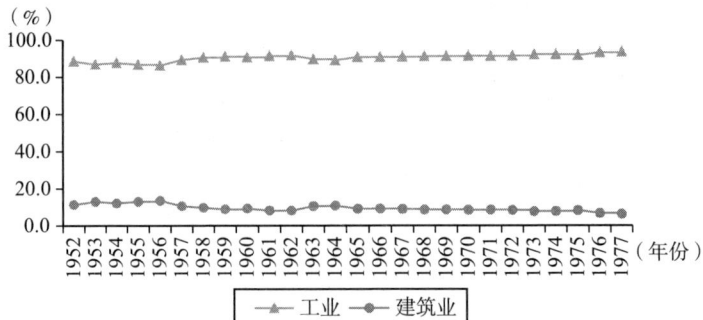

图 3-13　黑龙江省第二产业内部结构（1953~1977 年）

资料来源：《新中国六十年统计资料汇编》。

（三）第三产业内部结构变化趋势

1. 辽宁省第三产业内部结构变化趋势

图 3-14 反映了辽宁省第三产业 1952~1977 年内部结构的变化趋

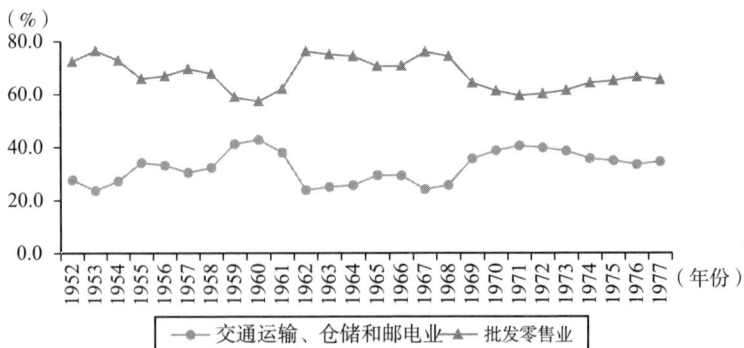

图 3-14　辽宁省第三产业内部结构变化趋势（1952~1977 年）

资料来源：《新中国六十年统计资料汇编》。

势。在这一阶段，只有图中所示的批发零售业和交通运输仓储邮电业这两类行业被纳入统计，批发零售业占比较高一些，二者的占比呈现"镜面式"变化，大约关于50%的直线对称。

2. 吉林省第三产业内部结构变化趋势

图 3 – 15 反映了 1952 ~ 1977 年吉林省第二产业内部结构的变化趋势。其中选取了交通运输邮政业（以下简称"行业一"）和批发零售、餐饮业（以下简称"行业二"）的占比变化，可以看到行业一的占比变化幅度不是很大，整体在波动变化；行业二在 1953 年短暂地上升以后开始下降，1961 年以后大幅度减小，1968 ~ 1971 年呈现增长的趋势，1971 年后又开始下降。在 1963 年之前，行业二的占比大于行业一，而在 1963 年之后恰好相反，行业二占比小于行业一。

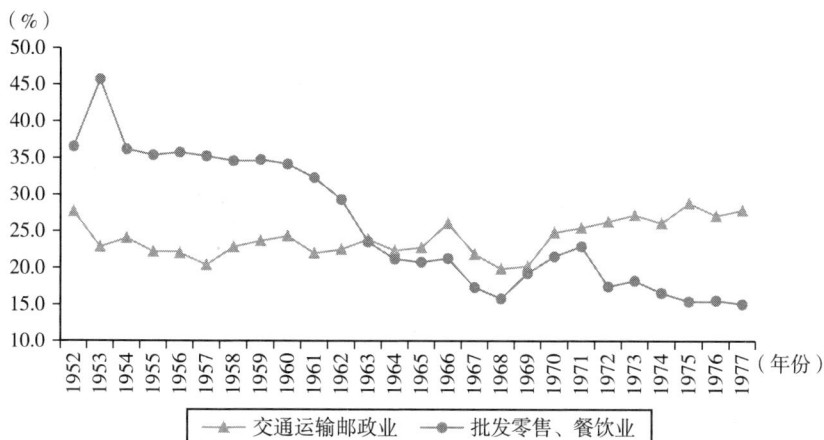

图 3 – 15　吉林省第二产业内部结构变化趋势（1952 ~ 1977 年）

资料来源：《新中国六十年统计资料汇编》。

3. 黑龙江省第三产业内部结构变化趋势

图 3 – 16 反映了 1952 ~ 1977 年黑龙江省第三产业内部结构的变化趋势，可以看到批发零售餐饮业（以下简称"行业二"）的占比呈现下降的趋势，交通运输邮政业（以下简称"行业一"）的占比处于小幅度

上升状态。在 1967 年之前，行业二占比大于行业一，在 1968 年之后行业一占比大于行业二。

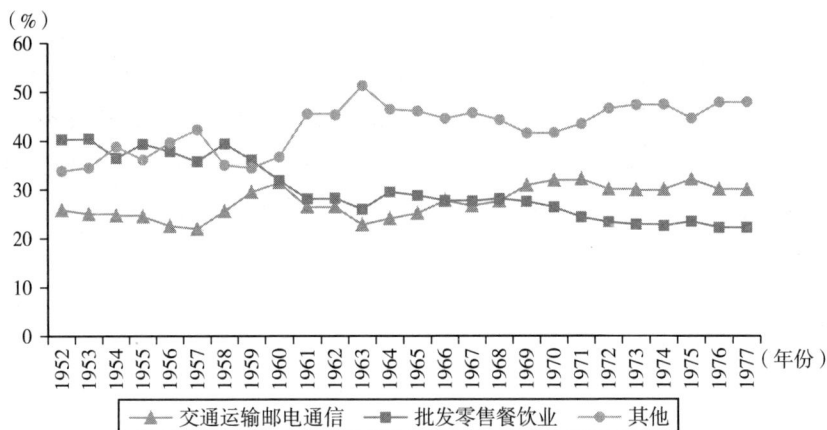

图 3-16　黑龙江省第三产业内部结构（1952~1977 年）

资料来源：《黑龙江省统计年鉴》计算整理所绘。

四、东北地区三次产业就业结构

不同产业结构下有与之对应的最适宜的就业结构，如表 3-3 所示，通过与最适宜的就业结构对比，可以得到当下东北地区产业结构的优化程度和调整方向。

表 3-3　　　　　　　　　不同产业下最适宜的就业结构　　　　　　　单位：%

产业结构			就业结构		
农业	工业	服务业	农业	工业	服务业
32.7	21.5	45.8	55.7	16.4	27.9
26.6	25.6	47.8	48.9	20.6	30.5
22.8	27.6	49.6	43.8	23.5	32.7
20.2	29.4	50.4	39.5	25.8	34.7

续表

产业结构			就业结构		
农业	工业	服务业	农业	工业	服务业
15.6	33.1	51.3	30.0	30.3	39.7
13.8	34.7	51.5	25.2	32.5	42.3
12.7	37.9	49.4	15.9	36.8	47.3

资料来源：钱纳里、赛尔昆：《发展的模式：1950~1970》，经济科学出版社1988年版。

（一）东北地区第一产业就业结构变化趋势

表3-4反映了1952~1977年东北地区各省的第一产业的产值占比以及与之对应的劳动力占比。通过与表3-3中最适宜的就业结构对比，分省来看，东北地区各省第一产业劳动力的比重在这一时期都偏高；就东北地区作为整体而言，第一产业劳动力占比也远高于最适宜的水平。

表3-4　　　　　　　东北地区第一产业产业结构和就业结构

（1952~1977年）　　　　　　　单位：%

年份	产值占比				劳动力占比			
	辽	吉	黑	东北	辽	吉	黑	东北
1952	29.0	55.8	45.8	39.5	71.7	78.3	74.0	73.8
1957	20.3	34.9	38.7	28.3	62.9	70.5	67.2	65.8
1962	21.4	31.6	26.6	25.1	63.2	67.1	60.0	63.1
1965	19.6	30.7	24.9	23.6	60.3	66.9	58.2	61.2
1971	17.7	32.1	22.4	22.1	55.9	60.5	54.6	56.5
1972	15.9	27.7	23.8	20.7	53.2	58.2	54.3	54.7
1973	18.3	33.6	24.4	23.1	53.8	57.9	54.0	54.8
1974	17.9	33.9	24.8	23.0	51.0	56.7	55.0	53.6
1975	18.1	29.3	23.6	22.0	48.2	55.2	55.7	52.4

续表

年份	产值占比				劳动力占比			
	辽	吉	黑	东北	辽	吉	黑	东北
1976	17.0	25.0	23.5	20.6	46.0	51.7	54.9	50.3
1977	16.8	27.5	24.4	21.3	48.4	49.6	55.9	51.2

资料来源:根据《新中国六十年统计资料汇编》中东北三省的相关数据计算整理所得。

(二) 东北地区第二产业就业结构变化趋势

表 3-5 反映了 1952～1977 年东北地区各省的第二产业的产值在三次产业中的占比以及相对应的劳动力占比。虽然各省第二产业劳动力占比均在增加,但是对比表 3-3 中的数据,各省的第二产业的劳动力占比都偏低,东北地区整体的水平也低于最适宜的劳动力占比。

表 3-5 　　　　　东北地区第二产业产业结构和就业结构

(1952～1977 年) 　　　　单位:%

年份	产值占比				劳动力占比			
	辽	吉	黑	东北	辽	吉	黑	东北
1952	48.3	27.3	30.4	38.6	16.1	10.3	14.1	14.3
1957	59.2	40.1	33.7	48.3	20.0	13.4	17.8	18.0
1962	55.4	41.2	42.3	48.2	21.3	16.8	21.8	20.4
1965	60.7	48.1	50.9	54.8	21.5	16.7	21.7	20.4
1971	65.7	49.0	57.7	59.7	25.6	20.8	27.7	25.2
1972	67.3	52.3	55.8	60.6	28.4	23.4	28.2	27.2
1973	66.0	47.8	56.1	59.4	28.4	23.8	28.8	27.5
1974	66.8	47.5	56.0	59.8	31.0	25.5	27.7	28.6
1975	66.9	53.3	57.7	61.3	33.0	27.2	27.7	29.9
1976	68.8	55.7	58.9	63.2	35.0	30.3	28.3	31.7
1977	68.1	54.4	59.1	62.6	34.5	32.2	27.7	31.7

资料来源:根据《新中国六十年统计资料汇编》中东北三省的相关数据计算整理所得。

（三）东北地区第三产业就业结构变化趋势

表 3-6 反映了 1952~1977 年东北地区各省第三产业产值在三次产业中的占比以及相对应的劳动力占比，可以看到 1962 年之前各省的第三产业产值占比在增加，对应的劳动力占比也在增加，1962 年之后第三产业产值占比有所下降，而第三产业劳动力占比没有明显下降，但是对比表 3-3 中的相关数据，仍然低于最适宜的劳动力占比。

表 3-6　　　　　东北地区第三产业产业结构和就业结构

（1952~1977 年）　　　　　　　　　　　单位：%

年份	产值占比				劳动力占比			
	辽	吉	黑	东北	辽	吉	黑	东北
1952	22.7	17.0	23.8	21.9	12.2	11.5	11.9	12.0
1957	20.5	25.0	27.6	23.4	17.1	16.0	15.0	16.2
1962	23.2	27.2	31.1	26.7	15.5	16.1	18.1	16.5
1965	19.8	21.2	24.2	21.6	18.2	16.3	20.2	18.4
1971	16.6	18.9	19.9	18.2	18.6	18.7	17.6	18.3
1972	16.8	20.0	20.4	18.6	18.4	18.5	17.5	18.1
1973	15.7	18.6	19.5	17.5	17.8	18.3	17.2	17.7
1974	15.3	18.6	19.2	17.2	18.1	17.8	17.3	17.8
1975	15.0	17.4	18.7	16.7	18.8	17.5	16.6	17.7
1976	14.2	19.3	17.5	16.2	19.0	18.0	16.8	18.0
1977	15.1	18.1	16.5	16.1	17.1	18.2	16.4	17.1

资料来源：根据《新中国六十年统计资料汇编》中东北三省的相关数据计算整理所得。

第二节　第二阶段：1978~2002 年

这一时期是从改革开放到东北老工业基地振兴战略发布之前。这一时期我国实行改革开放国策，开始实行市场经济，经济指导方针发生了很大转变，国家加大了对东部沿海地区的经济投入，国际市场上开始了新一轮的产业转移（李瑞红，2010）。东北地区仍然以工业为产业的发展重点，开始有针对性地发展本省的优势产业，例如辽宁省的经济重点开始向外向型经济转变，充分发挥自身的沿海优势，对外开放，使高新技术产业得到迅速发展；吉林省重点发展食品、医药、石油化工和汽车产业；黑龙江省重点发展能源产业，建设以石油、煤炭为重点的化工和能源基地，建设以建材、机械为重点的重工业基地，从而逐渐形成了以重工业为主体，以石化、食品、煤炭为主导的较为成熟的产业体系。可见在这一阶段东北地区三省的发展重点各不相同，差异性较大，与此同时，东北老工业基地产业结构中重工业的主导地位开始有所动摇，辽吉黑三省在全国的经济地位也有所下降。

这一时期东北地区产业结构由 1978 年的 18.2∶66.7∶15∶1 调整为 2002 年的 11.7∶49.0∶39.3，可见第一、二产业的占比有所减少，而第三产业的占比有所增加。

一、东北地区经济发展总量分析

（一）人均 GDP 水平

纵向来看，这一阶段东北三省的人均 GDP 的变化趋势如图 3 - 17 所示，在 1984 年之前，经济发展比较缓慢，几乎是一条水平线；尽管东北三省的人均 GDP 的增速在 1984 年至 1992 年间得到了一定提高，但是增速相对缓慢；而在 1992 年之后的 10 年间，人均 GDP 的增速得到了提升，要大于之前各省的增速。

横向来看，东北各省的人均 GDP 水平始终处于领先地位的是辽宁省，并且辽宁省比全国平均水平都要高；虽然黑龙江省的人均 GDP 也居于全国平均水平之上，但是与辽宁省相比还是有所差距，在东北三省中排位第二；吉林省的人均 GDP 在 1992 年之前几乎等于全国平均水平，在 1992 年之后开始低于全国平均水平，人均 GDP 水平在三省中最低，可见吉林省在这一期间的经济发展状况不太理想。

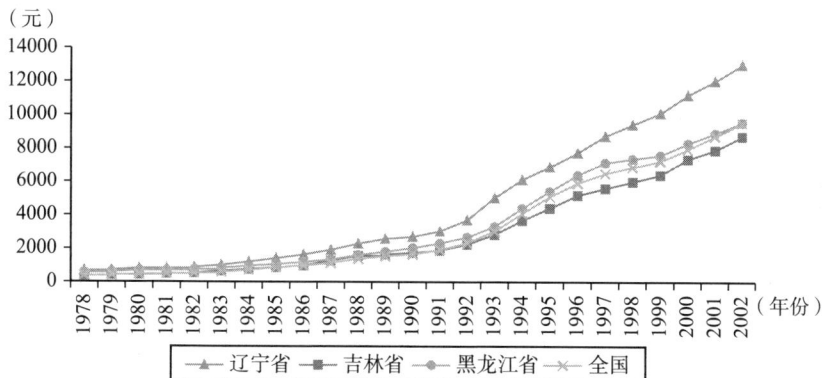

图 3 – 17　东北三省与全国人均 GDP 变化趋势（1978 ~ 2002 年）

资料来源：2003 年东北各省统计年鉴、中国统计年鉴。

（二）城镇化发展水平

图 3 – 18 选取了 1978 年、1990 年和 2000 年东北三省及全国的城镇

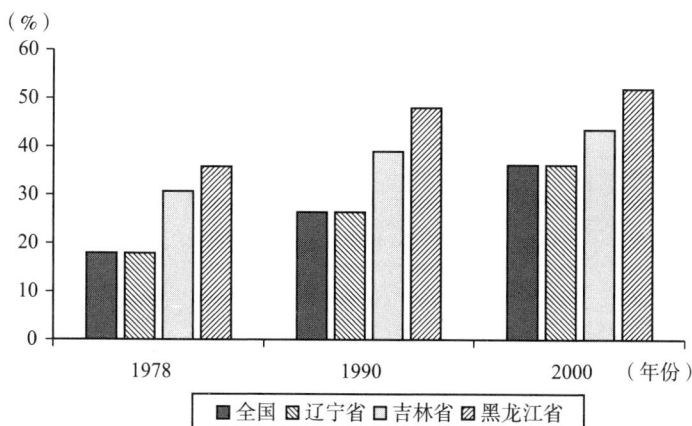

图 3 – 18　东北三省及全国城镇化人口比重

资料来源：2001 年东北各省统计年鉴、中国统计年鉴。

化人口所占比重进行对比。总体来看，东北三省的城镇化人口占比明显要高于全国的平均水平；分省来看，辽宁省城镇化人口比重与全国基本一致，而吉、黑二省在这一时期城镇化发展水平要明显高于全国平均水平很多，尤其是黑龙江省，其城镇化水平居于三省之首。

二、东北地区三次产业结构调整

（一）东北地区三次产业结构纵向分析

基于区域经济一体化发展的角度，在此将东北地区看作一个经济整体并作为研究主体，将表3-7中改革开放初期1978~2002年东北地区的三次产业占比的数据进行纵向对比分析。

表3-7　　　东北三省地区总产值及各产业占比（1978~2002年）

年份	总产值（亿元）	第一产业产值（亿元）	第一产业产值占比（%）	第二产业产值（亿元）	第二产业产值占比（%）	第三产业产值（亿元）	第三产业产值占比（%）
1978	404.0	73.4	18.2	269.5	66.7	61.1	15.1
1979	432.2	85.0	19.7	280.3	64.9	66.9	15.5
1980	502.1	101.4	20.2	323.4	64.4	77.3	15.4
1981	516.8	106.9	20.7	319.9	61.9	90.0	17.4
1982	563.6	118.5	21.0	340.5	60.4	104.6	18.6
1983	640.9	151.1	23.6	370.4	57.8	119.4	18.6
1984	756.5	166.4	22.0	443.2	58.6	146.9	19.4
1985	873.6	151.9	17.4	533.2	61.0	188.5	21.6
1986	1006.1	185.6	18.5	570.4	56.7	250.1	24.9
1987	1173.7	200.2	17.1	678.6	57.8	294.9	25.1
1988	1433.0	236.1	16.5	788.2	55.0	408.7	28.5
1989	1634.5	235.8	14.4	890.6	54.5	508.1	31.1

续表

年份	总产值 （亿元）	第一产业 产值 （亿元）	第一产业 产值占比 （%）	第二产业 产值 （亿元）	第二产业 产值占比 （%）	第三产业 产值 （亿元）	第三产业 产值占比 （%）
1990	1777.9	328.9	18.5	903.5	50.8	545.5	30.7
1991	2022.4	329.1	16.3	1003.4	49.6	689.9	34.1
1992	2432.7	361.6	14.9	1235.0	50.8	836.1	34.4
1993	3209.2	459.2	14.3	1689.0	52.6	1061.0	33.1
1994	4326.2	883.6	20.4	2109.5	48.8	1333.1	30.8
1995	4784.8	763.4	16.0	2438.6	51.0	1582.8	33.1
1996	5528.2	918.3	16.6	2808.2	50.8	1801.7	32.6
1997	6250.0	934.6	15.0	3176.8	50.8	2138.6	34.2
1998	6656.2	960.6	14.4	3337.5	50.1	2358.1	35.4
1999	7038.0	898.0	12.8	3558.2	50.6	2581.8	36.7
2000	7820.4	886.0	11.3	4076.1	52.1	2857.6	36.5
2001	8423.2	980.0	11.6	4213.9	50.0	3229.25	38.3
2002	9095.5	1064.4	11.7	4453.5	49.0	3577.6	39.3

资料来源：根据东北三省统计年鉴和中国统计年鉴中三次产业的相关数据计算所得。

　　从表3-7中可以看出，东北地区第二产业总产值的增长占比整体上来看呈现减少的趋势，而第一、三产业的产值在快速地增长，第一产业的占比呈现先增加后又逐年下降的变化趋势，在改革开放初期这二十几年间，从1978年的18.17%增长至1983年的23.53%，后又下降至2002年的11.70%，整体上大约下降了6个百分点；而第三产业在这二十几年间发展迅速，地区生产总值由最初的1978年的61.1亿元增长至2002年的3577.6亿元，增长了大约58倍，增长幅度之大足以体现第三产业的快速发展。当然地区生产总值的数字是绝对的，还需要考察第三产业所占比重的变化，从表3-7中可以看到，东北地区第三产业在三次产业中所占比重由1978年的15.1%增长至2002年的39.3%，增加了24.2%。由此可以从绝对数和相对数两方面体现出东北地区在改革开放初期二十多年间第三产业的快速发展；而第二产业总产值的变化却朝相反的方向发展，第二产业虽然是三次产业中占比最高的产业，地区生产总值也在快速增长，由 1978 年的 269.5 亿元增长至 2002 年的 4453.5 亿元，增长幅度在 16 倍左右，但是其占比却由 1978 年的 66.7% 下降至 2002 年的 49.0%，不过下降的幅度不是很大。

东北三省 1978 ~ 2002 年统计年鉴数据表明，这 25 年间，从产值方面来看：辽宁省第一、二产业的占比分别减少了 3.33%、23.25%，第三产业占比却增加了 26.58%；吉林省第一、二产业占比分别减少了 9.39%、8.84%，第三产业占比却增加了 18.23%；黑龙江省第一、二产业的占比分别减少了 10.42%、10.29%，第三产业的占比增加了 20.71%[1]。由此可见，辽吉黑三省的产业结构中，上升速度最快的是第三产业，其占比均在增加。

整体来看，东北地区虽然是老工业基地，第二产业的占比一直居于高位，但是各产业的产值在东北地区生产总值中的占比也发生了很大的变化。第一、二产业的占比总体上呈现减少的趋势，而第三产业的占比却是以相反的方向在稳步地增长，可见东北地区的产业结构变动是第一、二产业在为第三产业"让步"。而且东北三省的地区生产总值在 1978 ~ 2002 年期间得到了快速的增长，经济发展速度不断加快，经济总量规模也在不断地扩大。

(二) 东北地区三次产业结构横向分析

如表 3 - 8 所示，选取东北地区和全国的改革开放初期 1978 ~ 2002 年的三次产业占比数据进行横向比较分析。

根据表 3 - 8 中的数据可知，改革开放初期的 20 年里，在东北老工业基地的三次产业中，居于主导地位的是第二产业，其占比高于全国第二产业的平均水平，而发展较为滞后的第一、第三产业的占比要比全国

---

① 资料来源：2003 年东北三省统计年鉴。

表 3 - 8　　　东北地区及全国三次产业所占比重（1978~2002 年）　　单位：%

年份	东北			全国		
	第一产业	第二产业	第三产业	第一产业	第二产业	第三产业
1978	18.2	66.7	15.1	27.7	47.7	24.6
1979	19.7	64.9	15.5	30.7	47.0	22.3
1980	20.2	64.4	15.4	29.6	48.1	22.3
1981	20.7	61.9	17.4	31.3	46.0	22.7
1982	21.0	60.4	18.6	32.8	44.6	22.6
1983	23.6	57.8	18.6	32.6	44.2	23.2
1984	22.0	58.6	19.4	31.5	42.9	25.5
1985	17.4	61.0	21.6	27.9	42.7	29.4
1986	18.5	56.7	24.9	26.6	43.5	29.8
1987	17.1	57.8	25.1	26.3	43.3	30.4
1988	16.5	55.0	28.5	25.2	43.5	31.2
1989	14.4	54.5	31.1	24.6	42.5	32.9
1990	18.5	50.8	30.7	26.6	41.0	32.4
1991	16.3	49.6	34.1	24.0	41.5	34.5
1992	14.9	50.8	34.4	21.3	43.1	35.6
1993	14.3	52.6	33.1	19.3	46.2	34.5
1994	20.4	48.8	30.8	19.5	46.2	34.4
1995	16.0	51.0	33.1	19.6	46.8	33.7
1996	16.6	50.8	32.6	19.3	47.1	33.6
1997	15.0	50.8	34.2	17.9	47.1	35.0
1998	14.4	50.1	35.4	17.2	45.8	37.0
1999	12.8	50.6	36.7	16.1	45.4	38.6
2000	11.3	52.1	36.5	14.7	45.5	39.8
2001	11.6	50.0	38.3	14.0	44.8	41.2
2002	11.7	49.0	39.3	13.3	44.5	42.2

资料来源：根据东北三省统计年鉴中三次产业的相关数据计算所得。

平均水平低。改革开放初期 10 年间，东北地区第三产业的占比明显比全国平均水平要低，而在往后的 10 年间，东北地区第三产业的占比逐步上升，与全国平均水平的差距逐渐缩小。在这一阶段的二十多年里，东北地区的第三产业的占比整体在增加，第一产业的占比整体上呈现逐步下降的趋势，与第三产业的占比呈反方向变化。而第二产业的比重大致都占一半以上，在这 20 年间一直是东北地区的支柱产业，居于主导地位长期不变。

从横向来看，这一阶段东北地区 GDP 在全国的比重整体有所下降，经济地位在全国有所下降。其中第一、二产业的占比普遍下降，但是工业依然是东北地区产业结构的支柱，而第三产业的发展相对而言较为迅速，所占比重得到了大幅度上升。

总体来看，改革开放以来，我国的经济体制发生转变，开始建立社会主义市场经济体制。处于后工业化发展阶段的东北地区，其产业结构仍然需要调整和进一步优化升级。这一时期，东北地区的经济增长动力转换滞后，还没能实现第二、第三产业的协同发展，与全国整体的经济发展路径也存在显著差异，出现了逆工业化的趋势（刘璐，2019）。

（三）东北地区各产业变化趋势

1. 东北地区第一产业变化趋势

图 3-19 清楚地反映了东北地区在改革开放后第一产业在三次产业中所占比重的变化趋势。整体来看，东北地区各省以及东北地区整体的变化趋势都有较大波动，在 1983 年之前，东北老工业基地各省第一产业的占比均在增加，除了吉林省的占比是先下降后上升的，并且占比远高于东北地区的平均水平，在三省中居于首位；黑龙江省的第一产业占比也居于东北地区平均水平之上；辽宁省的第一产业占比要比东北地区平均水平低，在三省中其占比最小。

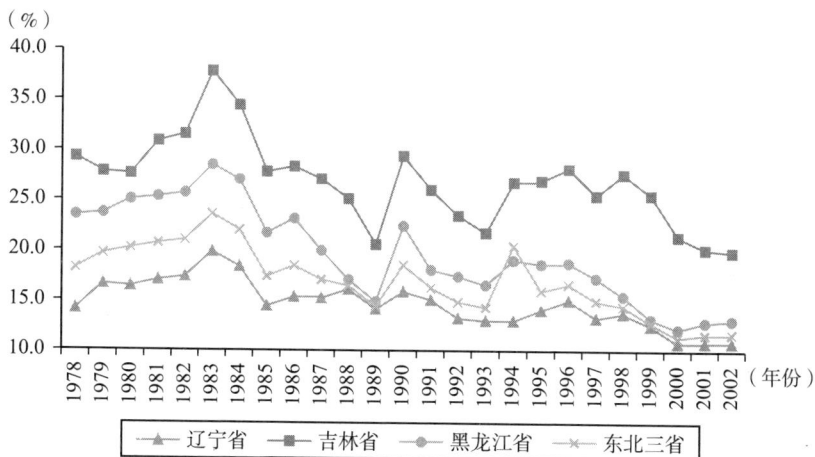

图 3 - 19　东北地区第一产业变动趋势（1978～2002 年）

资料来源：根据东北地区各省 2003 年统计年鉴中第一产业相关数据计算所绘。

　　1983～1989 年，三省第一产业的占比与东北地区的平均水平都呈现下降的趋势。吉林省的占比仍居于首位，黑龙江省次之，二者都比东北地区的平均水平要高，而辽宁省的第一产业占比最小并且低于东北地区的平均水平。三省第一产业的占比以及东北地区第一产业占比自 1990 年有一定的增长之后又开始呈现下降的趋势，在 1994 年第一产业的占比有所提高，但黑龙江省第一产业的占比低于东北地区第一产业的占比。1994 年之后东北老工业基地各省以及整个东北地区的第一产业占比呈现下降的趋势，但是吉林省的第一产业的占比从数值上看仍然很高。各省第一产业的占比在 2000 年之后趋于稳定状态。

　　2. 东北地区第二产业变化趋势

　　图 3 - 20 反映了东北地区第二产业在三次产业中所占比重的变化趋势。整体来看，东北地区各省的第二产业的占比均逐渐减少。很明显，吉林省第二产业的占比要低于东北地区其他两省和东北地区的平均水平。

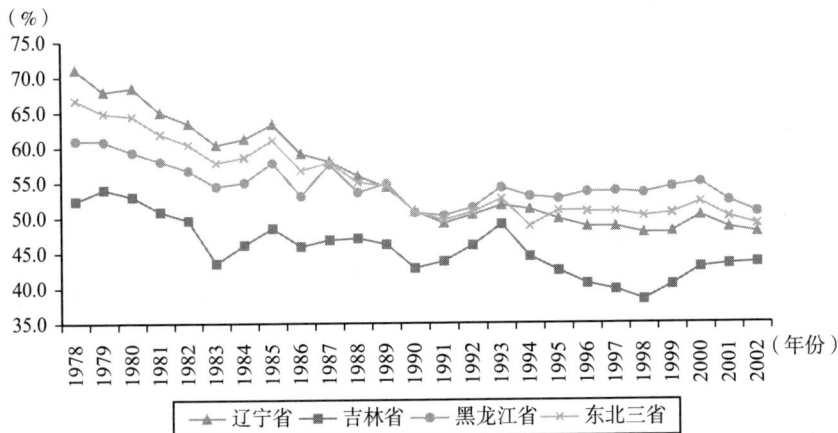

图 3 - 20   东北地区第二产业变化趋势（1978 ~ 2002 年）

资料来源：根据 2003 年东北地区各省统计年鉴计算所绘。

纵向来看，在1983年以前，东北地区各省第二产业的占比均在逐步下降，1983年至1985年有所上升，之后又开始稳步下降。辽宁省在1987年之前第二产业的占比在三省中居于首位，高于东北地区的平均水平；吉、黑两省要低于东北地区的平均水平，并且吉林省第二产业占比要低于黑龙江省。在1987年至1993年之间，除了吉林省的第二产业的占比低于东北地区平均水平之外，辽、黑两省的第二产业的占比几乎与东北地区的平均水平一致，其中辽宁省略低一些，黑龙江省略高一些，二者分布在东北地区的平均水平线上下。在1993年至1998年之间，吉林省的第二产业的占比开始大幅度下降，而后在1998年之后的几年又开始有所增加；辽宁省的第二产业的占比呈现出小幅度的下降，并且略低于东北地区的平均水平；黑龙江省的第二产业的占比有小幅度上升，并且比东北地区的平均水平略高一些。在2000年之后，第二产业占比趋于稳定。

3. 东北地区第三产业变化趋势

从图3 - 21可以看出，东北地区各省以及东北地区整体的第三产业在三次产业中所占比重呈现上升的趋势。在1990年之前，三省第三产业占比相差不大，均处于逐渐上升的状态；1990 年之后，三省的第三产业占比逐渐拉开了差距，辽宁省的第三产业的占比要比吉、黑两省高，并且居于东北地区的平均水平之上，可见辽宁省产业结构中的第一、二产业在逐渐向第三产业转移，而吉、黑两省的第三产业的占比要比东北地区的平均水平低，其中黑龙江的占比是最低的，可见吉林省和黑龙江省应当进一步优化产业结构。

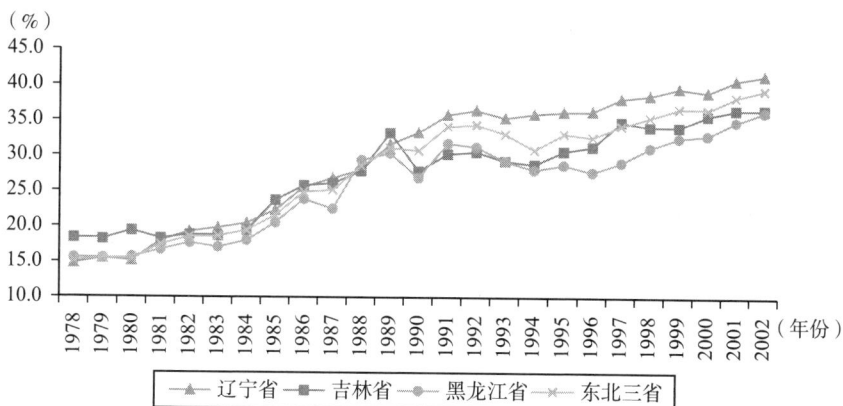

图 3 - 21　东北地区第三产业变化趋势（1978～2002 年）

资料来源：根据东北地区各省 2003 年统计年鉴计算所绘。

三、东北地区各产业内部结构变化趋势

（一）第一产业内部结构变动趋势

1. 辽宁省第一产业内部结构变化趋势

表 3 - 9 体现了辽宁省 1978 年至 2002 年第一产业内部结构各行业的比例变化，农林牧渔业的占比由 1978 年 79.1：2.2：14.4：4.3 变为 2002 年的 47.7：2.5：31.9：17.9，可以看到农业占比大幅度下降，林业占比几乎无变化，牧业和渔业的占比有小幅度的上升，具体的变化趋势如图 3 - 22 所示。很明显，农业相比于第一产业中的各行业，它的占比

是最高的，牧业仅次于农业，它的占比相对较高。

表 3 – 9　　　辽宁省第一产业各行业占比（1978～2002 年）　　　单位：%

年份	农业	林业	牧业	渔业
1978	79.1	2.2	14.4	4.3
1979	76.5	2.3	17.7	3.5
1980	75.6	3.4	18.0	3.0
1985	63.2	3.6	26.5	6.8
1986	66.9	3.0	22.7	7.4
1987	64.0	2.9	23.4	9.7
1988	58.0	2.2	29.8	10.1
1989	56.3	2.2	31.3	10.2
1990	59.7	2.4	27.6	10.3
1991	59.2	2.3	27.2	11.2
1992	58.7	2.3	26.8	12.2
1993	57.7	2.2	27.6	12.5
1994	53.8	2.0	31.4	12.7
1995	55.3	1.9	29.8	13.0
1996	55.9	1.7	27.9	14.5
1997	52.0	1.8	29.6	16.6
1998	55.1	1.8	27.8	15.3
1999	52.3	1.9	28.9	16.9
2000	47.9	2.0	31.4	18.6
2001	48.1	2.1	31.8	18.0
2002	47.7	2.5	31.9	17.9

资料来源：根据 2003 年《辽宁统计年鉴》计算整理。

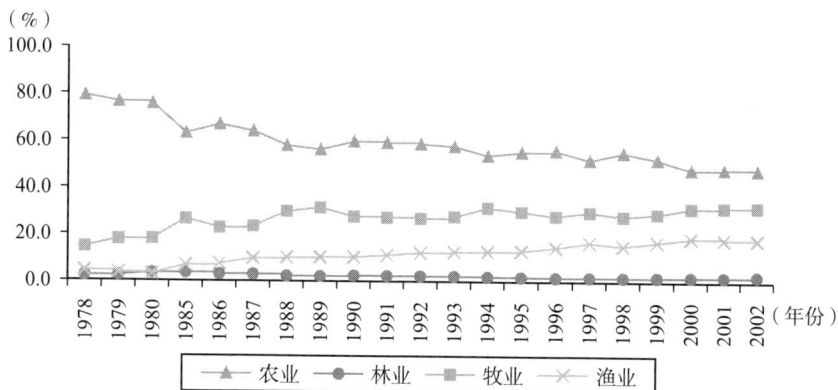

图3－22　辽宁省第一产业内部结构（1978～2002年）

资料来源：根据表3－9中数据绘制。

2. 吉林省第一产业内部结构变化趋势

从图3－23中可以看到吉林省1978～2002年的第一产业中各行业占比的变化趋势。其中林业和渔业的占比一直非常小，几乎是一条接近于零的直线，而农业和畜牧业是一产业中的支柱行业，农业的占比是最高的，畜牧业仅次于农业。在这一阶段，农业的占比呈现逐渐下降的态势，而畜牧业的占比却在逐渐上升，但是农业的占比始终高于畜牧业，二者呈现出"镜面式"的变化趋势。

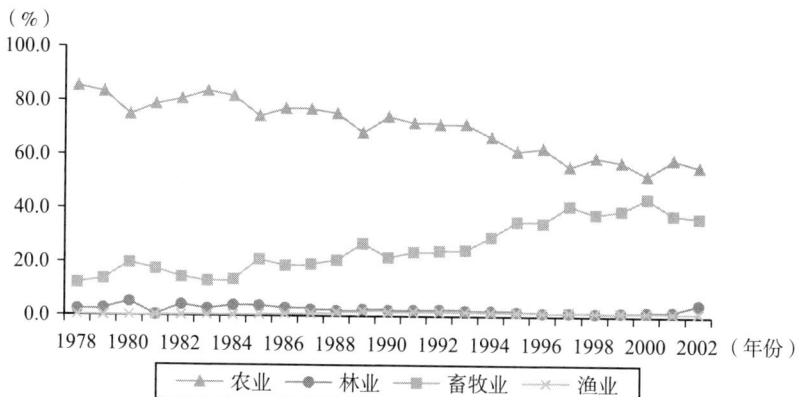

图3－23　吉林省第一产业内部结构变化趋势（1978～2002年）

资料来源：根据2003年《吉林统计年鉴》计算所绘。

3. 黑龙江省第一产业内部结构变化趋势

从图 3-24 中可以看到黑龙江省 1978～2002 年第一产业中各行业占比的变化趋势。其中农业的占比在第一产业中是最高的，并呈现逐步下降的趋势；牧业在第一产业中的占比排第二位，其占比在缓慢地增加，但要远远低于农业的占比；而其他两个行业——林业和渔业，在第一产业中的占比非常小，几乎是接近于零的直线，没有明显变化，与吉林省的状况类似。

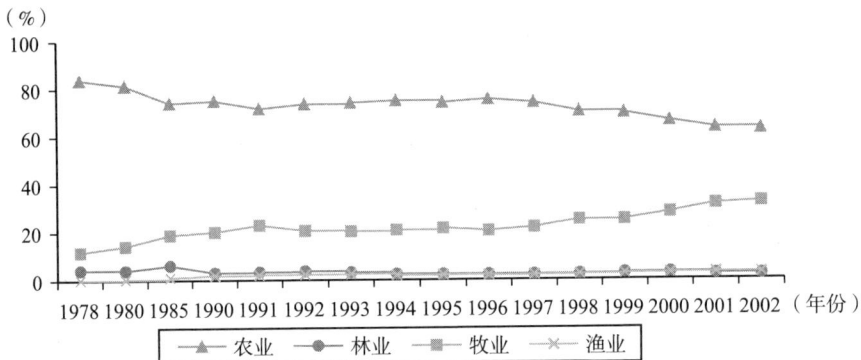

图 3-24　黑龙江省第一产业内部结构变化趋势（1978～2002 年）

资料来源：根据 2003 年《黑龙江统计年鉴》计算所绘。

（二）第二产业内部结构变动趋势

1. 辽宁省第二产业内部结构变化趋势

从表 3-10 中可以看到辽宁省工业企业中轻重工业的比例，可见轻工业的比例在逐步下降，而重工业比例在逐渐上升，但重工业的占比一直大于轻工业占比。辽宁省工业总产值中轻重工业比例的具体变化趋势如图 3-25 所示，可见重工业在工业行业中占据重要地位。

表3-10　　　　　　　辽宁省工业企业轻重工业比例　　　　　单位：%

年份	1990	1995	1996	1997	1998	1999	2000
轻工业	42.19	38.05	37.13	36.55	39.21	38.65	37.99
重工业	57.81	61.95	62.87	63.45	60.79	61.35	62.01
轻重比	0.73	0.61	0.59	0.58	0.64	0.63	0.61

资料来源：2001年《辽宁统计年鉴》。

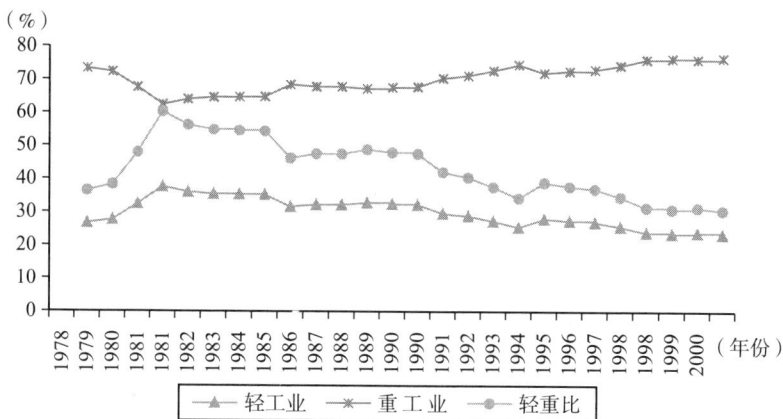

图3-25　辽宁工业总产值轻重工业比例（1978~2000年）

资料来源：根据各年份《辽宁统计年鉴》计算所绘。

2. 吉林省第二产业内部结构变化趋势

图3-26反映了吉林省第二产业内部结构的变化趋势。整体来看，工业占比和建筑业占比的变动趋势都比较平稳，由此可见第二产业内部结构较为稳定，基本没有起伏。工业占比很高，基本在85%左右，而建筑业占比很小，大约为15%。

3. 黑龙江省第二产业结构变化趋势

图3-27反映了黑龙江省在1978年至2002年期间第二产业内部结构的变动趋势，整体来看，与吉林省一致，工业占比较高，建筑业占比较低。黑龙江省第二产业中工业占比高达九成，而建筑业的占比仅为一成，远远低于工业的比例。并且这个比例在这一阶段非常稳定。

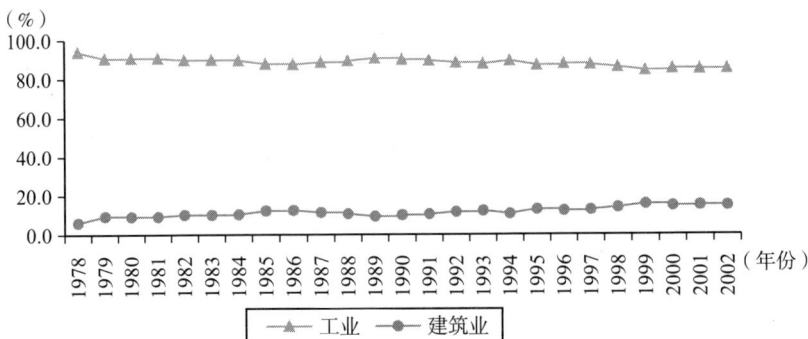

图 3-26　吉林省第二产业内部结构变化趋势（1978～2002 年）

资料来源：根据各年份《吉林统计年鉴》计算所绘。

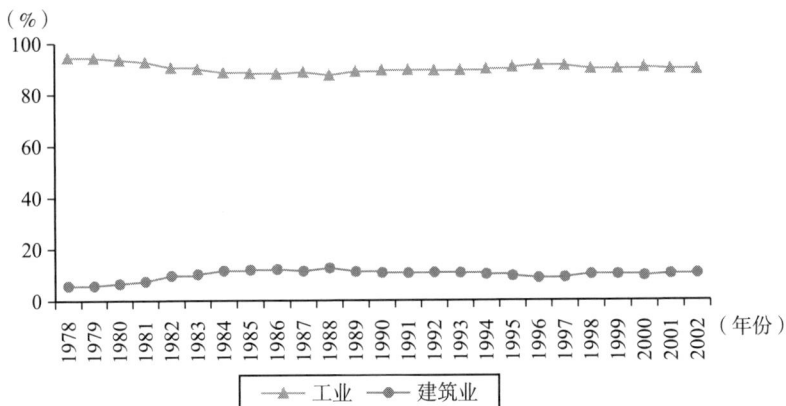

图 3-27　黑龙江省第二产业内部结构（1978～2002 年）

资料来源：根据 2003 年《黑龙江统计年鉴》计算所绘。

综上所述，东北地区各省的第二产业内部结构均比较稳定，其中工业占比较高。

（三）第三产业内部结构变动趋势

1. 辽宁省第三产业内部结构变化趋势

表 3-11 体现了辽宁省第三产业内部结构的变化趋势，整体来看在

这一阶段，传统服务业在第三产业中所占比重在逐渐上升，但是上升幅度较小，现代服务业所占比重在逐渐下降，具体的变化趋势如图 3 - 28 所示。传统服务业和现代服务业从 1990 年的"各占一半"到后来"分道扬镳"，传统服务业的占比从 50% 逐渐增加至超过 60%，而现代服务业的占比越来越小，向下偏离 50% 的直线越来越多，二者最终的占比在 1997 年之后趋于稳定。

表 3 - 11　　　　辽宁省第三产业内部构成（1990~2000 年）　　　单位：%

类别		1990年	1995年	1996年	1997年	1998年	1999年	2000年
传统	交通运输、仓储和邮政业	23.7	29.8	29	30.8	30.8	32.1	32.3
	批发、零售业和餐饮业	27.0	28.6	29.2	30.4	30.2	29.3	29.1
	合计	50.7	58.4	58.2	61.2	61.0	61.4	61.4
现代	金融保险业	20.6	13.7	13.1	7.7	7.0	6.4	5.9
	房地产业	4.2	4.7	4.8	4.4	4.6	4.6	4.8
	其他服务业	24.5	23.2	23.9	26.7	27.4	27.6	27.9
	合计	49.3	41.6	41.8	38.8	39.0	38.6	38.6

资料来源：各年份《辽宁统计年鉴》。

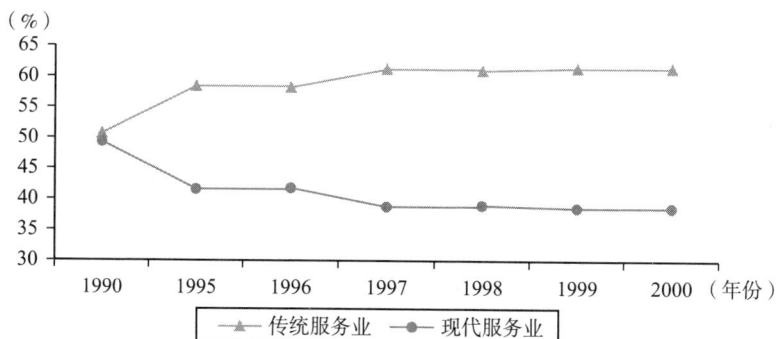

图 3 - 28　辽宁省第三产业内部结构变化趋势（1990~2000 年）

资料来源：根据各年份《辽宁统计年鉴》计算所绘。

2. 吉林省第三产业内部结构变化趋势

图 3-29 展示了吉林省第三产业内部结构的变化趋势。从图中可以看到，在 1983 年以前，运输邮电业占比要高于批发零售业和餐饮业占比之和，但呈现逐渐下降的趋势，而批发零售业和餐饮业占比之和呈现波动上升的趋势。在 1983 年之后，运输邮电业占比继续下降，并逐渐趋于平稳状态，而批发零售业和餐饮业占比之和继续上升，虽然在 1989 年有所下降，但之后又持续上升，并最终趋于稳定。在 1983 年之后批发零售业和餐饮业的占比之和一直高于运输邮电业。

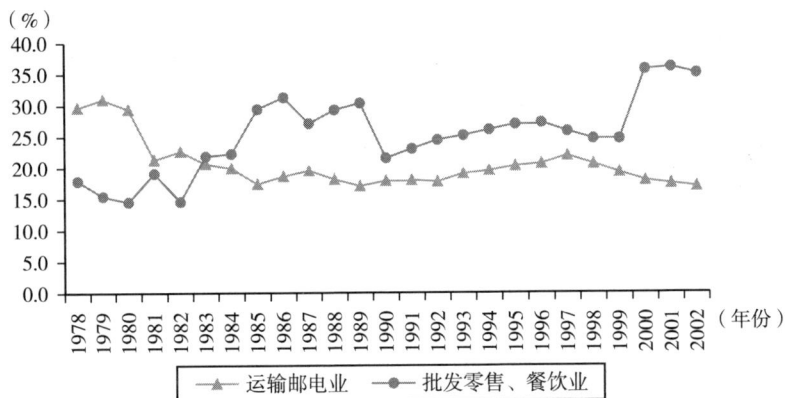

图 3-29　吉林省第三产业内部结构变化趋势（1978~2002 年）

资料来源：各年份《吉林统计年鉴》。

3. 黑龙江省第三产业内部结构变化趋势

从图 3-30 中可以看到黑龙江省第三产业内部结构的变化趋势，其他服务业占比一直很高，交通运输邮电通信行业的占比在 1987 年之前要比批发零售餐饮业高一些，而在 1987 年之后出现了反转，批发零售餐饮业的占比要高于交通运输邮电业。

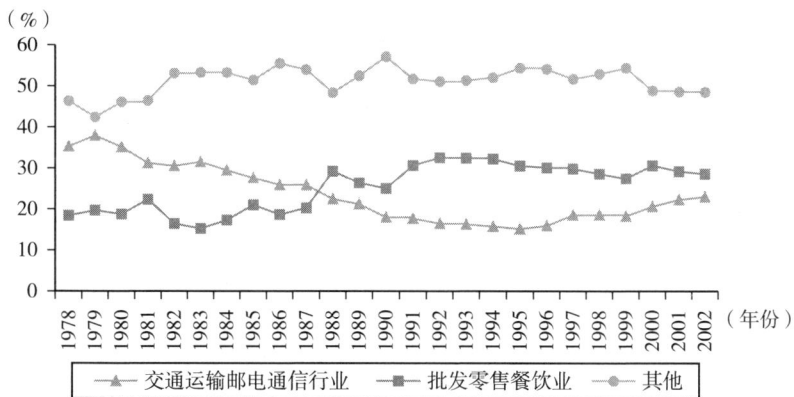

图3-30　黑龙江省第三产业内部结构变化趋势（1978~2002年）

资料来源：根据各年份《黑龙江统计年鉴》计算绘制。

四、东北地区三次产业就业结构

（一）东北地区第一产业就业结构变化趋势

图3-31反映了东北地区第一产业就业结构的变化趋势。各省第一产业的劳动力占比在1985年之前逐渐减少，辽宁省不及东北地区的平均水平，而吉、黑居于东北地区的平均水平之上。东北各省第一产业劳动力占比在1990年之后有所下降，但是变化幅度非常小，在1998年各省第一产业劳动力占比有较大幅度上升，在此之后趋于稳定。吉林省和黑龙江省的占比趋于50%，并且要比东北地区的平均水平要高，而辽宁省的占比始终低于东北地区的平均水平。

结合表3-12中的数据，对比表3-3中的相关数据，可以观察出：当第一产业产值占比为30%左右时，第一产业劳动力占比的最适宜的比重大约为50%；当第一产业产值占比为20%左右时，第一产业劳动力占比的最适宜的比重大约为40%；当第一产业产值占比为15%左右时，第一产业劳动力占比的最适宜的比重大约为30%；当第一产业产值占比为12%左右时，第一产业劳动力占比最适宜的比重大约为15%。

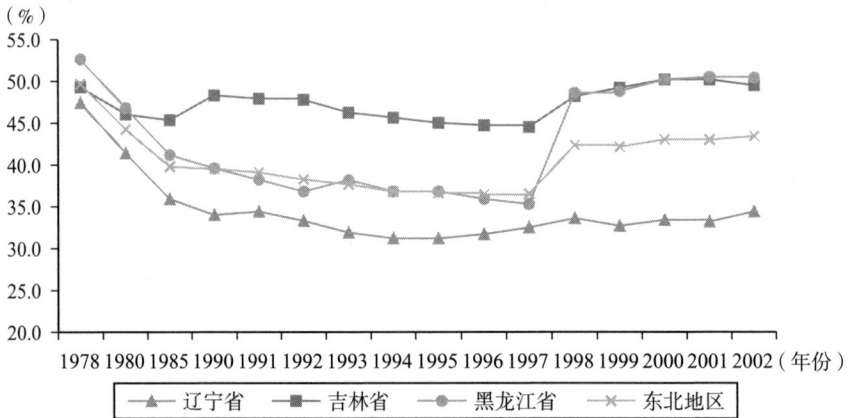

图 3 - 31　东北地区第一产业劳动力变化趋势（1978~2002 年）

资料来源：根据东北各省统计年鉴计算所绘。

表 3 - 12　　　　东北地区第一产业产业结构和就业结构

（1978~2002 年）　　　　　单位：%

年份	产值占比				劳动力占比			
	辽	吉	黑	东北	辽	吉	黑	东北
1978	14.1	29.3	23.5	18.2	47.4	49.3	52.6	49.6
1980	16.4	27.6	25.0	20.2	41.4	46.0	46.8	44.2
1985	14.4	27.8	21.7	17.4	35.9	45.4	41.2	39.8
1990	15.9	29.4	22.4	18.5	34.0	48.3	39.6	39.5
1991	15.1	26.0	18.0	16.3	34.4	47.9	38.2	39.1
1992	13.2	23.4	17.4	14.9	33.3	47.8	36.8	38.3
1993	13.0	21.7	16.6	14.3	31.9	46.3	38.2	37.6
1994	13.0	26.8	19.0	20.4	31.2	45.6	36.8	36.8
1995	14.0	26.9	18.6	16.0	31.2	45.0	36.8	36.6
1996	15.0	28.1	18.7	16.6	31.7	44.7	35.9	36.4
1997	13.2	25.4	17.3	15.0	32.5	44.5	35.3	36.5
1998	13.7	27.6	15.5	14.4	33.6	48.2	48.6	42.4
1999	12.5	25.5	13.2	12.8	32.7	49.2	48.8	42.1

年份	产值占比				劳动力占比			
	辽	吉	黑	东北	辽	吉	黑	东北
2000	10.8	21.4	12.2	11.3	33.4	50.2	50.2	43.0
2001	10.8	20.1	12.8	11.6	33.2	50.2	50.5	43.0

资料来源：根据东北地区各省统计年鉴中产业和就业的相关数据计算整理所得。

对照来看，分省来看：

辽宁省在 1978～1991 年第一产业产值的占比在 15% 左右，但劳动力的占比在 30% 以上，高于最适宜的比例；1992～1998 年第一产业产值占比在 13% 左右时，第一产业劳动力占比在 30% 以上，大于最适宜的比重 25%；在 1999～2002 年第一产业产值占比在 12% 左右时，第一产业的劳动力占比都在 30% 以上，比最适宜的比重要高很多。

吉林省第一产业的劳动力占比要低于最适宜的水平，可见吉林省将更多的劳动力投入在其他产业中，而忽略了第一产业的劳动力配比。

黑龙江省第一产业劳动力占比整体来看要略低于最适宜比重，说明与吉林省一样，在其他产业投入的劳动力更多。

东北地区整体来看，第一产业劳动力占比高于最适宜比重。

（二）东北地区第二产业就业结构变化趋势

从图 3-32 中可以看到，在 1985 年之前，辽、黑的第二产业的劳动力占比呈上升趋势，吉林省呈现倒 "U" 形的变化趋势，先增加后减少，辽宁省的第二产业的劳动力占比要比东北地区的平均水平高一些，而吉、黑要低于东北地区的平均水平；三省的第二产业的劳动力占比在 1985 年之后呈现逐渐下降的趋势，其中在 1997～1998 年的变化幅度较大；1985～1998 年之间，辽宁的占比仍然在东北地区的平均水平之上，吉林的占比在东北地区的平均水平之下，黑龙江的占比与东北地区的平均水平大致相同；在 1997 年之后，辽宁和吉林保持之前的变化趋势，而黑龙江的占比有所变化，趋势线开始位于东北地区的平均水平之下。

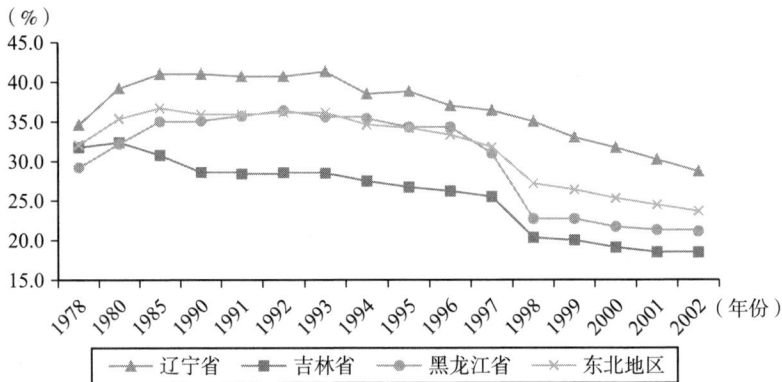

图3-32 东北地区第二产业劳动力变化趋势（1978～2002年）

资料来源：东北三省各省份统计年鉴。

从表3-13中的数据来看，东北地区的第二产业产值的占比非常高，虽然呈现逐渐下降的趋势，但仍在地区生产总值中占半壁江山。对照来看，各省的第二产业劳动力的占比要低于最适宜的比重，同时也反映了东北地区从事第二产业行业的劳动人员劳动强度较大或者机械化程度较高，因而第二产业拥有较高的产值，但是为了第二产业的优化发展，还应当为第二产业配给更多劳动力以适应其发展。

表3-13　　　　　东北地区第二产业产业结构和就业结构

（1978～2002年）　　　　　　　　　单位：%

年份	产值占比				劳动力占比			
	辽	吉	黑	东北	辽	吉	黑	东北
1978	71.1	52.4	52.4	66.7	34.6	31.8	29.2	32.1
1980	68.4	53.0	53.0	64.4	39.2	32.4	32.2	35.4
1985	63.3	48.5	48.5	61.0	41.0	30.8	35.0	36.7
1990	50.9	42.8	42.8	50.8	41.0	28.6	35.1	35.9
1991	49.2	43.8	43.8	49.6	40.7	28.4	35.7	35.9
1992	50.4	46.1	46.1	50.8	40.7	28.6	36.4	36.1

年份	产值占比				劳动力占比			
	辽	吉	黑	东北	辽	吉	黑	东北
1993	51.7	49.0	49.0	52.6	41.3	28.5	35.6	36.1
1994	51.1	44.5	44.5	48.8	38.5	27.5	35.4	34.6
1995	49.8	42.5	42.5	51.0	38.8	26.7	34.3	34.2
1996	48.7	40.6	40.6	50.8	37.0	26.2	34.3	33.3
1997	48.7	39.8	39.8	50.8	36.4	25.5	31.0	31.8
1998	47.8	38.3	38.3	50.1	35.0	20.3	22.7	27.2
1999	48.0	40.4	40.4	50.6	33.0	20.0	22.7	26.4
2000	50.2	42.9	42.9	52.1	31.7	19.1	21.7	25.3
2001	48.5	43.3	43.3	50.0	30.2	18.5	21.3	24.5

数据来源：东北各省各年份统计年鉴计算所得。

（三）东北地区第三产业就业结构变化趋势

从图 3 - 33 中可以看到，东北地区第三产业劳动力的占比越来越大，呈现逐步上升的趋势。在 1997 年之前，各省都处于上升趋势，与东北地区的平均水平大致相同。在 1997 年之后，黑龙江省第三产业的劳动力占比以较大的幅度开始减少，吉林省开始缓慢地增加，变化幅度非常小，与此同时辽宁省以较大的幅度开始增加。相比于东北地区的平均水平，辽宁省在其之上，而吉、黑在其之下，黑龙江省要低于吉林省。

表 3 - 14 反映了东北各省及东北地区整体 1978～2002 年的产业结构与就业结构的对应关系，对照表 3 - 3 中最适宜的第三产业劳动力比重的变动趋势，各省第三产业劳动力占比要小于最适宜的占比。要想提高第三产业对经济发展的促进作用，还应当给第三产业配给合适比重的劳动力，进一步优化就业结构。

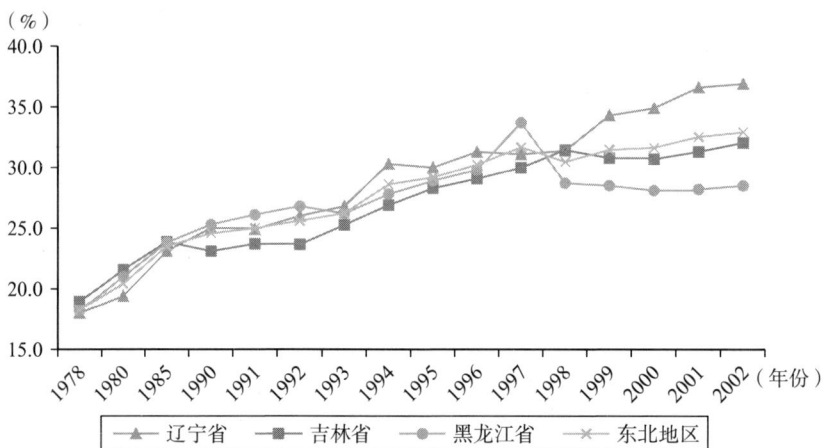

图 3 – 33　东北地区第三产业劳动力变化趋势（1978～2002 年）

资料来源：东北各省统计年鉴。

表 3 – 14　　　　　　东北地区第三产业产业结构和就业结构

（1978～2002 年）　　　　　　　　　单位：%

年份	产值占比				劳动力占比			
	辽	吉	黑	东北	辽	吉	黑	东北
1978	14.8	18.3	15.6	15.1	18.0	19.0	18.2	18.3
1980	15.2	19.4	15.7	15.4	19.4	21.6	21.0	20.4
1985	22.3	23.7	20.5	21.6	23.1	23.9	23.8	23.5
1990	33.2	27.8	26.9	30.7	25.0	23.1	25.3	24.6
1991	35.8	30.2	31.7	34.1	24.9	23.7	26.1	25.0
1992	36.4	30.5	31.2	34.4	26.0	23.7	26.8	25.6
1993	35.3	29.2	29.2	33.1	26.8	25.3	26.2	26.2
1994	35.9	28.8	28.0	30.8	30.3	26.9	27.8	28.6
1995	36.2	30.5	28.7	33.1	30.0	28.3	28.9	29.2
1996	36.3	31.3	27.7	32.6	31.3	29.1	29.8	30.2
1997	38.1	34.8	29.0	34.2	31.1	30.0	33.7	31.7
1998	38.5	34.1	31.1	35.4	31.4	31.5	28.7	30.5
1999	39.5	34.1	32.5	36.7	34.3	30.8	28.5	31.5

年份	产值占比				劳动力占比			
	辽	吉	黑	东北	辽	吉	黑	东北
2000	39.0	35.7	32.9	36.5	34.9	30.7	28.1	31.6
2001	40.7	36.5	34.8	38.3	36.6	31.3	28.2	32.5
2002	41.4	36.6	36.3	39.3	36.9	32.0	28.5	32.9

资料来源：2003 年东北各省统计年鉴。

五、东北地区三次产业贡献率分析

三次产业贡献率是指三次产业对国内生产总值增长速度的贡献率，等于各产业增加值增量与 GDP 增量之比。是按不变价格计算的（吴艳华，2014）。由于数据缺失，在此阶段只有 2001 年和 2002 年的三省三次产业贡献率完整，此处选取这两年的相关数据进行分析。

表 3－15 反映了东北地区三次产业的贡献率。下面主要从两方面分析：（1）纵向分产业来看，辽宁省和吉林省的第一产业的贡献率增加，黑龙江省有所减少；辽宁省的第二产业的贡献率有所增加，吉林省和黑龙江省有小幅度下降；辽宁省第三产业贡献率有所下降，变化幅度比其他两省要大，吉林省和黑龙江省第三产业的贡献率只有轻微波动。由于选取时间段较短，此处纵向分析的参考价值有限，不能完全反映三次产业贡献率的变动趋势。（2）从横向对比，2002 年第一产业每增加 1%，就会使辽宁省的 GDP 增加 8.6%，吉林省增加 12.9%，黑龙江省增加 10.9%。对比各省第一产业对地区生产总值增长速度的贡献率，吉林省最高，黑龙江省次之，辽宁省最低；2002 年第二产业每增加 1%，辽宁省的 GDP 增加 47.5%，吉林省增加 44.3%，黑龙江省增加 58.6%。同样地，对比各省第二产业对地区生产总值增长速度的贡献率，发现黑龙江省相对较高，辽宁省第二，而吉林省最小；2002 年第三产业每增加 1%，辽宁省的 GDP 增加 43.9%，吉林省增加 42.8%，黑龙江省增加 30.5%。对比各省第三产业对地区生产总值增长速度的贡献率，发现辽

宁省的贡献率还是很可观的，而黑龙江省排在末位，吉林省位于中间位置。总体来看，在这一阶段第二产业对地区生产总值的增长速度的贡献率是最大的，第一产业的贡献率是最小的，而第三产业的贡献率位于第一产业和第二产业之间。

表 3 - 15　　　东北地区三次产业贡献率（2001～2002 年）　　　单位：%

年份	辽			吉			黑		
	一	二	三	一	二	三	一	二	三
2001	8.0	42.2	49.8	10.1	47.0	42.9	11.7	59.3	29.0
2002	8.6	47.5	43.9	12.9	44.3	42.8	10.9	58.6	30.5

资料来源：2003 年东北各省统计年鉴。

六、东北地区三次产业拉动率分析

（一）东北地区三次产业拉动率横向分析

由于数据缺失，此处选取 2001～2002 年的东北地区各省三次产业的拉动率进行比较分析。从表 3 - 16 中的数据可以看到，2002 年第一产业每增加 1%，拉动辽宁省的 GDP 增加 0.9%，吉林省增加 1.2%，黑龙江省增加 1.1%，三省的拉动率都在 1% 左右，可见第一产业对经济增长的拉动作用是比较小的。

表 3 - 16　　　东北地区三次产业对经济增长的拉动率

（2001～2002 年）　　　单位：%

年份	辽			吉			黑		
	一	二	三	一	二	三	一	二	三
2001	0.7	3.8	4.5	0.9	4.4	4.0	1.1	5.5	2.7
2002	0.9	4.8	4.5	1.2	4.2	4.1	1.1	6.0	3.1

资料来源：2003 年东北各省统计年鉴。

接着看第二产业，2002 年第二产业每增加 1 个百分点，可以拉动辽宁省的 GDP 的 4.8 个百分点、吉林省 4.2 个百分点、黑龙江省 6 个百分点的增加。可见与第一产业相比，第二产业对地区经济增长的拉动作用是比较大的。

再看第三产业，2002 年第三产业每增加 1 个百分点，可以拉动辽宁省的 GDP 4.5 个百分点的增加，吉林省的 GDP 4.1 个百分点的增加，黑龙江省的 GDP 3.1 个百分点的增加。可见第三产业的拉动作用的大小介于第一产业和第二产业之间。

（二）东北地区三次产业拉动率纵向分析

从三次产业对经济增长的拉动力来看，辽、吉的第一产业对地区的经济增长的拉动作用在增加，黑龙江省保持不变；辽宁省和黑龙江省第二产业对经济增长的拉动力在增加，吉林省在下降；吉、黑的第三产业对地区经济增长的拉动作用在逐渐增加，而辽宁省保持不变。总体来看，第三产业的拉动力以较小的幅度在逐步增加；第二产业的拉动作用虽然在减小，但仍旧占很大比重；第一产业的拉动作用也在小幅度增加（由于数据缺失，只能对比两年数据，结论存在一定局限性）。

第三节　第三阶段：2003~2016 年

1978 年东北地区的 GDP 占全国 GDP 总量的 13.5%，1992 年下降至 10.9%，2002 年为 11.33%。东北地区 1978 年的人均 GDP 仅次于三大直辖市，但是到 2002 年，浙江、江苏、广东和福建等省份的人均 GDP 都先后超过了辽宁省，并明显高于黑龙江省和吉林省（李瑞红，2010）。从以上这些数据可以看出，东北地区的经济处于相对落后的发展状态，东北老工业基地曾经是全国经济发展的"领头羊"，如今却远远落后于东南地区的沿海省份。中共中央、国务院在 2003 年 10 月颁布了《关于实施东北地区等老工业基地振兴战略的若干意见》，将振兴东北老工业基地纳入国家发展战略的行列,东北地区的产业结构优化调整也进入了战略性优化升级的新阶段。

这一阶段三次产业比由 2003 年的 12.8:48.7:38.5 调整至 2016 年的 12.1:38.2:49.7,产业结构由"二三一"转变为"三二一",得到了进一步优化。

一、东北地区经济发展总量分析

(一) 人均 GDP 水平

从趋势图 3-34 中可以看到,东北地区各省的人均 GDP 整体呈现上升的趋势,辽宁省的人均 GDP 高于东北地区的其他两省,并且超过了全国的人均 GDP 水平;吉林省的人均 GDP 在东北地区排第二位,与全国的人均 GDP 水平基本一致,在 2011 年至 2015 年比全国的人均 GDP 水平稍高一些;黑龙江省的人均 GDP 在三省中最小,并且低于全国人均 GDP 水平。总体来看,东北老工业基地各省的经济发展状况参差不齐。辽宁省的经济发展水平在东北地区相对而言具备一定的优势,吉林省大致等同于全国平均水平,而黑龙江省要比全国平均水平稍低一

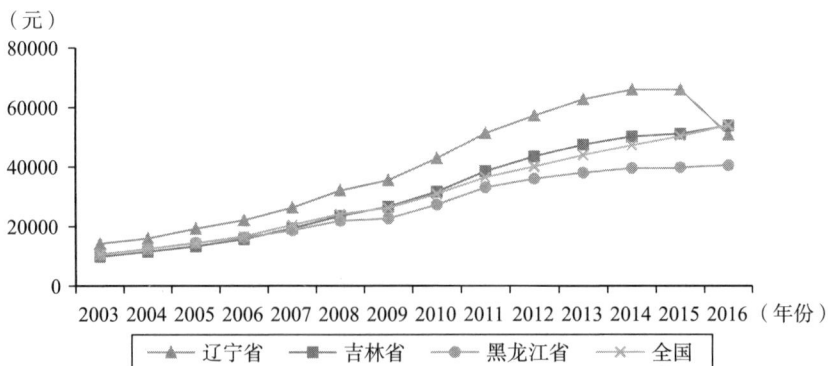

图 3-34 东北三省人均 GDP 变化趋势 (2003~2016 年)

资料来源:根据中国统计年鉴、2017 年东北三省各年份的统计年鉴中的人均 GDP 整理所绘。

些。从区域经济一体化的角度来看，应当将东北地区作为一个经济整体，充分发挥辽宁省的带头作用，带动吉、黑两省的经济增长，进而提高整个区域经济的发展质量。

（二）城镇化发展水平

1. 横向分析

图 3 - 35 反映了 2016 年东北三省及全国城镇化人口比重，可以观察出，辽宁省城镇化人口比重与全国平均水平大致相同，而吉林省要比全国的平均水平略低一些，黑龙江省则比全国的平均水平稍高一些。虽然东北地区各省与全国的城镇化人口的比重存在一定的差异，但是差异不大。可见东北地区城镇化水平大致与全国平均城镇化水平相同。

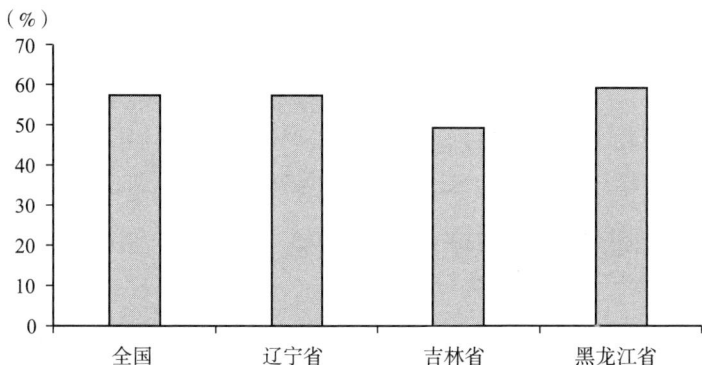

图 3 - 35　2016 年东北三省及全国城镇化人口比重

资料来源：2017 年中国统计年鉴、东北各省统计年鉴。

2. 纵向分析

由于辽宁省的部分相关数据缺失，此处选取吉、黑两省的相关数据进行分析（见图 3 - 36）。纵向来看，全国的城镇化人口比重在这一期间直线上升，增长速度较快；吉林省和黑龙江省的增长速度较慢。从绝对数上看，黑龙江省的城镇化人口的比重要比全国平均水平高一些，但是随着时间推移，最终逐渐向全国的平均水平靠拢；吉林省在 2003 ～

2006 年间高于全国平均水平且低于黑龙江省，在 2006 年以后的 10 年，吉林省城镇化人口比重要比全国的平均水平低一些，并且有相差越来越大的趋势。可见在这一时期，吉林省和黑龙江省的城镇化发展水平逐渐变缓。

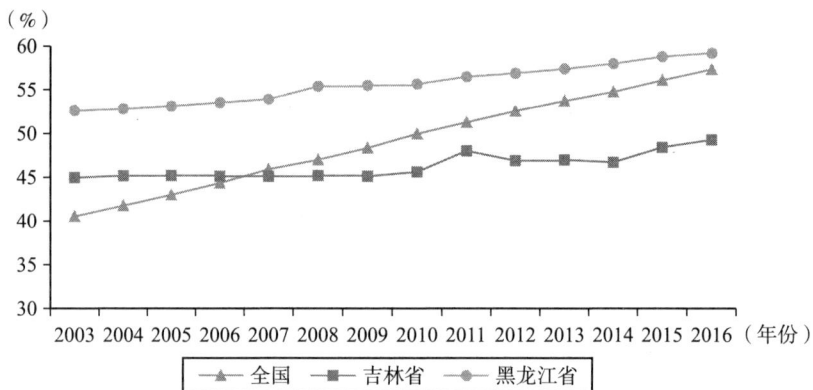

图 3-36　城镇化人口比重变化趋势（2003~2016 年）

资料来源：2017 年东北各省统计年鉴。

二、东北地区三次产业结构调整

（一）东北地区三次产业结构纵向分析

本书根据产业结构的相似性，将东北地区作为一个经济整体来研究，所以在此仍然选取东北地区 2003~2016 年间三次产业的产值以及占比数据进行纵向分析。

由表 3-17 中数据可以看出，在振兴东北老工业基地战略提出后的十几年间，东北老工业基地作为一个经济整体，其地区生产总值在以较快的速度增长，产业结构也有了变化。其中，第一产业所占的比重呈现平稳下降的态势，由 2003 年的 12.78% 缓慢下降至 2016 年的 12.10%，下降幅度很小；第三产业所占比重也在波动式缓慢增长，最终由 2003

年的 38.53% 增长至 2016 年的 49.72%，增长了约 11%，增长幅度还是比较大的；而第二产业所占比重呈现先上升后下降的变化趋势，由 2003 年的 48.69% 增长至 2011 年的 52.43%，然后开始下降至 2016 年的 38.18%，总体来看第二产业所占比重是下降的。

表 3 - 17　东北地区总产值及各产业占比（2003 ~ 2016 年）

年份	东北总产值（亿元）	第一产业产值（亿元）	第一产业产值占比（%）	第二产业产值（亿元）	第二产业产值占比（%）	第三产业产值（亿元）	第三产业产值占比（%）
2003	11203.39	1120.60	12.78	6126.99	48.69	3955.8	38.53
2004	14608.73	1960.42	13.42	6926.07	47.41	5722.24	39.17
2005	17286.19	2192.62	12.68	8497.67	49.16	6595.90	38.16
2006	19910.46	2362.33	11.86	9931.69	49.88	7616.44	38.25
2007	23696.62	2832.58	11.95	11817.77	49.87	9046.27	38.18
2008	28581.41	3307.68	11.57	14697.51	51.42	10576.22	37.00
2009	31289.56	3549.8	11.34	15658.54	50.04	12081.22	38.61
2010	37743.04	3984.13	10.56	19687.18	52.16	14071.73	37.28
2011	45683.22	4894.51	10.71	23951.83	52.43	16836.88	36.86
2012	50804.65	5681.59	11.18	25880.02	50.94	19243.04	37.88
2013	55093.16	6157.01	11.18	26949.74	48.92	21986.41	39.91
2014	57846.09	6421.12	11.10	27482.23	47.51	23942.74	41.39
2015	58140.25	6613.81	11.38	25051.32	43.09	26475.12	45.54
2016	52409.79	6342.04	12.10	20012.18	38.18	26055.57	49.72

资料来源：根据 2017 年东北地区各省统计年鉴和中国统计年鉴中三次产业的相关数据计算所得。

分省来看，2003 年至 2016 年这 14 年间，辽宁省的第一、二产业的产值在三次产业中的占比分别减少了 0.49% 和 9.6%，第三产业增加了 10.1%；吉林省第一产业的产值在三次产业中的占比减少了 9.16%，第二、三产业分别增加了 2.08% 和 7.08%；黑龙江省第一、三产业的产值在三次产业中的占比分别增加了 4.92% 和 17.86%，第二产业减少了 22.78%，第二产业的减少幅度还是比较大的（2017 年东北三省统计年鉴）。辽吉黑三省的产业结构变动情况为：辽宁省第一产业产值在三次产业中的占比在缓慢下降，第二产业先增加后减少，第三产业与第二产业恰好相反，先缓慢下降后又逐步增加，其中，第一、二产业的变化趋势与东北地区整体的步伐是一致的；吉林省的第一产业的占比在缓慢下降，第二产业先略有下降后又逐步上升后又略有下降，整体来看是波动上升的，第三产业呈现出先增加后减少再增加的波动变化的趋势，总体来看，第三产业的占比也是增加的；黑龙江省的第一产业的占比是逐步增加的，这一点与辽、吉有所不同，与东北地区的整体产业结构变化趋势也不同，第二产业是先增加后减少，第三产业是先有所减少后又逐步增加，从整体趋势上看也是增加的。

总体上看，在此期间，东北地区的产业结构发生了较大的变化，其中第一、二产业的占比在减少，而第三产业的占比在稳步地增加。三次产业之间的结构调整主要是由第一、二产业向第三产业过渡。作为老工业基地的东北地区，很难放开它的"原生包袱"，即第二产业的占比仍然是最大的。

（二）东北地区三次产业结构横向分析

根据表 3-18 数据可知，东北地区自实施振兴东北老工业基地的战略以来，其产业结构得到了进一步调整，三次产业各自所占的比重有了新的变化。东北地区第一产业的占比整体比全国的平均水平稍高一些，同样，第二产业在 2015 年及以前都是居于全国平均水平之上的，但是差距并不是很大。纵向来看，第二产业的占比从整体上来看是逐步减少的。第三产业虽然整体上不及全国平均水平，但是已经在逐步增加，尽力弥补与全国的平均水平之间的"鸿沟"。

表 3 – 18　　　　东北地区及全国三次产业比重（2003 ~ 2016 年）　　　单位：%

年份	东北			全国		
	第一产业	第二产业	第三产业	第一产业	第二产业	第三产业
2003	12.8	48.7	38.5	12.3	45.6	42.1
2004	13.4	47.4	39.2	12.9	45.9	41.2
2005	12.7	49.2	38.2	11.6	47.1	41.3
2006	11.9	49.9	38.3	10.6	47.6	41.8
2007	12.0	49.9	38.2	10.3	46.9	42.9
2008	11.6	51.4	37.0	10.3	46.9	42.8
2009	11.3	50.1	38.6	9.8	45.9	44.3
2010	10.6	52.2	37.3	9.5	46.4	44.1
2011	10.7	52.4	36.9	9.4	46.4	44.2
2012	11.2	50.9	37.9	9.4	45.3	45.3
2013	11.2	48.9	39.9	9.3	44.0	46.7
2014	11.1	47.5	41.4	9.1	43.1	47.8
2015	11.4	43.1	45.5	8.8	40.9	50.2
2016	12.1	38.2	49.7	8.6	39.9	51.6

资料来源：根据东北各省统计年鉴和中国统计年鉴中的三次产业相关数据计算所得。

（三）东北地区各产业变化趋势

1. 东北地区第一产业变化趋势

从图 3 – 37 中可以看到各省第一产业的变化趋势：黑龙江省在以较小的幅度稳步地上升，而辽宁省和吉林省都呈下降趋势，吉林省的下降幅度更大一些，辽宁省变化较为平缓。对比东北地区的整体变化趋势来看，辽宁省和吉林省与东北地区整体的变化趋势一致，黑龙江省倒表现得有些"不合群"。

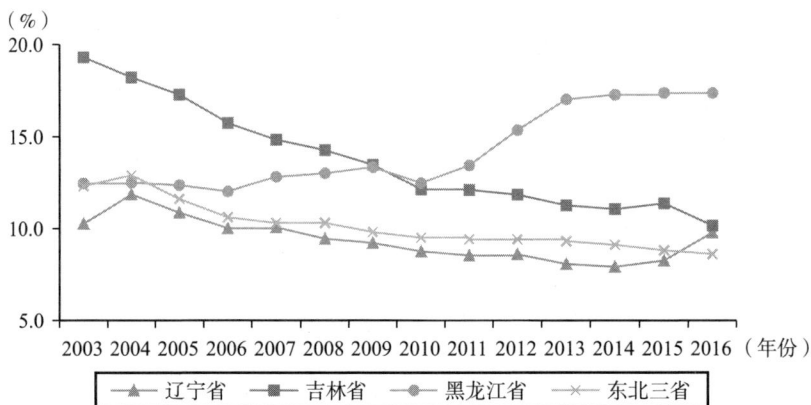

图 3 - 37　东北地区第一产业变化趋势（2003 ~ 2016 年）

资料来源：根据 2017 年东北各省统计年鉴相关数据计算所绘。

2. 东北地区第二产业变化趋势

从图 3 - 38 中可以看到，东北地区整体的第二产业所占比重呈缓慢下降的趋势，辽宁省和吉林省呈现先缓慢上升然后又逐渐下降的趋势，二省的变化幅度均较小。而黑龙江省整体呈现下降的趋势，而且变化幅

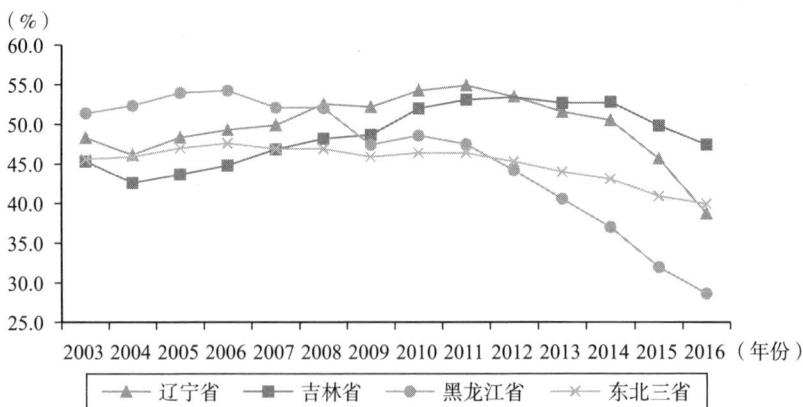

图 3 - 38　东北地区第二产业变化趋势（2003 ~ 2016 年）

资料来源：根据 2017 年东北各省统计年鉴相关数据计算所绘。

度较大，在此过程中时而上升时而下降，呈现波动变化的趋势。东北老工业基地各省的第二产业所占比重的变化趋势与东北地区整体一致。

3. 东北地区第三产业变化趋势

从图 3 - 39 中可以看到东北地区各省第三产业占比的变化趋势。先看整体，东北地区以缓慢的速度逐渐增加。再看各省，辽宁省呈先下降后上升的趋势，吉林省呈现先缓慢增加又缓慢下降再缓慢上升的波动式变化，呈横向的 "S" 形；黑龙江省在 2009 年之前呈现 "U" 形的变化趋势，变化幅度较缓，在 2009 年之后，第三产业所占比重快速上升。

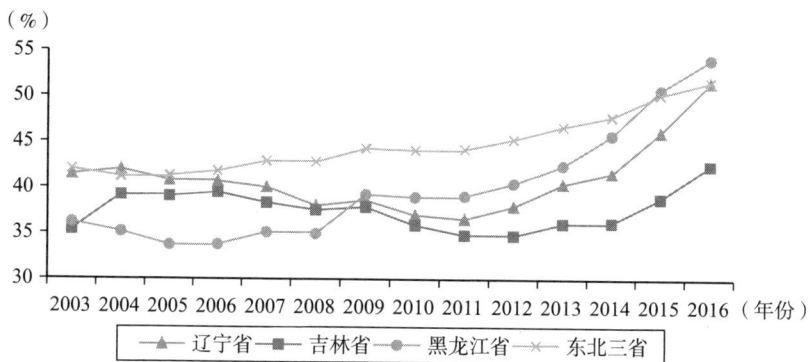

图 3 - 39　东北地区第三产业变化趋势（2003 ~ 2016 年）

资料来源：根据 2017 年东北各省统计年鉴相关数据计算所绘。

三、东北地区各产业内部结构变化趋势

（一）第一产业内部结构变化趋势

1. 辽宁省第一产业内部结构变化趋势

辽宁省在 2003 年至 2016 年的农林牧渔的总产值得到了飞速发展，表 3 - 19 展示了辽宁省第一产业内部结构中的各行业的具体比例。

表 3 - 19 　　　　辽宁省第一产业内部结构（2003~2016 年）　　　单位：%

年份	农业	林业	牧业	渔业
2003	40.9	3.2	34.7	18.4
2004	40.5	2.7	36.3	18.0
2005	38.3	2.7	38.1	18.3
2006	41.0	3.0	35.4	16.8
2007	39.4	2.8	39.0	15.3
2008	36.2	2.8	42.5	15.1
2009	33.8	2.6	43.3	16.3
2010	36.7	2.7	40.9	15.8
2011	36.0	3.0	41.9	15.4
2012	37.9	3.2	39.9	15.2
2013	38.5	3.1	38.5	15.8
2014	38.6	3.4	38.2	15.6
2015	44.1	3.5	33.3	14.7
2016	42.1	3.3	35.6	14.5

注：第一产业中还包含农林牧渔服务业，此处不纳入统计。
资料来源：2017 年《辽宁统计年鉴》。

在辽宁省第一产业的内部比例关系中，从图 3-40 可以看到，林业和渔业所占比例比较稳定，渔业所占比重大于林业所占比重，而且渔业所占比重有微小的下滑，农业和牧业在第一产业中的占比较高，二者呈现此消彼长的变化趋势。

2. 吉林省第一产业内部结构变化趋势

从图 3-41 可以看出，吉林省林业和渔业的产值在第一产业中的占比非常小，而这两个行业的比例几乎没什么变化，林业所占比重略高于渔业所占比重。在 2007 年之前，农业所占比重大于牧业所占比重，在 2007 年以后农业和牧业在第一产业中所占比重相差无几，且变化趋势较为稳定。

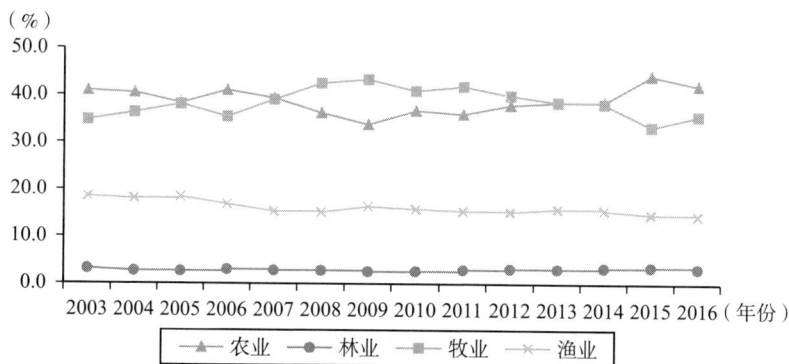

图 3 - 40　辽宁省第一产业内部结构变化趋势（2003 ~ 2016 年）

资料来源：根据表 3 - 19 中数据绘制。

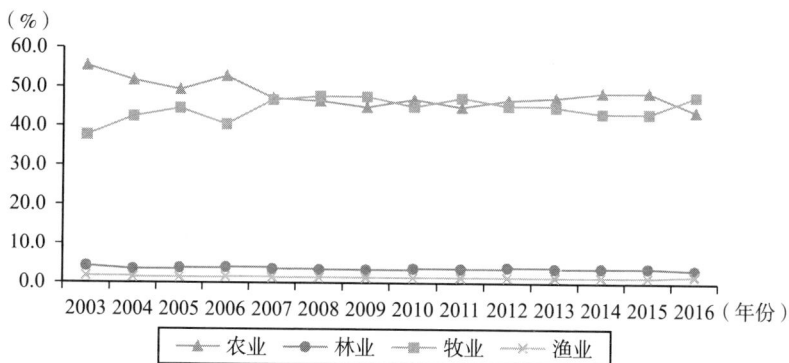

图 3 - 41　吉林省第一产业内部结构变化趋势（2003 ~ 2016 年）

资料来源：2017 年《吉林统计年鉴》。

3. 黑龙江省第一产业内部结构变化趋势

从图 3 - 42 可以看到，林业和渔业在第一产业中所占的比重非常低，整体来看低于辽宁省，与吉林省相差无几，林业的占比要稍高于渔业，并且林业的占比有稍稍下滑的趋势，变化幅度非常小。而农业和牧业在第一产业中所占比重呈现对称式的变化趋势，大致关于 45% 的水平直线上下对称。总体来看，农业的占比有上升的趋势，而牧业的占比有下降的趋势。

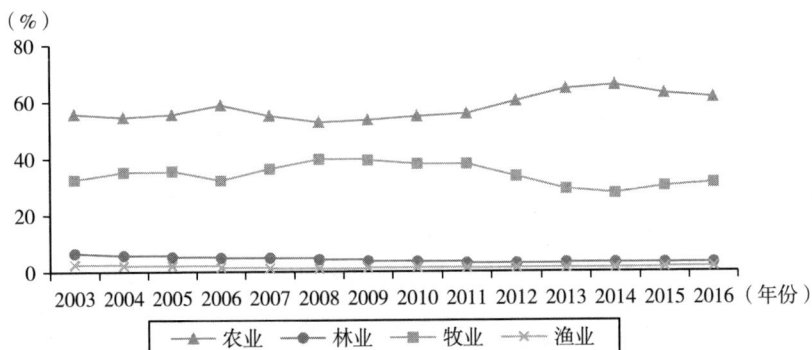

图 3-42 黑龙江省第一产业内部结构变化趋势（2003~2016 年）

资料来源：2017 年《黑龙江统计年鉴》。

（二）第二产业内部结构变化趋势

1. 辽宁省第二产业内部结构变化趋势

从表 3-20 中可以看到，2009 年至 2016 年辽宁省工业总产值中轻重工业的具体比例以及轻重工业产值之比。具体的变化趋势如图 3-43 所示，重工业所占比重较大，且在此期间重工业没有太大变动，基本都处于 80% 左右，轻工业所占比重也处于稳定状态，大约为 20%。可见辽宁省的重工业发展要优于轻工业的发展。

表 3-20　辽宁省工业总产值中轻重工业比例（2009~2016 年）　　单位：%

年份	2009	2010	2011	2012	2013	2014	2015	2016
轻工业	19.3	19.5	19.5	20.9	21.1	20.5	20.1	16.3
重工业	80.7	80.5	80.5	79.1	78.9	79.5	79.9	83.7
轻重比	24.0	24.2	24.2	26.4	26.8	25.8	25.1	19.5

资料来源：2017 年《辽宁统计年鉴》。

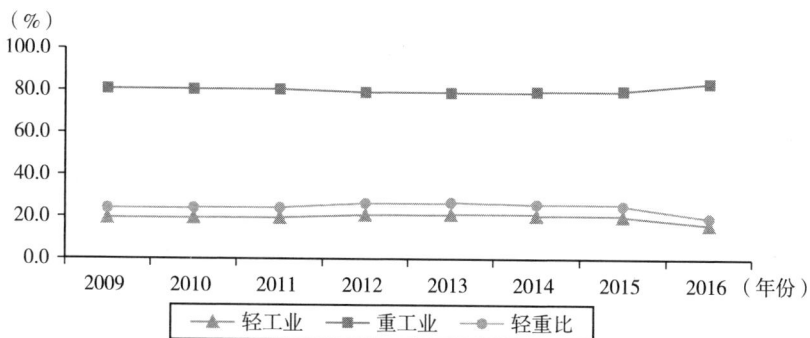

图 3 - 43 辽宁省工业总产值轻重工业比例变化趋势（2009～2016 年）

资料来源：根据表 3 - 20 中数据绘制。

2. 吉林省第二产业内部结构变化趋势

如图 3 - 44 所示，吉林省的工业产值在第二产业中所占的比重远远高于建筑业，可见吉林省工业发展要领先建筑业的发展，而且工业和建筑业所占比重都比较稳定。可见吉林省的第二产业内部结构很稳定。

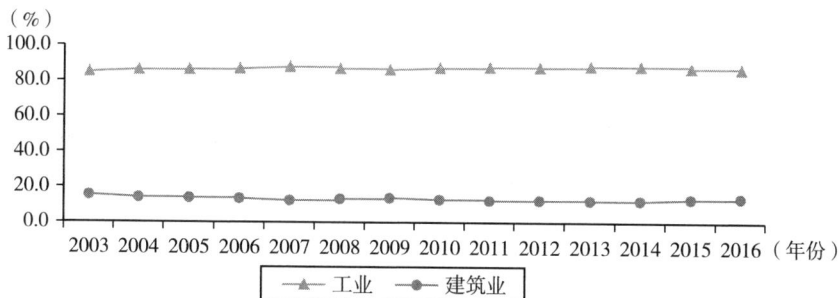

图 3 - 44 吉林省第二产业内部结构变化趋势（2003～2016 年）

资料来源：2017 年《吉林统计年鉴》。

3. 黑龙江省第二产业内部结构变动趋势

从图 3 - 45 可以看到黑龙江省的工业和建筑业各自的产值在第二产业中所占的比重，工业的比重以较小的幅度呈现略微下降的趋势，而建筑业所占比重逐渐上升，上升幅度也很小。可见黑龙江省的第二产业内部结构也比较稳定。

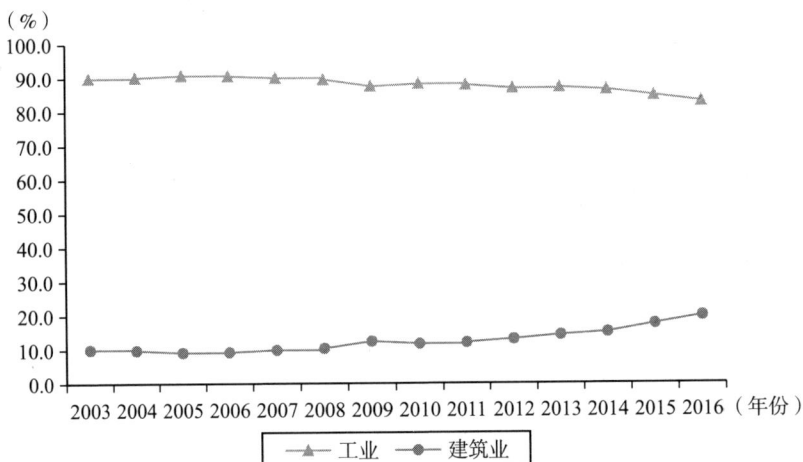

图 3 - 45　黑龙江省第二产业内部结构变化趋势（2003~2016 年）

资料来源：2017 年《黑龙江统计年鉴》。

（三）第三产业内部结构变化趋势

1. 辽宁省第三产业内部结构变化趋势

表 3 - 21 展示了辽宁省第三产业内部构成的具体比例，现代服务业所占比重总体上高于传统服务业所占比重，如图 3 - 46 所示，现代服务业的占比在小幅度地增加，而传统服务业在小幅度减少。现代服务业的占比超过了半数，而传统服务业则不及半数。交通运输、仓储和邮政业属于传统服务业，这一行业所占比重大约为 13%，在 2016 年其占比有所减少，同属于传统服务业的批发零售业在其中的占比最高，住宿和餐饮业在其中所占的比重最小；而属于现代服务业的金融业和房地产业在其中所占的比重比较小，应当进一步扩大其发展规模，为区域经济发展提供充足的资本积累和新的经济增长点，从而带动辽宁省的服务业往更好更快的高质量方向发展。

表 3 - 21　　　　辽宁省第三产业内部构成（2005～2016 年）　　　单位：%

类别		2005年	2008年	2009年	2010年	2011年	2012年	2013年	2014年	2015年	2016年
传统服务业	交通运输、仓储和邮政业	14.9	14.0	13.4	13.5	13.9	13.6	12.6	12.4	12.8	10.9
	批发和零售业	24.8	24.0	23.8	24.0	23.9	23.0	21.7	22.1	22.3	24.6
	住宿和餐饮业	5.5	5.3	5.4	5.4	5.3	5.1	4.8	4.7	4.7	4.0
现代服务业	金融业	7.0	8.7	9.4	9.3	9.2	10.2	11.3	12.3	14.0	16.0
	房地产业	7.7	9.6	10.2	10.6	10.7	11.0	10.7	9.5	8.8	9.0
	其他服务业	40.1	38.5	37.8	37.3	37.0	37.0	36.6	36.7	35.7	33.7

资料来源：根据辽宁省 2017 年统计年鉴中的相关数据整理所得。

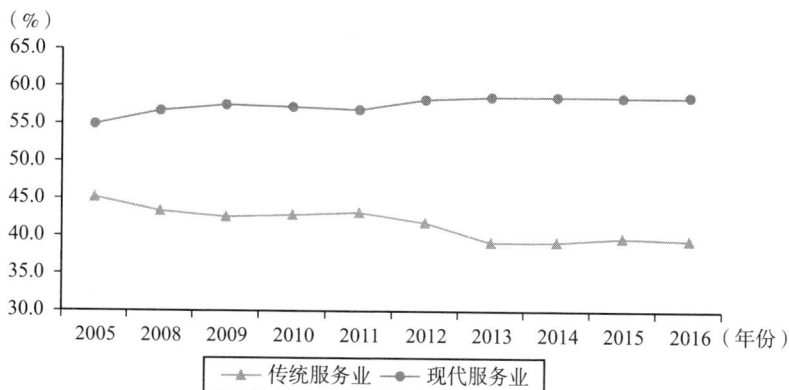

图 3 - 46　辽宁省第三产业内部构成变化趋势（2005～2016 年）

资料来源：2017 年《辽宁统计年鉴》。

2. 吉林省第三产业内部结构变化趋势

表 3 - 22 反映了吉林省第三产业的增加值的构成，传统服务业中的批发零售业所占的比重是最高的，住宿和餐饮业在其中所占的比重是最低的，而交通运输仓储和邮政业位于二者之间；金融业和房地产业在现代服务业所占的比重是较小的，与辽宁省一致，但所占比重要低于辽宁省。

表 3 – 22　　　　吉林省第三产业增加值构成（2004 ~ 2016 年）　　　单位：%

年份	第三产业	传统服务业			现代服务业		
		交通运输仓储和邮政业	批发和零售业	住宿和餐饮业	金融业	房地产业	其他
2004	100	15.7	26.1	5.3	6.3	8.0	38.6
2005	100	14.7	24.4	5.9	5.9	7.9	41.2
2006	100	14.0	23.9	5.8	6.0	7.8	42.5
2007	100	13.6	24.0	5.8	6.2	7.6	42.8
2008	100	13.1	24.1	5.7	6.1	7.6	43.4
2009	100	12.4	24.4	5.7	6.6	7.3	43.6
2010	100	12.0	24.2	5.8	6.1	6.8	45.1
2011	100	11.4	23.4	5.6	5.6	6.5	47.5
2012	100	11.1	23.8	5.8	5.9	5.8	47.6
2013	100	10.6	21.5	5.7	8.5	9.2	44.5
2014	100	10.4	21.2	5.7	9.3	8.7	44.7
2015	100	9.7	20.5	6.0	10.4	8.0	45.4
2016	100	8.9	19.2	5.9	10.5	7.6	47.9

资料来源：2017 年《吉林统计年鉴》。

3. 黑龙江省第三产业内部结构变化趋势

图 3 – 47 反映了黑龙江省第三产业内部结构的变化趋势，批发零售餐饮业所占比重大于交通运输邮电通信业。交通运输和邮政业所占比重呈现逐渐下降的趋势，而批发零售业的比重总体来看比较稳定。

四、东北地区三次产业就业结构

（一）东北地区第一产业就业结构变化趋势

从图 3 – 48 中可以看到东北地区第一产业劳动力占比的变化趋

势，东北各省和东北地区整体第一产业劳动力占比的变化趋势整体
一致，在2014年之前呈现逐渐减少的趋势，吉林省的占比在2014
年以后继续下降，辽宁省和黑龙江省和东北地区整体呈现逐渐上升
的趋势。

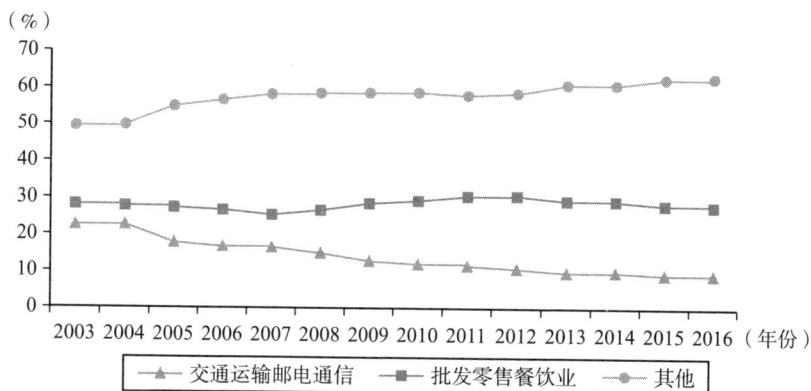

图3－47　黑龙江省第三产业内部结构变化趋势（2003～2016年）

资料来源：2017年《黑龙江统计年鉴》。

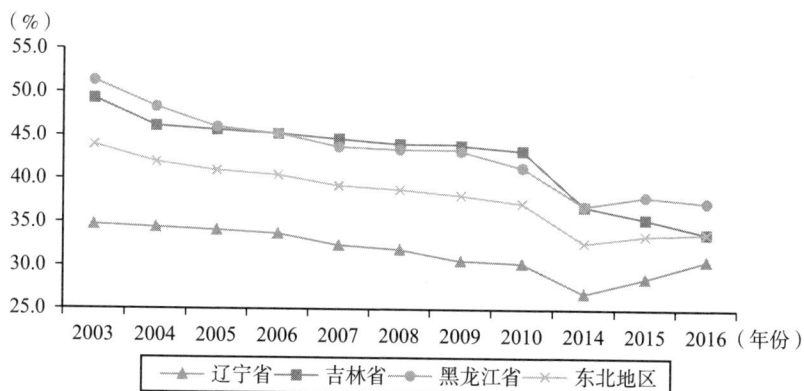

图3－48　东北地区第一产业劳动力变化趋势（2003～2016年）

资料来源：根据2017年东北三省统计年鉴计算整理绘制。

辽宁省的第一产业劳动力占比在东北老工业基地中是最小的，吉、

黑两省相对而言占比是较大的，二者所占比重在 2014 年之前大致相同，在 2014 年以后，黑龙江省占比大于吉林省。

表 3-23 反映了东北地区各省的第一产业产值占比和对应的劳动力占比，对比表 3-3 中最适宜的水平，东北地区各省的劳动力占比均偏高，纵观 2003~2016 年的数据，就业结构得到了进一步优化，但是距离最适宜的水平仍有差距，仍需要进一步调整优化。

表 3-23　　　　　东北地区第一产业产业结构和就业结构

（2003~2016 年）　　　　　　　单位：%

年份	产值占比				劳动力占比			
	辽	吉	黑	东北	辽	吉	黑	东北
2003	10.3	19.3	12.4	12.8	34.7	49.2	51.3	43.9
2004	11.9	18.2	12.5	13.4	34.4	46.1	48.3	41.9
2005	10.9	17.3	12.4	12.7	34.1	45.7	46.0	41.0
2006	10.0	15.7	12.0	11.9	33.7	45.2	45.2	40.4
2007	10.1	14.8	12.8	12.0	32.4	44.6	43.7	39.2
2008	9.4	14.3	13.0	11.6	31.9	44.0	43.4	38.8
2009	9.2	13.5	13.3	11.3	30.6	43.8	43.2	38.1
2010	8.8	12.1	12.5	10.6	30.3	43.3	41.3	37.2
2014	7.9	11.0	17.3	11.1	26.8	36.9	37.0	32.7
2015	8.2	11.4	17.4	11.4	28.6	35.5	38.0	33.5
2016	9.8	10.1	17.4	12.1	30.7	33.8	37.4	33.8

资料来源：2017 年东北各省统计年鉴。

（二）东北地区第二产业就业结构变化趋势

从图 3-49 中可以看出 2003 年至 2016 年东北地区的第二产业劳动力占比的变化趋势，其中辽宁省的占比在东北各省中是最大的，领先于东北地区的平均水平；而吉林省的占比在 2009 年之前小于黑龙江省的水平，在 2009 年之后大于黑龙江省的水平，吉、黑两省均不及东北地区的平均水平。

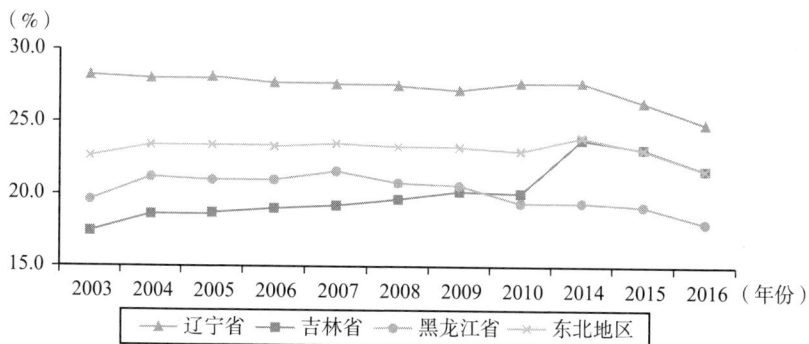

图 3 - 49　东北地区第二产业劳动力变化趋势（2003～2016 年）

资料来源：2017 年东北各省统计年鉴。

表 3 - 24 反映了东北地区各省第二产业产值占比和与之对应的劳动力占比，对比表 3 - 3 中最适宜的劳动力比重，第二产业的劳动力占比比较低，可见东北地区的就业结构处于不均衡的状态，还需要做进一步的调整，以适应产业结构的优化发展。

表 3 - 24　　　　　东北地区第二产业产业结构和就业结构

（2003～2016 年）　　　　　　　　　　　　　单位：%

年份	产值占比				劳动力占比			
	辽	吉	黑	东北	辽	吉	黑	东北
2003	48.3	45.3	45.3	48.7	28.2	17.4	19.6	22.6
2004	46.2	42.6	42.6	47.4	28.0	18.6	21.2	23.4
2005	48.3	43.7	43.7	49.2	28.1	18.7	21.0	23.4
2006	49.3	44.8	44.8	49.9	27.7	19.0	21.0	23.3
2007	49.9	46.8	46.8	49.9	27.6	19.2	21.6	23.5
2008	52.6	48.2	48.2	51.4	27.5	19.6	20.8	23.3

续表

年份	产值占比				劳动力占比			
	辽	吉	黑	东北	辽	吉	黑	东北
2009	52.2	48.7	48.7	50.0	27.2	20.2	20.6	23.3
2010	54.2	52.0	52.0	52.2	27.7	20.1	19.4	23.0
2014	50.5	52.8	52.8	47.5	27.7	23.8	19.4	23.9
2015	45.7	49.8	49.8	43.1	26.4	23.2	19.2	23.1
2016	38.7	47.4	47.4	38.2	24.9	21.7	18.0	21.7

资料来源：2017年东北各省统计年鉴。

（三）东北地区第三产业就业结构变化趋势

从图3-50中可以看到2003年至2016年东北地区第三产业劳动力变化趋势，其中辽宁省的占比在东北地区各省中相对是最高的，超过了东北地区的平均水平；吉林省的占比在2009年之前要比黑龙江省高一些，与东北地区的平均水平相比略低一些；黑龙江省的占比在2009年之后领先于吉林省，且与东北地区平均水平基本一致。总体来看，东北地区第三产业劳动力占比整体呈上升的趋势。

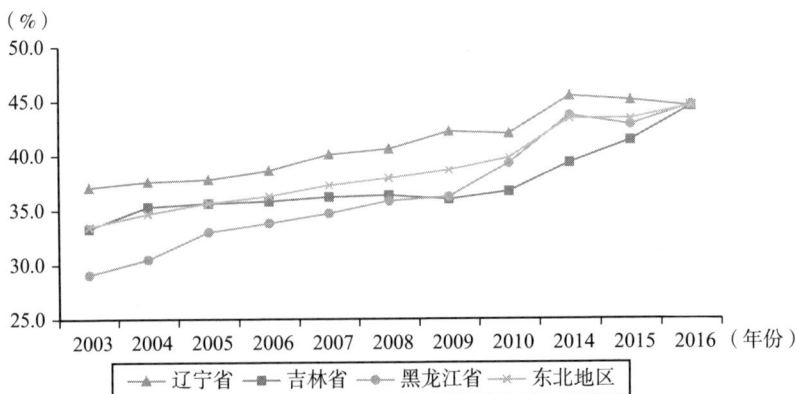

图3-50 东北地区第三产业劳动力变化趋势（2003~2016年）

资料来源：2017年东北各省统计年鉴。

表 3 - 25 反映了东北地区各省第三产业产值占比以及对应的劳动力
占比，同样，对比表 3 - 3 中的最适宜的比重，各省第三产业的劳动力
占比偏高一点，可见在这一时期东北地区虽然加大了对第三产业的劳动
力投入，但是仍不是最适宜产业结构优化升级发展的劳动力配给，因此
仍需进一步加大第三产业的劳动力投入至最适宜比重。

表 3 - 25　　　　　　　东北地区第三产业产业结构和就业结构

（2003 ~ 2016 年）　　　　　　　单位：%

年份	产值占比				劳动力占比			
	辽	吉	黑	东北	辽	吉	黑	东北
2003	41.4	35.4	36.2	38.5	37.1	33.3	29.1	33.5
2004	42.0	39.2	35.2	39.2	37.6	35.3	30.5	34.7
2005	40.8	39.1	33.7	38.2	37.8	35.6	33.0	35.6
2006	40.7	39.5	33.8	38.3	38.6	35.8	33.8	36.3
2007	40.1	38.3	35.1	38.2	40.1	36.2	34.7	37.3
2008	38.0	37.5	34.9	37.0	40.6	36.3	35.8	37.9
2009	38.6	37.9	39.2	38.6	42.2	36.0	36.2	38.6
2010	37.0	35.9	38.9	37.3	42.0	36.7	39.3	39.8
2014	41.6	36.2	45.7	41.4	45.4	39.3	43.7	43.4
2015	46.1	38.8	50.7	45.5	45.0	41.4	42.8	43.4
2016	51.5	42.5	54.0	49.7	44.5	44.5	44.6	44.5

资料来源：2017 年东北各省统计年鉴。

五、东北地区三次产业贡献率分析

通过调整产业结构，东北地区的经济得到了快速发展，从东北三省
的三次产业对地区生产总值的贡献来看（见表 3 - 26），辽宁省 2016 年
的第一产业的贡献率比 2003 年增加了 0.6 个百分点，第二产业的贡献
率比 2003 年增加了 96 个百分点，第三产业的贡献率下降了 96.6 个百
分点；吉林省 2016 年第一、二产业的贡献率比 2003 年分别降低了 4.7

个和 11.4 个百分点,第三产业的贡献率增加了 16.1 个百分点;黑龙江省 2016 年相比 2003 年而言,第一、三产业的贡献率分别增加了 11.5个和 40.4 个百分点,第三产业的增长幅度比较大,而第二产业的贡献率减少了 52 个百分点,下降幅度巨大。

表 3 – 26 东北地区三次产业贡献率(2003～2016 年) 单位:%

年份	辽			吉			黑		
	一	二	三	一	二	三	一	二	三
2003	6.5	51.0	42.5	11.0	55.9	33.1	3.6	65.5	30.9
2004	6.4	57.0	36.6	12.0	52.2	35.8	14.4	61.5	24.1
2005	6.4	53.2	40.4	14.5	41.4	44.1	8.3	62.1	29.6
2006	5.0	56.6	38.4	4.9	49.6	45.5	8.7	57.1	34.3
2007	2.7	58.3	39.0	1.2	58.3	40.5	4.1	54.3	41.5
2008	4.5	60.6	34.9	8.1	53.6	38.3	7.8	55.1	37.1
2009	2.1	61.4	36.5	2.7	59.4	37.9	4.9	62.3	32.8
2010	3.2	62.3	34.5	3.1	66.4	30.5	5.0	62.9	32.1
2011	4.0	62.8	33.2	4.5	66.8	28.7	6.3	51.4	42.3
2012	4.0	56.7	39.3	5.6	61.9	32.5	7.6	49.9	42.5
2013	– 0.8	36.8	64.0	4.9	57.4	37.7	7.1	40.0	52.9
2014	2.6	47.9	49.5	6.9	55.2	37.9	10.8	23.8	65.4
2015	9.2	– 11.0	101.8	7.2	44.9	47.9	9.9	11.1	79.0
2016	7.1	147.0	– 54.1	6.3	44.5	49.2	15.1	13.5	71.3

资料来源:根据东北各省 2004～2017 年统计年鉴整理所得。

由表 3 – 26 中的数据可以看出,辽宁省的第一、二产业的发展比较迅速,第二产业对地区生产总值的贡献率居于领先地位,而第三产业的贡献率在 2015 年及之前都是正数,呈现先缓慢下降后又增加的趋势,并且在 2015 年达到了这一阶段的最大值,说明在 2015 年第三产业发挥了很好的经济带动作用,而在 2016 年第三产业的贡献率变为负数,说明这一年第三产业的发展不容乐观;吉林省的第一、二产业对地区生产总值的贡献率整体呈下降的趋势，而第三产业的贡献率一直在增加，说明它对经济发挥了很好的促进作用，带动了省内的经济发展；黑龙江省第一、三产业总体上增加的贡献率说明了这两者的发展为黑龙江省的经济发展贡献了很多力量，而第二产业在这一期间呈减少趋势的贡献率说明了省内的工业行业的发展状况不佳，没能有效地带动经济发展。

全国三次产业比从 2003 年的 12.3：45.6：42.1，转变为 2016 年的 8.6：39.9：51.6，可见全国产业结构调整的趋势是第一、二产业的占比在减少，第三产业的占比进一步增加；在东北地区产业结构优化升级的调整过程中，2003 年的三次产业比为 12.8：48.7：38.5，2016 年的三次产业比是 12.1：38.2：49.7，可见第一产业和第二产业所占比重有所下降，第三产业所占比重增加，东北老工业基地从保留工业生产优势逐渐转向加大力度发展第三产业上，与全国的产业结构调整趋势一致。

六、东北地区三次产业拉动率分析

产业拉动率是由 GDP 的增长速度与各产业的贡献率相乘得到的，用于反映三次产业的增长对地区生产总值增长的影响的大小。

（一）东北地区三次产业拉动率横向分析

从表 3 - 27 中三次产业对经济增长的拉动率来看，东北地区各省第一产业对经济增长的拉动力先是波动式的，时而较大时而较小，在 2012 年之后逐渐下降；第二产业对经济增长的拉动力不是很大，2016 年第二产业每增加 1 个百分点，可以带来辽宁省 GDP 的 3.2 个百分点的下降，吉林省 GDP 的 3.1 个百分点的增加，黑龙江省 GDP 的 0.8 个百分点的增加；第三产业对东北地区经济增长的拉动作用相对而言是最大的，第三产业每增加 1 个百分点，辽宁省的 GDP 增加 1.2 个百分点，吉林省的 GDP 增加 3.4 个百分点，黑龙江省的 GDP 增加 4.4 个百分点，可见第三产业的拉动作用是非常明显的。各产业对经济增长的拉动率的变化趋势具体如图 3 - 51、图 3 - 52、图 3 - 53 所示。

表 3 – 27　　　　东北地区三次产业对经济增长的拉动率

（2003~2016 年）　　　　　　单位：%

年份	辽宁省			吉林省			黑龙江省		
	第一产业	第二产业	第三产业	第一产业	第二产业	第三产业	第一产业	第二产业	第三产业
2003	0.7	5.9	4.9	1.1	5.7	3.4	0.4	6.7	3.2
2004	0.8	7.3	4.7	1.5	6.3	4.4	1.7	7.2	2.8
2005	0.8	6.8	5.1	1.8	5.0	5.3	1.0	7.2	3.4
2006	0.3	7.3	6.1	0.7	7.4	6.9	1.0	6.9	4.1
2007	0.4	8.6	6.0	0.2	9.4	6.5	0.5	6.5	5.0
2008	0.6	8.0	4.7	1.3	8.6	6.1	0.9	6.5	4.4
2009	0.3	8.0	4.9	0.4	8.1	5.1	0.6	7.1	3.7
2010	0.4	8.8	5.0	0.4	9.2	4.2	0.6	8.0	4.1
2011	0.6	7.7	4.1	0.6	9.2	4.0	0.8	6.3	5.2
2012	0.4	5.4	3.7	0.7	7.4	3.9	0.8	5.0	4.2
2013	0.0	3.2	5.6	0.5	4.8	3.1	0.6	3.2	4.2
2014	0.2	2.7	2.8	0.5	3.6	2.5	0.6	1.3	3.7
2015	0.3	-0.3	2.8	0.5	2.8	3.0	0.6	0.6	4.5
2016	-0.5	-3.2	1.2	0.4	3.1	3.4	0.9	0.8	4.4

资料来源：2017 年东北各省统计年鉴。

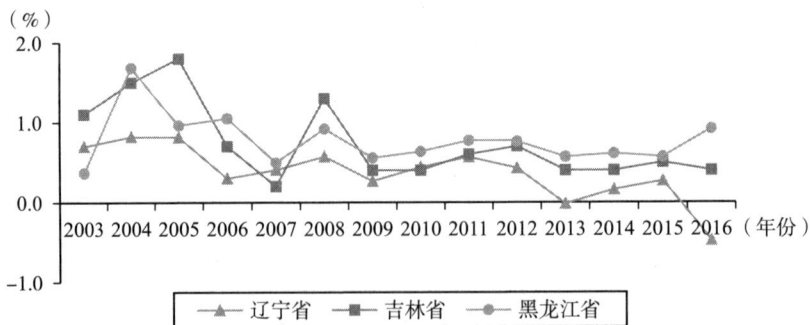

图 3 – 51　东北地区第一产业对经济增长的拉动（2003~2016 年）

资料来源：2017 年东北各省统计年鉴。

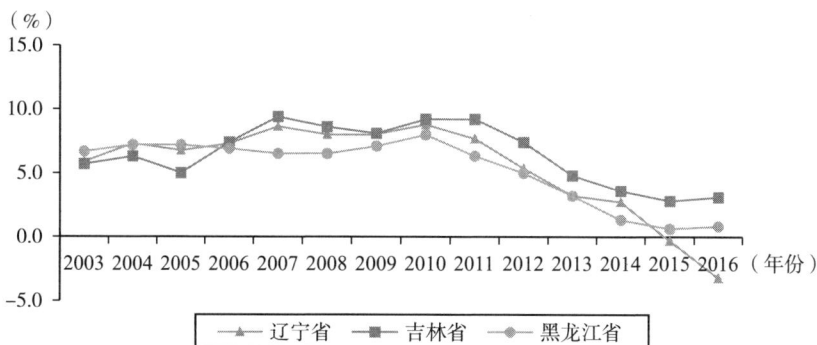

图 3-52 东北地区第二产业对经济增长的拉动（2003～2016 年）

资料来源：2017 年东北各省统计年鉴。

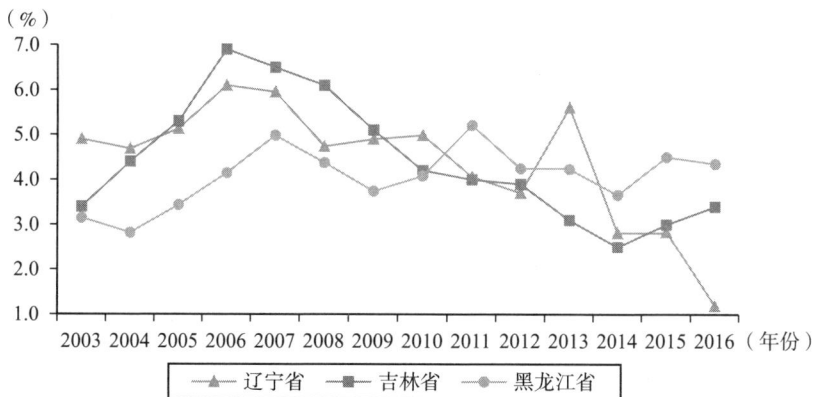

图 3-53 东北地区第三产业对经济增长的拉动（2003～2016 年）

资料来源：2004～2017 年东北各省统计年鉴。

（二）东北地区三次产业拉动率纵向分析

从图 3-54 辽宁省三次产业对经济增长拉动作用的变化趋势来看，虽然从 2010 年开始，第二产业的拉动作用开始向下滑，但在 2012 年之前第二产业对省内经济的拉动作用在三次产业中是占最大比重的，其次是第三产业，而第一产业的拉动作用是最小的；而在 2012 年至 2014 年之间，第三产业对地区生产总值增长的拉动作用在三次产业中占比是最大的，第一产业对省内经济的拉动作用依旧是最小的；从 2015 年开始，第三产业对省内经济的拉动作用仍然是占最大比重的，但是第一产业的拉动力不再是最小的，被第二产业取代了占比最小的位置。纵观 2003～2016 年，辽宁省第二产业对地区生产总值增长的拉动作用的变化幅度是最大的，从 2003 年的最大比重，变为 2016 年的占比最小，由此可见，辽宁省的第三产业逐步走上"中央舞台"，而第二产业从"主角"中渐渐退出。

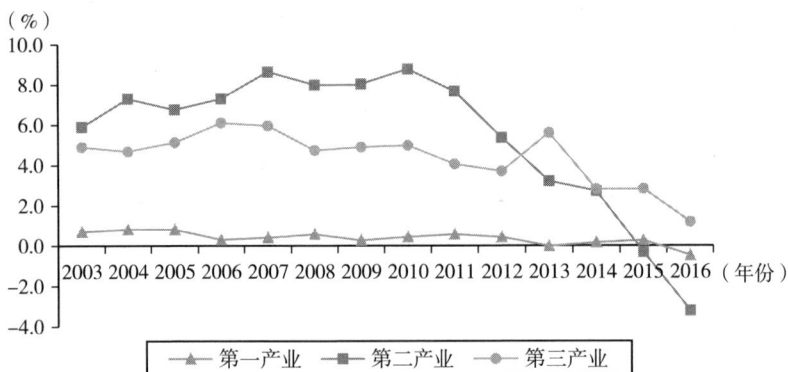

图 3-54　辽宁省三次产业对经济增长的拉动（2003～2016 年）

资料来源：2017 年《辽宁统计年鉴》。

辽宁省作为东北地区经济发展的"领头羊"，逐渐加大了第三产业的发展规模，第三产业对地区生产总值增长的拉动作用也逐渐凸显出来。而第二产业从 2015 年开始，对辽宁省地区生产总值的拉动率甚至降为负数，因此辽宁省应当更加注重第二产业内部结构的优化调整，使第二产业的拉动作用重回正方向。

从图 3-55 吉林省三次产业对经济增长的拉动来看，在 2005 年之前，第二产业对省内经济发展的拉动作用是占最大比重的，第三产业排第二位，第一产业的拉动作用最小；到了 2005 年，吉林省三次产业对经济增长的拉动所占的比重稍有变化，第三产业略大于第二产业；而在 2005 年往后的 10 年时间里，三次产业对经济增长的拉动所占的比重又恢复到 2005 年之前的结构；而在 2015 年以后，第三产业的拉动作用又开始略大于第二产业。虽然第一产业在三次产业中对省内地区生产总值增长的拉动作用所占的比重一直是最小的，但其拉动作用是比较稳定的，由此可见，吉林省应当调整第一产业的内部结构，以更好地发挥第一产业对省内经济发展的拉动作用。

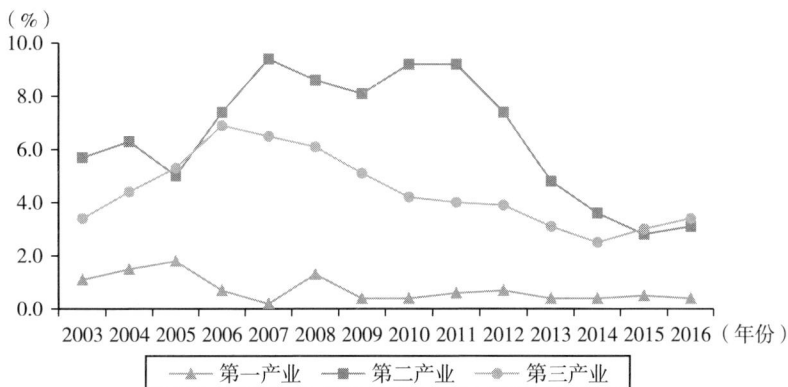

图 3 – 55 吉林省三次产业对经济增长的拉动（2003～2016 年）

资料来源：2017 年《吉林统计年鉴》。

总体来看，第一产业对省内地区生产总值增长的拉动没有太大的变化，而第二产业和第三产业的拉动作用却在此消彼长地变化。因此吉林省应当进一步调整产业结构，发挥好三次产业对经济发展的带动作用。

从图 3 – 56 中可以看出，黑龙江省三次产业对经济增长的拉动在 2003 年至 2016 年期间有较大的变化。在 2013 年之前，第二产业对省内地区生产总值增长的拉动在三次产业中所占比重是最大的，第一产业的拉动作用同辽宁省和吉林省一致，在三次产业中占比是最小的，第三产业处于中间位置；在 2013 年之后开始发生了变化，第三产业对省内经济发展的拉动占最大比重，第二产业的拉动作用开始低于第三产业，自 2015 年起，其拉动作用的大小同第一产业相差无几。

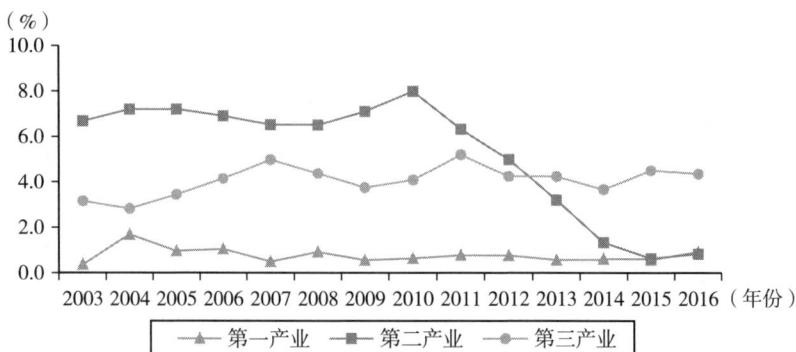

图 3 – 56　黑龙江省三次产业对经济增长的拉动（2003～2016 年）

资料来源：2017 年《黑龙江统计年鉴》。

　　总体来看，第一产业对省内地区生产总值增长的拉动作用一直是最小的，第二产业的拉动作用从 2010 年开始急速下滑，而第三产业的拉动作用相对而言比较稳定。黑龙江省应当进一步调整省内的产业结构，一方面应当大力发展自己的优势产业——农业，提高优势产业对省内经济的拉动作用；另一方面应基于东北老工业基地区域一体化发展，提高工业对经济增长的拉动作用，从而优化三次产业对省内经济增长的拉动作用。

　　从区域经济一体化的角度来看，东北地区的第一产业的发展会受到地理位置自然资源禀赋的限制，对经济增长的拉动作用是有限的，因此可以适当调整第一产业内部结构，从而将其拉动作用发挥到最大；而第二产业和第三产业的拉动作用的弹性较大，应当结合东北地区的产业结构的整体优化情况和省内各自的具体发展状况，调整第二产业和第三产业在三次产业中的比重，进而最大化地实现第二、三产业的拉动作用，从而进一步提高东北地区整体经济发展水平。

第四节　第四阶段：2017 年至今

　　习近平总书记在 2017 年党的十九大报告中明确指出要"实施区域

协调发展战略"和"建立更加有效的区域协调发展新机制",这是中国
特色社会主义进入新时代,以习近平同志为核心的党中央紧扣我国主要
矛盾的变化,按照高质量发展的要求提出的重要战略举措,对促进我国
经济社会持续健康发展具有深远而重要的意义。东北地区在 2017 年的
三次产业比为 11.0∶37.3∶51.7,三次产业的发展在"三二一"的结构
基础上得到了进一步优化。

一、东北地区经济发展总量分析

(一) 人均 GDP 水平

表 3 - 28 和图 3 - 57 反映了东北三省及全国 2016 年至 2018 年的人
均 GDP 水平。自我国进入新时代以来,东北三省的人均 GDP 水平有一
定增长,但是依旧低于全国人均 GDP 水平。2018 年的全国人均 GDP 大
幅度地增长,比 2017 年增长了 8.5%。东北各省中,辽宁省的增长幅度
为 8.3%,与全国人均 GDP 的增长幅度大致相同;吉林省增加了
1.4%,黑龙江省增加了 3.2%,相比而言,增速较慢,且远落后于全
国平均水平。

表 3 - 28　　　　东北三省及全国人均 GDP (2016 ~ 2018 年)　　　　单位:元

年份	辽宁	吉林	黑龙江	全国
2016	50791	53868	40432	53935
2017	53527	54838	41916	59660
2018	58008	55611	43274	64744

资料来源:2017 ~ 2018 年中国统计年鉴、东北各省统计年鉴。

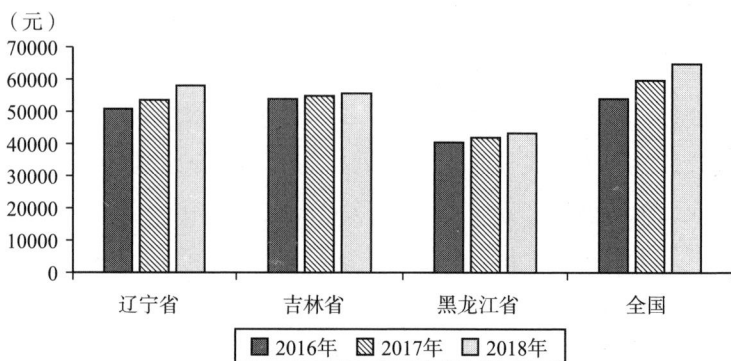

图 3 – 57 东北三省及全国人均 GDP（2016～2018 年）

资料来源：根据表 3 – 28 中数据绘制。

（二）城镇化发展水平

对比 2016 年和 2017 年的城镇化人口的占比（见图 3 – 58），全国有小幅度的增加，辽宁省也有小幅度增加，吉林省和黑龙江省无太大变化。相比较而言，城镇化水平较为落后的是吉林省，低于辽、黑两省的城镇化水平，也不及全国的平均水平。

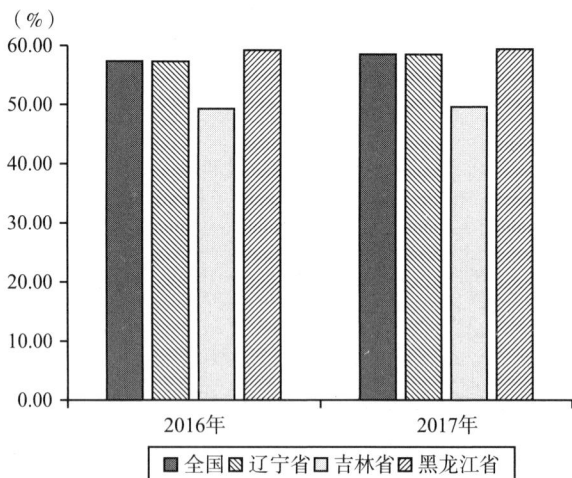

图 3 –58 东北三省及全国城镇化人口比重（2016～2017 年）

资料来源：2017～2018 年中国统计年鉴、东北各省统计年鉴。

二、东北地区三次产业结构调整

(一) 总体分析

表 3-29 反映了 2017 年东北地区以及全国的三次产业比以及各产业产值。东北地区相较于全国的三次产业比而言，第一产业所占的比重居于全国平均水平之上，第二产业所占的比重要比全国平均水平低一些，第三产业占比几乎与全国平均水平相同。

从产值来看，东北地区的第一、二、三产业分别占全国的 9%、6.1% 和 6.6%，可见东北地区第一产业对全国 GDP 的贡献比第二、三产业大一点。

表 3-29　　　　2017 年东北地区及全国三次产业比重

	东北			全国		
	第一产业	第二产业	第三产业	第一产业	第二产业	第三产业
比重 (%)	11.0	37.3	51.7	7.9	40.5	51.6
产值 (亿元)	5962.9	20258.9	28034.6	65467.6	334622.6	427031.5

资料来源：2018 年东北各省统计年鉴。

(二) 东北地区三次产业产值分析

1. 第一产业产值

表 3-30 对比了 2016 年和 2017 年东北地区各省的第一产业产值及其在东北地区的占比。从产值上来看，辽宁省和吉林省是减少的，而黑龙江省是有小幅度增加的，东北地区第一产业产值总体上是减少的；从第一产业各省在东北地区的占比来看，辽吉黑三省的比重大约为 3:2:4，总体变化不是很大，辽宁省和吉林省在其中的比重是有微小幅度减小的，而黑龙江省是有小幅度增加的。

表 3-30　　　东北地区各省第一产业产值及占比（2016~2017 年）

年份	产值（亿元）				占比（%）			
	辽	吉	黑	东北	辽	吉	黑	东北
2016	2173.1	1498.5	2670.5	6342	34.4	23.6	42.1	100.0
2017	1902.3	1095.4	2965.3	5962.9	31.9	18.4	49.7	100.0

资料来源：2018 年东北各省统计年鉴。

2. 第二产业产值

表 3-31 对比了 2016 年和 2017 年东北地区各省的第二产业产值及其在东北地区的占比。从产值来看，辽宁省有一定增加，吉林省和黑龙江省有所减少，东北地区整体上有 1% 的小幅度的增加；从各省的比重来看，辽吉黑三省比重由 4∶4∶2 变为 5∶3∶2，可见辽宁省仍是主力，在东北地区所占的比重有所增加；黑龙江省的占比相对而言是最小的，前后也没有变化；吉林省介于其他两省之间，占比稍有减少。

表 3-31　　　东北地区各省第二产业产值及占比（2016~2017 年）

年份	产值（亿元）				占比（%）			
	辽	吉	黑	东北	辽	吉	黑	东北
2016	8606.5	7005	4400.7	20012.2	43.0	35.0	22.0	100.0
2017	9199.8	6998.5	4060.6	20258.9	45.4	34.5	20.0	100.0

资料来源：2018 年东北各省统计年鉴。

3. 第三产业产值

表 3-32 对比了 2016 年和 2017 年东北老工业基地各省的第三产业产值及其在东北地区的占比。从产值来看，辽宁省第三产业产值增加了 7%，吉林省增加了 9%，黑龙江省增加了 7%，三省的第三产业产值都有小幅度的增加；从比重来看，辽、吉、黑三省的比重为 4.5∶2.5∶3，没有太大变化，基本趋于稳定。

表 3 – 32　　东北地区各省第三产业产值及占比（2016 ~ 2017 年）

年份	产值（亿元）				占比（%）			
	辽	吉	黑	东北	辽	吉	黑	东北
2016	11467.3	6273.3	8314.9	26055.6	44.0	24.1	31.9	100.0
2017	12307.2	6850.7	8876.8	28034.6	43.9	24.4	31.7	100.0

资料来源：2018 年东北各省统计年鉴。

三、东北地区各产业内部结构变化趋势

（一）第一产业内部结构

1. 辽宁省第一产业内部结构

表 3 – 33 反映了 2016 年至 2018 年辽宁省第一产业各行业产值及其所占比重，各行业的产值都在增加，所占比重也趋于稳定状态，无太大变化。其中，农业在第一产业中的占比是最高的，牧业排第二位，而渔业和林业在其中的占比相对而言是较小的。对比新时代前后，农林牧渔业的比重均稍有下降，则第一产业中的"服务业"——农林牧渔服务业的占比有一定的提高。

表 3 – 33　　　　辽宁省第一产业内部结构（2016 ~ 2018 年）

年份	产值（亿元）				结构（%）			
	农	林	牧	渔	农	林	牧	渔
2016	1589.9	134.0	1277.6	559.5	44.6	3.8	35.9	15.7
2017	1620.5	140.3	1289.2	592.2	44.5	3.9	35.3	16.3
2018	1749.4	149.5	1346.2	628.5	43.1	3.7	33.1	15.5

注：农林牧渔服务业属于服务业，未列出。
资料来源：2017 ~ 2018 年《辽宁省统计年鉴》、2018 年中国统计年鉴。

2. 吉林省第一产业内部结构

表3-34反映了2016年至2018年吉林省第一产业各行业产值及其所占比重。从产值上看农业和林业在2017年有所减少之后，在2018年又开始增加；牧业有所下降；渔业变化幅度非常小。从比重上看，牧业占比虽然有所下降，但依旧最大，林业和渔业占比几乎不变，在产业内部占比最小，低于辽宁省水平。

表3-34　　　　吉林省第一产业内部结构（2016～2018年）

年份	产值（亿元）				结构（%）			
	农	林	牧	渔	农	林	牧	渔
2016	948.98	72.64	1033.40	40.25	43.8	3.4	47.7	1.9
2017	895.83	69.38	982.37	41.72	43.4	3.4	47.6	2.0
2018	992.96	73.28	1001.64	39.02	45.5	3.4	45.9	1.9

资料来源：2017～2018年《吉林省统计年鉴》、2018年中国统计年鉴。

3. 黑龙江省第一产业内部结构

表3-35反映了2016年至2018年黑龙江省第一产业各行业产值及其所占比重。从产值上看，对比2017年和2018年的相关数据，可以发现农林渔业的产值都在增加，牧业的产值有所减少；从比重上看，各行业所占比例基本趋于稳定，农业占比在60%以上，牧业占比有所减少，大约为30%，林业和渔业占比最小，总计不到10%。

表3-35　　　　黑龙江省第一产业内部结构（2016～2018年）

年份	产值（亿元）				结构（%）			
	农业	林业	牧业	渔业	农业	林业	牧业	渔业
2016	3189.71	163.72	1627.07	92.00	61.3	3.1	31.3	1.8
2017	3471.26	175.23	1701.70	98.00	62.1	3.1	30.5	1.8
2018	3634.99	186.39	1542.37	105.69	64.6	3.3	27.4	1.9

资料来源：2018年《黑龙江省统计年鉴》、2018年中国统计年鉴。

（二）第二产业内部结构变化趋势

1. 辽宁省第二产业内部结构变化趋势

表3-36反映了辽宁省第二产业内部轻重工业的总产值以及其占比。可以看到工业产值基本不变，轻重工业比例基本也没有变化。辽宁省工业的发展趋于稳定。

表3-36　　　辽宁省工业总产值及内部结构（2016~2017年）

年份	产值（亿元）			结构（%）	
	轻	重	总产值	轻	重
2016	3474.6	17844.0	21318.6	16.3	83.7
2017	3475.6	17845.0	21320.6	16.3	83.7

资料来源：2018年《辽宁省统计年鉴》。

2. 吉林省第二产业内部结构变化趋势

表3-37反映了吉林省第二产业各行业的产值及其比重，工业产值有所下降，建筑业产值有微小增加，总产值有所下降。从结构上看，工业和建筑业的比例没有变化。

表3-37　　　吉林省第二产业各行业产值及比重（2016~2017年）

年份	产值（亿元）			结构（%）	
	工业	建筑业	总产值	工业	建筑业
2016	6070.1	960.9	7031.0	86.3	13.7
2017	6057.3	964.1	7021.4	86.3	13.7

资料来源：2018年《吉林省统计年鉴》。

3. 黑龙江省第二产业内部结构变化趋势

表3-38反映了黑龙江省第二产业各行业的产值以及内部结构。从产值来看，工业产值下降了8.6%，建筑业产值下降了2.4%，总产值下降了7.4%；从结构上看，工业占比下降了1.1%，建筑业占比增加

了 2.1%，变化幅度非常小，基本趋于稳定。

表 3－38　　黑龙江省第二产业内部结构（2016～2017 年）

年份	产值（亿元）			结构（%）	
	工业	建筑业	总产值	工业	建筑业
2016	3647.1	874.2	4521.4	80.7	19.3
2017	3332.6	852.8	4185.4	79.6	21.4

资料来源：2018 年《黑龙江统计年鉴》。

（三）第三产业内部结构变化趋势

1. 辽宁省第三产业内部结构变化趋势

表 3－39 反映了 2016 年和 2017 年辽宁省第三产业内部各行业的产值和占比。对比 2016 年和 2017 年，从产值上看，传统服务业的产值有所增加，增加幅度为 5.8%，现代服务业的产值的增加幅度为 8.8%。从比重上看，传统服务业和现代服务业的占比基本没有变化。

表 3－39　　辽宁省第三产业内部构成（2016～2017 年）

类别		2016 年		2017 年	
		产值（亿元）	占比（%）	产值（亿元）	占比（%）
传统服务业	交通运输、仓储和邮政业	1245.3	10.9	1310.0	10.6
	批发和零售业	2822.9	24.6	3002.1	24.4
	住宿和餐饮业	457.0	4.0	476.9	3.9
	合计	4525.2	39.5	4789.0	38.9
现代服务业	金融业	1829.2	16.0	1964.6	16.0
	房地产业	1037.3	9.0	1132.2	9.2
	其他服务业	3859.5	33.7	4221.4	34.4
	合计	6726.0	58.7	7318.2	59.6
第三产业总产值		11467.3	98.1	12307.2	98.5

资料来源：2018 年《辽宁省统计年鉴》。

2. 吉林省第三产业内部结构变化趋势

表 3-40 反映了吉林省 2016 年和 2017 年第三产业增加值的构成。传统服务业中，各行业占比均有小幅度下降，总体下降 2.1%；现代服务业中，金融业和房地产业占比基本无变化，其他服务业占比增加 2.1%。

表 3-40　　　吉林省第三产业增加值构成（2016~2017 年）　　　单位：%

年份	第三产业	传统服务业				现代服务业			
		交通运输仓储和邮政业	批发和零售业	住宿和餐饮业	合计	金融业	房地产业	其他	合计
2016	100.0	8.9	19.2	5.9	34.0	10.5	7.6	47.9	66.0
2017	100.0	8.8	17.6	5.5	31.9	10.4	7.7	50.0	68.1

资料来源：2018 年《吉林省统计年鉴》。

3. 黑龙江省第三产业内部结构变化趋势

表 3-41 反映了黑龙江省 2016 年和 2017 年的第三产业内部构成，总体来看，各行业占比基本没有变化。2017 年各行业比重如图 2-59 所示，除了其他服务业之外，批发零售业占比最大，其次是金融业和交通运输仓储邮政业。

表 3-41　　　黑龙江省第三产业内部构成（2016~2017 年）　　　单位：%

年份	传统服务业			现代服务业		
	交通运输仓储邮政业	批发零售业	住宿餐饮业	金融业	房产业	其他
2016	9.1	21.6	6.3	10.8	7.4	44.7
2017	9.0	20.9	6.4	10.5	7.4	45.8

资料来源：2018 年《黑龙江省统计年鉴》。

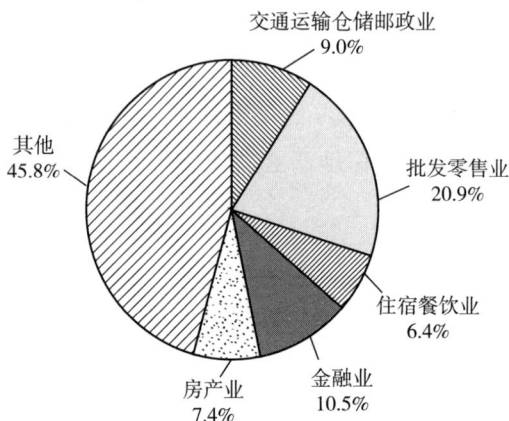

图3-59 黑龙江省第三产业内部构成（2017年）

资料来源：黑龙江2018年统计年鉴。

四、东北地区三次产业就业结构

（一）东北地区第一产业就业结构变化趋势

表3-42反映了东北地区2016年和2017年各省第一产业的产值占比和劳动力占比。分省来看，辽、吉2017年的第一产业产值占比相较上一年有所减少，而黑龙江省有所增加；就整体而言，东北地区的第一产业的产值占比是减少的。再看劳动力方面，各省的第一产业劳动力占

表3-42　　　　东北地区第一产业产值占比和劳动力占比

（2016~2017年）　　　　　　　　　　　　　单位：%

年份	产值占比				劳动力占比			
	辽	吉	黑	东北	辽	吉	黑	东北
2016	9.8	10.1	17.4	12.1	30.7	33.8	37.4	33.8
2017	8.1	7.3	18.6	11.0	31.3	33.0	37.2	33.8

资料来源：根据东北三省2018年统计年鉴中产业和就业相关数据计算所得。

比基本没有变化。对比表 3 - 3 中最适宜的就业结构，当第一产业占比大约为 12% 时，最适宜的劳动力占比应为 15% 左右。从表中可以看到各省的第一产业劳动力占比都在 30% 以上，整体都偏高。

（二）东北地区第二产业就业结构变化趋势

表 3 - 43 反映了东北地区 2016 年和 2017 年各省第二产业的产值占比和劳动力占比。对比 2016 年和 2017 年各省占比，就产值占比而言，辽宁省占比有所增加，吉林省和黑龙江省有所下降，东北地区整体来看也有所下降；就劳动力占比来看，各省都有所下降。对比表 3 - 3 中最适宜的劳动力比重来看，各省的劳动力占比都低于 30%，整体都偏低。

表 3 - 43　　　　东北地区第二产业产值占比和劳动力占比

（2016 ~ 2017 年）　　　　　　　　　　　　　　　单位：%

年份	产值占比				劳动力占比			
	辽	吉	黑	东北	辽	吉	黑	东北
2016	38.7	47.4	47.4	38.2	24.9	21.7	18.0	21.7
2017	39.3	46.8	46.8	37.3	24.5	21.1	17.4	21.2

资料来源：根据东北三省 2018 年统计年鉴中产业和就业相关数据计算所得。

（三）东北地区第三产业就业结构变化趋势

表 3 - 44 反映了东北地区 2016 年和 2017 年各省第三产业的产值占比和劳动力占比。对比 2016 年和 2017 年各省占比，就产值占比而言，各省占比都有所增加，因而东北地区整体也在增加；就劳动力占比来看，辽宁省的比重变化不大，而其他两省的比重是增加的。对比表 3 - 3 中最适宜的就业结构，当第三产业占比为 50% 左右时，最适宜的劳动力占比大约为 40%，而各省的劳动力占比都高于 40%，整体都偏高一点。

东北地区第三产业产值占比和劳动力占比

（2016～2017 年）　　　　　　　　　　　　单位：%

年份	产值占比				劳动力占比			
	辽	吉	黑	东北	辽	吉	黑	东北
2016	51.5	42.5	54.0	49.7	44.5	44.5	44.6	44.5
2017	52.6	45.8	55.8	51.7	44.2	45.8	45.4	45.0

资料来源：根据东北三省 2018 年统计年鉴中产业和就业相关数据计算所得。

（四）总体分析

从总体来看，东北各省的第一、三产业的劳动力占比相对而言要高一些，而第二产业的劳动力占比要偏低一些，其中第三产业在三次产业中的比重是较为适宜的，第一产业和第二产业的劳动力比重还需要进一步调整。

五、东北地区三次产业贡献率分析

表 3－45 反映了东北地区 2016 年和 2017 年三次产业贡献率。对比 2016 年和 2017 年相关数据，就第一产业的贡献率来看，辽宁省有所增加，吉林省和黑龙江省有所下降；就第二产业来看，各省的贡献率均以不同的程度在减少，其中辽宁省下降的幅度是最大的；就第三产业来看，辽宁省的贡献率增加的幅度比较大，而吉林省和黑龙江省相对增加

表 3－45　　　　　东北地区三次产业贡献率（2016～2017 年）　　　　单位：%

年份	辽宁省			吉林省			黑龙江省		
	一	二	三	一	二	三	一	二	三
2016	7.1	147.0	-54.1	6.3	44.5	49.2	15.1	13.5	71.3
2017	7.9	30.2	61.9	5.6	36.5	57.9	12.4	13.4	74.2

资料来源：东北地区各省 2018 年统计年鉴。

幅度较小。可见新时代以来，辽宁省作为东北地区的"领头羊"，发挥了其带头转型作用，吉林省和黑龙江省也要跟紧步伐，提高第三产业贡献率，促进东北老工业基地的经济发展。

六、东北地区三次产业拉动率分析

（一）东北地区三次产业拉动率横向分析

表3－46中可以看到2017年东北地区各省的三次产业对地区生产总值增长的拉动率。分产业来看，第一产业对辽、吉的拉动作用是相同的，对黑龙江省的拉动较大一些；第二产业对黑龙江省的拉动作用最小，对吉林省的拉动作用最大，辽宁省居于中间位置；第三产业对吉、辽的拉动率分别为3.1%和2.6%，相差不太大，而对黑龙江省的拉动作用在三省中相对偏大一些。可见黑龙江省对第三产业加大了投入，促进了第三产业的进一步发展，从而紧跟东北地区整体的发展步伐，在实现东北地区区域经济一体化发展的道路上更进一步。

表3－46　　　　东北地区三次产业对经济增长的拉动率
（2016～2017年）　　　　　　单位：%

年份	辽			吉			黑		
	一	二	三	一	二	三	一	二	三
2016	-0.48	-3.21	1.19	0.4	3.1	3.4	0.92	0.83	4.35
2017	0.3	1.3	2.6	0.3	1.9	3.1	0.79	0.86	4.75

资料来源：东北地区各省统计年鉴。

（二）东北地区三次产业拉动率纵向分析

对比2016年和2017年东北地区各省的三次产业的拉动率的数据，分产业来看：（1）第一产业：辽宁省的拉动率在2016年为负数，可见没有发挥好第一产业的拉动作用,在 2017 年增加为正,与上一年相比拉动作用有所增加;吉林省和黑龙江省的拉动率是有所下降的,但是变化的幅度是非常小的,可见这一年间,吉、黑两省将更多发展重点放在了其他产业上。(2)第二产业:辽宁省的拉动率在 2016 年是负数,2017 年转变为正数,拉动作用有所增加;吉林省有所下降,黑龙江省基本不变。(3)第三产业:辽宁省和黑龙江省对经济增长的拉动率有所增加,吉林省有所下降。总体来看,虽然三次产业对地区生产总值增长的拉动作用大小各不相同,但是东北地区在产业结构优化升级的道路上又迈出了一步。

第四章

东北老工业基地产业结构一体化升级绩效的评价

产业结构关系到国民经济之命脉，在经济发展中始终具有举足轻重的地位。在此，本章基于前人研究及调查结果，建立恰当的产业结构优化升级指标体系，运用主成分分析法和熵值法评价东北老工业基地的产业结构优化升级绩效，再以区域经济一体化的视角，将东北老工业基地与京津冀区域、长三角区域进行对比，进而得出结论。

第一节　产业结构优化升级指标体系的构建

一、产业结构优化升级绩效评价基准

对于产业结构的概念，学术界已取得一致认同，但是对于产业结构优化升级的理解还存在一些争议，因此需要对其不断进行创新与完善，继而如何评价产业结构优化升级绩效也成为各国关注的重要课题。较早期，周振华（1992）提出产业结构优化升级包含产业结构的高度化和合理化两个内容：产业结构的高度化是指产业结构由较低水准向较高水准发展的过程，可用资金与技术、知识密集型产业的比重来衡量；产业

结构的合理化是指提高产业之间有机联系的聚合质量，可用产业之间的均衡程度和关联程度来衡量。由此，众多学者对这一结论进行推演、衍生、强化，提出了众多颇有意义的见解，产业结构优化升级绩效评价的基准也随之趋向于完善。

张立柱（2007）提出一个国家或一个地区范围内的产业结构优化升级意味着产业结构的合理化、高级化和高效化，他把高度化分为高级化和高效化，高级化即产业结构从低级到高级状态的逐步演进，高效化主要体现在第一、第二、第三产业效率的提高。黄南（2013）从合理性、效益性、可持续性三个方面建立指标评价南京产业结构调整绩效，白敏（2015）从合理化、高度化、增长度、可持续性四个方面构建指标评价广东省的产业结构，伍茜蓉等（2018）从合理化、高度化、创新驱动化三个方面构筑指标评价珠江—西江经济带的产业结构优化升级。此外，一些学者并不囿于这些观点，另辟蹊径建立不同角度的指标体系，例如王海宏（2014）从经济和社会可持续性发展、环境和资源和谐发展、人才和技术协调匹配三个角度设立指标体系评价低碳经济下我国省域的产业结构优化升级。胡春燕（2018）从产业结构、社会经济、科技创新、环境保护四个角度构筑指标体系对京津冀区域产业结构优化升级的效果进行测度。综上所述，随着可持续发展理念的愈加突出，产业结构优化升级应是产业结构合理化、高度化、可持续化的过程，其中，高度化包含高级化和高效化，而效益性可被归为合理化，增长度和创新驱动化可被归为高度化，所以须从合理化程度、高度化程度、可持续性程度三个角度评价产业结构的优化升级绩效。

首先，产业结构的合理化是指三大产业之间比例的合理分配，以促进经济增长为发展目标，符合经济发展的一般规律，体现为三大产业规模的适度调配，即提升其数量，优化其质量。根据配第—克拉克定理，劳动力在第二、第三产业相继呈现增加的态势，即产业结构重心由第一产业向第二、第三产业迈进。合理的产业结构应因地制宜，与本地区的自然资源、经济发展水平相适应，既不超前发展，也不落后退步，逐渐走向发达地区"三二一"的高端发展格局。但是产业结构合理化是一个动态的、渐进的过程，由不合理走向合理的征途并非一蹴而就，最终的结果也并不意味着绝对的、完美的均衡。因此产业结构合理化的过程应是通过缓慢有效的引导，让每个微观企业、中观产业根据市场原则进行经济活动，达到企业盈利、产业合理的效果，形成相对完善的产业结构格局。从质和量两个方面进行探讨，产业结构合理化的内容应包含产业结构的经济数量关系、所带来的经济效益、所引发的区位优势，量则指的是前者、质指的是后两者。产业结构的合理化促使经济数量关系趋于均衡、社会经济效益不断增长、区位优势突出，此三者的变动映射着产业结构合理化的成效。

其次，产业结构高度化是指产业结构从较低级状态向较高级状态转变的动态发展过程，也是产业结构向高技术化、高知识化、高加工度化和高附加值化发展的过程，它是产业结构优化升级的目标与方向（张平，王树华，2009）。产业结构的高度化应包含高级化和高效化，体现为产业结构的向高发展，即高技术产业、高附加值产业、高产量产业的比重上升，产业结构的科技含量不断上升，三大产业外部结构趋向于软化，三大产业内部结构逐渐走向高效化。高级化的提高自然导致高效化的上升，换言之，合理化和高级化自然带来高效化，所以，可以认为高级化和高效化都被归纳为高度化。产业创新驱动能力通过扩大高技术企业数量、增加高附加值产业产值，使产业结构趋向于高技术化、高附加值化，体现为产业结构的高级化。除了高效化和高级化，产业结构高度化还应包括增长度和国际竞争力，增长度测度出产业结构的向高发展距离，而产业结构的国际竞争力越强说明产业结构高度化程度越强。高效化、高级化、增长度、国际竞争力四者从不同方面共同反映出产业结构的高度化水平。

最后，产业结构的可持续性指的是环保理念下，产业结构的优化不仅仅只需考虑到经济效益的提升，还需考虑到自然环境的制约。产业结构的优化应贯穿可持续理念，走绿色集约发展道路。初始产业结构多数依赖于自然资源的供给，如第一产业和第二产业，一旦资源稀缺，该地区的产业发展得不到资源支撑，经济运行就会随之停滞。但是产业结构的逐步优化摆脱了资源依赖的困境，逐渐转向发展资源节约型产业和战略性新兴产业，有些新兴产业甚至可以增加清洁能源的供给和推动节能减排，如太阳能、风能、生物质能源等。现如今，由于资源的不可再生性，循环经济理念越发盛行，转变高耗能产业，优化产业结构，转向集约式可持续性经济迫在眉睫。产业结构可持续性应蕴含资源利用、环保治理、资源再利用三个方面，资源利用效率、环保治理投入、资源再利用水平分步显现出产业结构的可持续性程度：提升资源利用效率是初步可持续，加大环保治理投入和提高资源再利用水平是再次可持续。因此，产业结构优化升级绩效的评价基准即为产业结构的合理化程度、高度化程度、可持续性程度。

产业结构的合理化、高度化、可持续性缺一不可，三者相互制约、相互促进。合理的产业结构会促使产业结构走向高度化、可持续性，有高度的产业结构必然是合理的、可持续的，具备可持续性的产业结构一定会让产业结构趋向于合理化、高度化。如图4-1所示，合理化、高度化、可持续性构成了稳定的三角形格局，三者的协同优化共同使产业结构达到效用最大化。但是三者的重量级并非一致，应该明确的是，在特定的发展阶段存在着特定的基准比例，正如"一二三"产业趋向于"三二一"产业发展，合理化、高度化、可持续性的发展侧重点同样缓慢地发生推移。在产业结构转变前期，产业结构更重视的是产业结构是否合理；在产业结构转变中期，更加重视的是产业结构是否达到高层次；在产业结构转变后期，更加重视的是产业结构是否可持续。因而，产业结构的优化也并非刻意追求三者之间的均等化，而是在适度发展范围内，三者应适应经济发展规律，保证经济增长。总而言之，合理化、高度化、可持续性三者既对立又统一，不可剥离开来，没有合理化很难走向高度化，没有高度化很难走向可持续性。因此三者构成一个"命运共同体"，只有达到高度合理化、合理高度化、健康可持续性，才会有效地促进经济繁荣发展，所谓合适的产业结构优化升级不外乎如此。

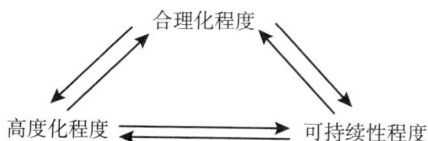

图 4 - 1　产业结构优化升级绩效评价基准之间的关系

二、产业结构优化升级绩效指标构建原则

结合产业结构优化升级绩效的合理化程度、高度化程度、可持续性程度三大基准和产业结构优化升级的内在含义，做到全方位考量，进而提出产业结构优化升级指标的构建原则，分别为科学性、全面性、客观性、可获得性、区域可比性。

（一）科学性原则

本着有理有据的基本规则，构建产业结构优化升级绩效评价体系应遵循科学性的原则，精心选择每一个指标时都应考虑到产业结构变迁的本质内涵。每一个指标的选取都应具有特殊意义，可以反映出产业结构优化升级的真实问题，不应"漫天撒网""胡思乱想"，而应坚持慎之又慎、严肃认真的准则，这才能建立出合理且合适的产业结构优化升级绩效评价指标体系。

（二）全面性原则

指标的选用如果只考虑到产业结构优化升级的部分特征，必然会导致评价结果有失偏颇，所以构建产业结构优化升级绩效评价体系应遵循全面性的原则，选取的指标应综合考虑到产业结构优化升级的各个方面，也应包含适量的正属性和负属性指标。产业结构的优化影响到经济效益的提升，而经济效益与人类生活的生产、消费、供给、需求等息息相关，因而产业结构优化升级绩效指标体系应涵盖众多角度，应考虑全面且到位。

(三) 客观性原则

个人的主观臆测难免会导致评价结果有失公允，因此构建产业结构优化升级绩效评价体系应遵循客观性的原则，指标的选取应本着客观合理的态度仔细逐一筛选，力求最终建立的指标体系公正客观。不应以个人的主观意志为转移，而应摒弃个人的主观想法，运用定性与定量相结合的方法，遵循物质自然规律和社会经济发展规律，进而做到客观又公平。

(四) 可获得性原则

基于统计学理论构建指标体系，准确合理的数据才能支撑起整个指标体系的评价结果，数据的选取则显得至关重要，所以构建产业结构优化升级绩效评价体系应遵循可获得性的原则。摒弃那些不易获得数据的指标类型，让整个指标体系可操作、可评价，具备随时间变化而变动的长远动态性。如此建立的指标体系才不会"落伍"，也避免了纸上谈兵。

(五) 区域可比性原则

因本章从区域经济一体化的视角出发，所以建立产业结构优化升级绩效评价体系应不可避免地遵循区域可比性的原则，保障最终区域结果可相互比较。基于地域性建立的产业结构优化升级绩效评价体系难免会导致指标体系过于片面，而通过相互对比可以发现区域之间产业结构的差异性，进而增强产业结构评价体系的适用性，更符合当前经济全球化形势，因此区域可比性原则必不可少。

三、产业结构优化升级绩效指标体系的建立

对于评价产业结构优化升级绩效的指标，大部分学者趋向于建立内含多个指标的指标体系，但是也有部分学者主张只运用单个复杂指标来评价产业结构优化升级。王东东（2016）采用产业结构层次系数评价

郑汴一体化的产业结构高度化程度、用产业协调系数评价其合理化程度，马苏等（2018）运用 Moore 指数对东北区域产业结构高级化进行判别，何平等（2014）运用结构超前值来分析产业结构高度化、用 Divisia MFP 来分析合理化，这些学者建立的指标测度虽简洁明了、易于分析，但是并不全面。所以，基于上述提出的合理化、高度化、可持续性的产业结构优化升级绩效评价基准，应充分考虑到科学性、全面性、客观性、可获得性、区域可比性的指标构建原则，最终建立包含一级指标和二级指标的产业结构优化升级绩效初始指标体系。其中一级指标包含合理化程度、高度化程度、可持续性程度三个指标，每一个一级指标下分别配有 6 个或者 7 个二级指标，继而构建了共有 20 个二级指标的产业结构优化升级绩效评价体系（见表 4 −1）。

表 4 −1　　　　产业结构优化升级绩效评价初始指标体系

目标层	一级指标	二级指标	单位	属性
产业结构优化绩效	合理化程度	第三产业占比		正
		三次产业泰尔指数		负
		GDP 区位熵		正
		产业集中度指数		正
		产业消耗产出率	万元/吨标准煤	正
		重工业产值占比		负
		就业产值偏离度		负
	高度化程度	第三产业离差率		正
		全员劳动生产率	万元/人	正
		人均 GDP	万元/人	正
		研发 R&D 经费支出	亿元	正
		高技术产业利润总额	亿元	正
		外贸依存度		正
		实际外商直接投资额	亿美元	正

续表

目标层	一级指标	二级指标	单位	属性
产业结构优化绩效	可持续性程度	工业废水排放总量	万吨	负
		工业固体废物综合利用量	万吨	正
		工业污染治理投资额占 GDP 比重		正
		万元 GDP 电耗	千瓦时/万元	负
		万元 GDP 能耗	吨标准煤/万元	负
		第二产业终端能源消费量占比		负

（一）产业结构优化升级指标的具体含义

1. 反映产业结构优化升级合理化程度的指标

（1）第三产业占比指标。第三产业的大小反映出一个国家或区域的产业软实力，刘伟、李绍荣（2002）采用实证分析的方法证明第三产业对中国经济增长的贡献最大，发达国家的重要标志就是第三产业较为发达，所以第三产业占比可以直观上从产业之间数量的角度衡量产业结构优化升级的合理化程度。因此，第三产业占比越大，说明产业结构越合理，它是一个正属性指标。其计算公式为：

第三产业占比 = 第三产业产值/国内生产总值

其中，根据《国民经济行业分类》和《三次产业划分规定》中的定义，我国第一产业是指农、林、牧、渔业（不含农、林、牧、渔服务业）。第二产业是指采矿业（不含开采辅助活动），制造业（不含金属制品、机械和设备修理业），电力、热力、燃气及水生产和供应业，建筑业。第三产业即服务业，是指除第一产业、第二产业以外的其他行业。

（2）三次产业泰尔指数指标。泰尔指数又称泰尔熵，最早泰尔（Theil，1967）利用信息理论中的熵概念来计算收入不平等，后来干春晖（2011）等学者将其修正优化，用来衡量产业结构的合理化程度。泰尔指数反映经济结构的均衡程度，泰尔指数越大，经济越不均衡，即产业结构越不合理，所以泰尔指数是一个负属性指标。泰尔指数为 0 时，说明经济处于均衡状态，正是产业结构优化升级追求的至高水平。其计算公式为：

$$泰尔指数 = \sum_{i=1}^{3} \frac{Y_i}{Y} \ln\left(\frac{Y_i/Y}{L_i/L}\right)$$

其中，Y 表示产业产值，L 表示该产业的就业人数，i 表示某一产业。

（3）GDP 区位熵指标。GDP 区位熵指的是该区域的经济总量在大区域中所占的比例，可以反映出该区域的产业优势，该比例越大，说明在大区域中该区域越占有经济优势，因此 GDP 区位熵是一个正属性指标。在大区域中，小区域的 GDP 区位熵越大，从某一层次上可以证明该区域的产业结构优化升级越合理，带来的经济效益就越高，自然在大区域中占有经济优势。其计算公式为：

$$GDP 区位熵 = A 区 GDP / 大区 GDP$$

其中，A 区可以是省、市、乡等，范围可大可小，可进行微观层面的研究。

（4）产业集中度指数指标。产业集中度指数指的是某区域的人均产业产值与大区域人均产业产值之比，反映了该区域的产业集中程度。GDP 区位熵直观上显示出区域经济总量的产业优势，产业集中度指数既包括经济总量，又包括人口数，更注重区域人均经济效益是否具有产业优势。该值越大，说明该区域产业结构具有越高的专业化程度，越占有区位优势，因此产业集中度指数是一个正属性指标。其计算公式为：

$$产业集中度指数 = \frac{Q_{3A}/P_A}{Q_3/P}$$

其中，Q_{3A} 指 A 区域的第三产业产值；P_A 指 A 区域的总人口数量；Q_3 指所在大区的第三产业产值；P 指所在大区的总人口数量。

（5）产业消耗产出率指标。产业消耗产出率是指每消耗一单位的能源可以产出多少单位的经济产量，可以反映出产业结构调整带来的经济效益。产业消耗产出率越大，所获得的经济效益越高，所以产业消耗产出率是一个正属性指标。最优的产业结构则是以较小的能源消费量带来较大的产业产值，即较高的产业消耗产出率孕育出较为合理的产业结构。因为第二产业的发展主要依赖于能源，所以有必要衡量第二产业的产业消耗产出率。其计算公式为：

$$产业消耗产出率 = 第二产业产值 / 能源消费总量$$

其中，能源消费总量指一定地域内，国民经济各行业和居民家庭在一定时期内消费的各种能源的总和。

（6）重工业产值占比指标。工业是第二产业的主力军，有着轻重之分，其中重工业是指为国民经济各部门提供物质技术基础的主要生产资料的工业，而轻工业是指主要提供生活消费品和制作手工工具的工业。重工业关乎国家的经济实力强盛程度，而轻工业则关乎人民的生活幸福程度，但是重工业多是一些高污染高消耗产业，不利于产业结构的合理化发展。而推动产业结构重心由重工业向轻工业转移是当代产业结构优化升级调整的战略要求，所以合理的产业结构优化升级应是轻工业的适度上涨、重工业的适度让位，因此重工业产值占比是一个负属性指标。其计算公式为：

$$重工业产值占比 = 重工业总产值 / 工业总产值$$

（7）就业产值偏离度指标。就业人员的数量在很大程度上影响到相关产业的发展，劳动力的流动往往伴随着产业利润的升降，因此就业结构与产业结构息息相关。就业产值偏离度反映了就业结构和产业结构的偏离程度，偏离度越大，经济效益越小，所以就业产值偏离度是一个负属性指标。产业结构的合理化程度也体现在经济结构的均衡程度上，就业结构和产业结构越适应，经济结构越均衡，经济效益越大，偏离度越小。其计算公式为：

$$就业产值偏离度 = 第一产业就业人数占比 - 第一产业产值占比$$

其中，第一产业就业人数占比指的是第一产业就业人数在三次产业总就业人数中的比例，第一产业产值占比指的是第一产业产值在三次产业总产值中的比例。

2. 反映产业结构优化升级高度化程度的指标

（1）第三产业离差率指标。第三产业离差率指的是第三产业增长和经济增长之间的差距，反映出第三产业是否超前发展，是产业结构高度化中衡量增长度的指标。在一个区域经济体中，第三产业增长速度超前于其经济增长速度，说明其产业结构的向高优化可以带动经济的向前发展，因此第三产业离差率是一个正向指标。其计算公式如下：

第三产业离差率 = 第三产业增长率 − GDP 增长率

其中，增长率 = （计算期数值 − 上一期数值）/ 上一期数值。

（2）全员劳动生产率指标。全员劳动生产率常用于衡量一个地区经济效率的高低，同时产业结构优化升级的高度化也表现为产业结构的高效化，所以全员劳动生产率也可用于估测产业结构优化升级的高度化程度。全员劳动生产率指的是每人贡献的产业增加值，全员劳动生产率越高，产业结构的高效化越显著，区域经济效率也越高，因此全员劳动生产率是一个正向指标。其计算公式如下：

全员劳动生产率 = 工业增加值/就业人数

其中，工业增加值是指工业企业在报告期内以货币形式表现的从事工业生产活动的最终成果。

（3）人均 GDP 指标。人均 GDP 反映的是人均生产效率，不同于反映就业人员的全员劳动生产率，人均 GDP 强调的是总人口的生产成果。人均 GDP 反映宏观总量层面的经济效率，全员劳动生产率则反映中观产业层面的经济效率，二者相互响应，测算出产业结构优化升级的高效化程度，同时满足了构建指标体系的全面性原则。人均 GDP 既反映了国家经济政策，又反映了人口政策，由此体现出两种政策所导致的产业结构高效化成果。其计算公式如下：

人均 GDP = GDP/年末人口总数

（4）R&D 经费支出指标。科技实力是一个国家经济发展的硬实力，科技产业是一个国家产业结构优化升级的主攻方向，科学研究与试验发展（R&D）经费的数量直接关系到科技产业的发展。R&D 经费支出指调查单位用于内部开展 R&D 活动（基础研究、应用研究和试验发展）

的实际支出，主要反映将科研成果转化为技术和产品的能力。R&D 经费支出越大，说明国家或区域对科技产业的成长越重视，这样一来，产业结构优化升级的高度化程度得到了提高，所以它是一个正向指标。

（5）高技术产业利润总额指标。产业结构优化升级的高度化一方面体现为产业结构优化升级的高级化，而高级化意味着产业结构逐渐向着高技术产业发展，因此高技术产业的发展兴盛表现出产业结构优化越发趋于更高层次、更高效率。高技术产业包括医药制造业、航空、航天器及设备制造业、电子及通信设备制造业、计算机及办公设备制造业、医疗仪器设备及仪器仪表制造业、信息化学品制造等。产业优化变动理论认为，在第三产业内部，传统产业部门正在向现代及高技术产业部门发展（吕万美，2017），所以就某种意义而言，倾向于高技术产业发展的产业结构则说明了产业结构的优化。因此，高技术产业利润总额是一个正向指标。

（6）外贸依存度指标。现如今随着中国的开放程度越来越高，产业结构优化升级的高级化程度也体现为产业结构优化升级的国际化程度。外贸依存度指的是进出口总额在 GDP 中所占的份额，反映出一个国家或者区域参与全球经济活动的能力，也反映出该国或者该区域自身生产的产品在别国市场上的竞争实力。对外贸易还可以使制造业产生集聚效应，从而带动产业结构升级（Lee，2008）。进出口总额越高，外贸依存度越大，该国或者该区域的国际竞争力越强，产业结构优化升级越显现出高度化特征，所以在经济全球化的氛围中，可以认为外贸依存度是一个正向指标。其计算公式如下：

$$外贸依存度 = 进出口总额/GDP$$

（7）实际外商直接投资额指标。外商直接投资是指外国投资者在我国境内通过设立外商投资企业、合伙企业、与中方投资者共同进行石油资源的合作勘探开发以及设立外国公司分支机构等方式进行投资。实际外商直接投资额反映了外国对我国的投资力度，也体现出外国对我国经济现状的看好程度。张琴（2012）通过实证分析得出外商投资越多，产业结构越趋于高度化，而且外商直接投资比外商间接投资影响更为显著。实际外商直接投资额的加大在我国市场上注入了大笔资金，有利于我国产业结构的优化调整，也反映了我国产业结构优化升级的国际化程度，所以外商直接投资额是一个正向指标。

3. 反映产业结构优化升级可持续性程度的指标

（1）工业废水排放总量指标。废水排放总量包括工业废水排放总量和生活废水排放总量，废水排放总量的提升显示出生产中资源浪费程度的同步提升，反映出经济进步的不可持续性。工业废水排放总量的大小则显示出产业结构中用于工业生产的水资源利用效率的高低，反映出产业结构优化升级的可持续性程度。因此，工业废水排放总量是一个负向指标，工业废水排放总量越高，产业结构优化升级的可持续性程度越低，环境污染水平越高。

（2）工业固体废物综合利用量指标。一般工业固体废物综合利用量是指报告期内企业通过回收、加工、循环、交换等方式，从固体废物中提取或者使其转化为可以利用的资源、能源和其他原材料的固体废物量，如用作农业肥料、生产建筑材料、筑路等。工业固体废物综合利用量从固体资源角度反映产业中工业固体废物的综合利用程度，直观地反映出产业中工业固体资源的再利用效率，而循环经济的要求则包含较高的资源再利用效率。因此，工业固体废物综合利用量是一个正向指标，工业固体废物综合利用量越高，工业固体资源的再利用机会越多，产业结构优化升级的可持续性越高。

（3）工业污染治理投资额占 GDP 比重指标。工业污染治理投资额反映出国家或地区对工业污染治理的资金投入，工业污染治理投资额越大，该国或该地区的治理理念在经济效果上践行得更为透彻，产业结构优化升级的可持续性程度也越大。所以工业污染治理投资额占 GDP 比重越高，说明在资金分配中环境保护越显重要，产业结构优化升级越发趋于可持续性，它是一个正向指标。据世界上发达国家的经验，环保投入占到 GDP 的 3% 以上，环境质量才会得到改善，而当前我国环保投入总额占 GDP 收入的比例仅为 1.5%（黄昊舟、吴开，2013）。其计算公式如下：

工业污染治理投资额占 GDP 比重＝工业污染治理投资额/GDP

（4）万元 GDP 电耗指标。万元 GDP 电耗又被称为单位国内生产总值电耗，是指一定时期内，一个国家或地区每生产一个单位的国内生产总值所消费的电力。产业的发展离不开电力资源的运用，万元 GDP 电耗直观地从产业消耗电力方面反映出经济产出的电力资源消耗率。产业结构的优化应逐渐向节能环保产业扩张，因而万元 GDP 电耗越大，产业结构与节能环保产业的距离越大，其可持续性越低，该指标是一个负向指标。其计算公式如下：

万元 GDP 电耗＝电力消耗量/GDP

（5）万元 GDP 能耗指标。万元 GDP 能耗又被称为单位国内生产总值能耗，是指一定时期内，一个国家或地区每生产一个单位的国内生产总值所消费的能源。万元 GDP 能耗直观地从产业消耗能源方面反映出经济总产出的能源消耗率，显示出该国或该地区的能源利用效果，该指标是一个负向指标。万元 GDP 能耗的上升意味着产业结构节能效率的下降，并不利于产业结构优化升级的可持续性发展。其计算公式如下：

万元 GDP 能耗＝能源消费总量/GDP

（6）第二产业终端能源消费量占比指标。终端能源消费量是指一定时期内，全国生产和生活消费的各种能源在扣除了用于加工转换二次能源消费量和损失量以后的数量。第二产业终端能源消费量占比衡量的是相比于总能源消费量，第二产业能源消费量在其中之比例。在三大产业中，第二产业能耗量一直居高不下，所以优化产业结构可持续性的关键在于优化第二产业的可持续性。因而第二产业终端能源消费量占比指标是一个负向指标，其上升意味着产业结构优化升级的可持续性效果减弱。其计算公式如下：

$$第二产业终端能源消费量占比＝\frac{第二产业终端能源消费量}{终端能源消费量}$$

（二）产业结构优化升级指标的内在机理

在理解产业结构优化升级绩效评价的指标含义之后，本章有必要详细梳理一下产业结构优化升级与其指标间的内在机理，即将产业结构优化升级的评价基准与统计指标紧密地联系在一起。对于产业结构优化升级合理化程度指标而言，第三产业占比和重工业占比反映产业结构经济数量关系的合理程度，属于两个不同层次、不同属性的产业占比关系；三次产业泰尔指数、产业消耗产出率和就业产值偏离度反映产业结构合理化所引致的经济效益；GDP 区位熵和产业集中度指数反映产业结构合理化带来的产业结构区位优势。对于产业结构优化升级高度化程度指标而言，第三产业离差率反映产业结构高度化的增长度，全员劳动生产率和人均 GDP 反映产业结构高度化的高效化程度，R&D 经费支出和高技术产业利润总额反映产业结构高度化的高级化程度，外贸依存度和实际外商直接投资额反映产业结构高度化的国际竞争力。对于产业结构优化升级可持续性程度指标而言，工业废水排放总量、工业固体废物综合利用量、工业污染治理投资额占 GDP 比重、第二产业终端能源消费量占比反映的是从产业角度出发衡量产业结构优化升级绩效的可持续性程度，其中工业固体废物综合利用量反映资源再利用效率、工业污染治理投资额占 GDP 比重反映环保资金的支持力度、第二产业终端能源消费量占比反映能源利用的数量配比关系；万元 GDP 电耗、万元 GDP 能耗反映的是从总体资源利用效益出发衡量产业结构优化升级绩效的可持续性程度，其中两个指标分别反映能源运用和电力运用，如图 4-2 所示。

但是不可避免地，由于错综复杂的产业结构经济关系，指标间存在着盘根错节的相关关系，正如稳固的合理化、高度化、可持续性之间的三角形关系，三者之间的相互促进使得指标间也相互影响，甚至有些指标的计算公式运用了同一个统计指标。

首先，在合理化程度指标中，三次产业泰尔指数和就业产值偏离度都围绕着产业产值和就业人数进行计量测度，也都反映产业结构合理化所带来的经济效益，只不过前者反映均衡程度，后者反映偏离程度。产业产值和就业人员的变动会同时影响到这两个指标，因此这两个指标会呈现出同一变动的相关性。第三产业占比和 GDP 区位熵都随着 GDP 的增长而发生变化，但是前者反映产业结构优化升级的经济数量关系，后者反映产业结构优化升级的区位优势。由于产业结构合理化要求在一定的经济发展阶段上，根据资源条件和消费需求，对不理想的产业结构相互关系进行调整，使资源在产业间合理配置，提高利用效率（苏东水，2005）。所以合理化指标组既包含衡量第一产业的就业产值偏离度指标，又包含测度第二产业的产业消耗产出率指标，还包含测量第三产业的第三产业占比和产业集中度指标，贯彻了指标体系构建原则中的全面性原则。

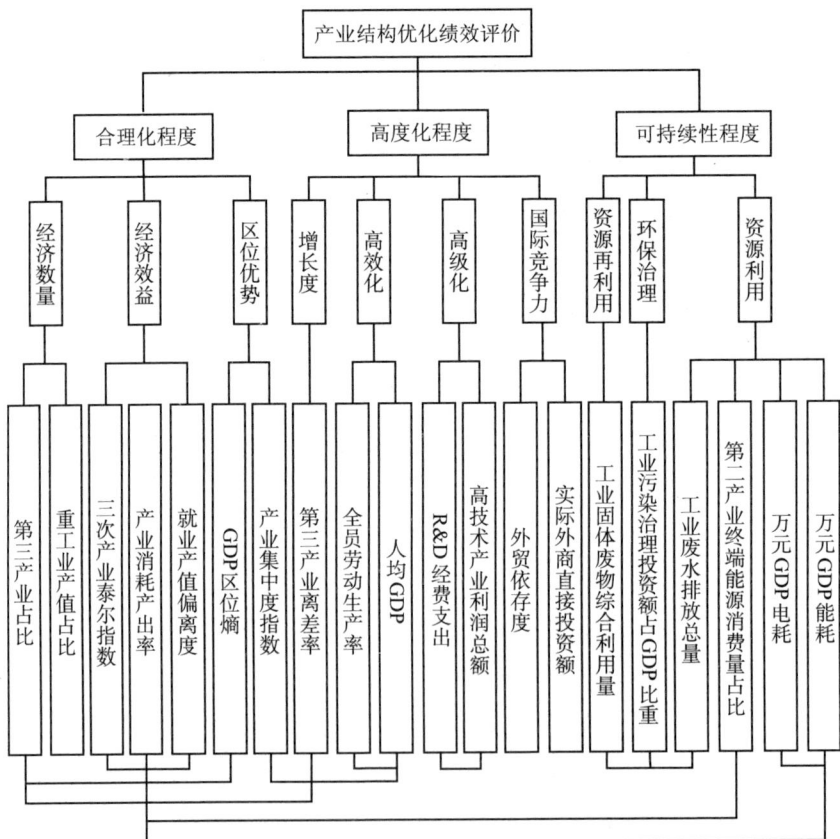

图 4 - 2　产业结构优化升级指标间的内在机理

其次，在高度化程度指标中，R&D 经费支出的升高明显会促进高技术产业的发展，进而影响到高技术产业的利润总额，二者之间存在直接推动作用，而且二者共同代表了产业结构高度化程度中的高级化。全员劳动生产率和人均 GDP 作为产业结构高度化程度中高级化的测度指标，二者既存在联系又有区别。联系是二者同时采用了产值数量与人数之比的形式，区别则为前者反映的是具体产业的生产效率，后者反映的是所有产业的生产效果。因而二者之间自然会彼此影响，全员劳动生产率的提高会带来人均 GDP 的提高，反之亦然。第三产业离差率、人均 GDP、外贸依存度都围绕 GDP 数值发生变动，GDP 的变化都会引起其他三者的变化，因此这三者之间通过 GDP 这个桥梁产生了联系，但是这三个指标分属于不同的产业结构高度化角度。

最后，在可持续性指标中，工业废水排放总量、第二产业终端能源消费量占比、万元 GDP 电耗、万元 GDP 能耗反映产业结构的资源利用成效。前两个指标则是关于第二产业建立的相关指标；后两个指标反映的是不同资源的可持续性，二者形式相似，且其计算公式的分母都为 GDP，同时与产业结构的社会效益具有强相关性，因此二者之间存在一定程度的相关关系，但是出于全面性原则的考虑，这两个指标却是必不可少的选择。工业废水排放总量、工业固体废物综合利用率、工业污染治理投资额占 GDP 比重都与工业生产有关，虽然三者反映的是可持续性程度的不同方面，但是毋庸置疑的是，工业产业的循环利用效率的高低直接作用于这三个指标。

在三组二级指标之中，合理化程度中的第三产业占比指标、重工业产值占比指标和可持续性程度中的第二产业终端能源消费量占比指标反映的是不同类型的产业结构数量关系。合理化程度中的第三产业占比指标和高度化程度中的第三产业离差率指标反映的都是第三产业的优化水平，因而第三产业的发展程度会影响到这两个指标。合理化程度中的产业消耗产出率指标和可持续性程度中的第二产业终端能源消费量占比指标都反映了第二产业的优化水平，但是前者反映的是经济效益，后者反映的是数量结构关系。合理化程度中的产业消耗产出率指标和可持续性程度中的万元 GDP 能耗指标都涉及能源消费总量，因此产业的能源消费水平从不同角度改变了产业结构的优化成果。合理化程度中的三次产业泰尔指数指标、就业产值偏离度指标和高度化程度中的全员劳动生产率指标都对产业产值和就业人数展开了不同形式的测度。合理化程度中的产业集中度指数指标和高度化程度中的人均 GDP 指标都涉及地区的人口总数，强调人均概念。

合理化程度中的第三产业占比指标、GDP 区位熵指标、高度化程度中的第三产业离差率指标、人均 GDP 指标和可持续性程度中的万元 GDP 电耗指标、万元 GDP 能耗指标都与 GDP 有关，呈现出与社会效益具有相关性的特征，表现为产业结构的优化促进经济效益的提升，经济效益的提升反过来又促进了产业结构的优化。大部分二级指标的计算都是采用两者之间的比例形式，所以数值处于 0 至 1 的取值范围内，而 R&D 经费支出、高技术产业利润总额、实际外商直接投资额、工业废水排放总量等指标则没有做出任何处理，因为这些数据简洁又容易获得。这些指标结合了复杂性和简洁性，避免了指标体系的单一性，也使得指标间相互关联，虽然由于经济结构的复杂性难以避免指标间的复杂联系，但是减少指标间的相关性还是很有必要进行的。

四、产业结构优化升级绩效评价的测度方法

随着统计学和数理科学的结合，对产业结构优化升级绩效评价的定量分析也越发趋于多样化，既存在主观的统计方法，又存在客观的数据分析方法。在定量研究方面，其测度方法颇多，包括偏离——份额分析法、投入产出分析法、匹配矩阵法、层次分析法、主成分分析法、灰色关联分析、数据包络分析等（林春艳、李富强，2011），还有变异系数法（徐仙英、张雪玲，2016）、因子分析法（黄南，2013）、基于粗糙集和基于三层 BP 网络的测量方法（张立柱，2007）等。现如今对于产业结构优化升级绩效的评价方法并不囿于一种单独的测度手段，更加注重定性与定量相结合，杨丽君等（2018）采用灰色动态关联方法，将

合理化、高度化、生态化三项核心指标与经济增长率相耦合，综合估算区域产业结构优化升级指标。俞一珍等（2016）运用因子分析和聚类分析两个方法从高度化、合理化、效益化、绿色化四个方面研究我国区域产业结构优化升级水平及聚类分析。出于客观性原则考虑，熵值法可综合度量每个指标在总指标体系中所占的权重，熵值越大，该指标越具有重要性，但是基于全面性原则建立的指标体系又过于冗长，稍显复杂。所以本章借鉴韩晓明等（2015）的做法，将主成分分析法和熵值法相结合，先运用主成分分析法将指标体系进行客观且合理的分类，再运用熵值法计算产业结构优化升级绩效的总得分，确保最终结果的准确性。所不同的是，为了证明两种方法相结合的可靠性，本章对数据进行了熵值法测度和结合法测度，以证明结合法的合理性，继而找出既直观有效又合理简洁的测度方法。

（一）主成分分析法（PCA）

主成分分析也称主分量分析，旨在利用降维的思想，把多指标转化为少数几个综合指标（即主成分），其中每个主成分都能够反映原始变量的大部分信息，且所含信息互不重复。换言之，主成分分析是一个将众多数据进行归类的过程，最终把众多繁冗的指标归结为几个主成分，既有效地剔除了相互关联的指标，又不损失原有的基本信息，使问题简单化。PCA 的主要思想是将 n 维特征映射到 k 维上，这 k 维具有全新的正交特征，即主成分。主成分分析法的基本原理如下：

假定有 n 个样本，每个样本共有 p 个变量，构成一个 n×p 阶的数据矩阵。

$$X = \begin{bmatrix} x_{11} & x_{12} & \cdots & x_{1p} \\ x_{21} & x_{22} & \cdots & x_{2p} \\ \vdots & \vdots & \cdots & \vdots \\ x_{n1} & x_{n2} & \cdots & x_{np} \end{bmatrix}$$

当 p 较大时，考察问题比较复杂，所以需要进行降维处理，用较少的新变量代替较多的原始变量。

记 x_1, x_2, $\cdots$, x_p 为原变量指标；z_1, z_2, $\cdots$, $z_m(m < p)$ 为新变量指标。

$$\begin{cases} z_1 = l_{11}x_1 + l_{12}x_2 + \cdots + l_{1p}x_p \\ z_2 = l_{21}x_1 + l_{22}x_2 + \cdots + l_{2p}x_p \\ \quad\quad\quad \cdots\cdots \\ z_m = l_{m1}x_1 + l_{m2}x_2 + \cdots + l_{mp}x_p \end{cases}$$

其中，$l_{i1}^2 + l_{i2}^2 + \cdots + l_{ip}^2 = 1$。

注：1. z_i 与 z_j 互不相关；

2. z_1 是 x_1, x_2, $\cdots$, x_p 的所有线性组合中方差最大者，z_2 是与 z_1 不相关的 x_1, x_2, $\cdots$, x_p 的所有线性组合中方差最大者；$\cdots\cdots z_m$ 是与 z_1, z_2, $\cdots$, $z_{m-1}(m < p)$ 都不相关的 x_1, x_2, $\cdots$, x_p 的所有线性组合中方差最大者。

则新变量指标 z_1, z_2, $\cdots$, $z_m(m < p)$ 分别称为原变量指标 x_1, x_2, $\cdots$, x_p 的第 1 个，第 2 个，$\cdots$，第 m 个主成分。

也就是说，求样本的主成分其实就是求样本集相关系数矩阵的特征值对应的特征向量矩阵，然后对于每个样本做以上变换，即达到降维的主成分分析法的目的。由此，其具体计算步骤如下：

设有 n 个样本，每个样本观测 p 个指标，将原始数据写成矩阵。

$$X = \begin{bmatrix} x_{11} & x_{12} & \cdots & x_{1p} \\ x_{21} & x_{22} & \cdots & x_{2p} \\ \vdots & \vdots & \cdots & \vdots \\ x_{n1} & x_{n2} & \cdots & x_{np} \end{bmatrix}$$

第一步，将原始数据标准化。

第二步，建立变量的相关系数矩阵。

$$R = \begin{bmatrix} r_{11} & r_{12} & \cdots & r_{1p} \\ r_{21} & r_{22} & \cdots & r_{2p} \\ \vdots & \vdots & \cdots & \vdots \\ r_{p1} & r_{p2} & \cdots & r_{pp} \end{bmatrix}$$

$$R = (r_{ij})_{p \times p}$$

$$r_{ij} = \frac{\sum\limits_{k=1}^{n} (x_{ki} - \bar{x}_i)(x_{ij} - \bar{x}_j)}{\sqrt{\sum\limits_{k=1}^{n} (x_{ki} - \bar{x}_i)^2 \sum\limits_{k=1}^{n} (x_{ij} - \bar{x}_j)^2}}$$

第三步，求 R 的特征值及其相应的单位特征向量。特征值可以看成表示主成分影响力大小的指标，如果特征值小于 1，说明该成分的影响力很小，其解释力度还不如直接引入原变量的解释力度大。

$$a_1 = \begin{bmatrix} a_{11} \\ a_{21} \\ \vdots \\ a_{p1} \end{bmatrix}, \quad a_2 = \begin{bmatrix} a_{12} \\ a_{22} \\ \vdots \\ a_{p2} \end{bmatrix}, \quad \cdots, \quad a_p = \begin{bmatrix} a_{1p} \\ a_{2p} \\ \vdots \\ a_{pp} \end{bmatrix}$$

写出主成分：

$$F_i = a_{1i}X_1 + a_{pi}X_2 + \cdots + a_{pi}X_p$$

其中，$i = 1, 2, \cdots, p$。

第四步，计算主成分贡献率及累计贡献率。主成分贡献率是用来判断是否选为有用主成分的重要依据。

主成分贡献率：

$$\frac{\lambda_i}{\sum\limits_{k=1}^{p} \lambda_k} \quad (i = 1, 2, \cdots, p)$$

累计贡献率：

$$\frac{\sum\limits_{k=1}^{i} \lambda_k}{\sum\limits_{k=1}^{p} \lambda_k} \quad (i = 1, 2, \cdots, p)$$

一般取满足累计贡献率达 60% 以上且特征值大于 1 条件的第 1 个，第 2 个，…，第 m 个主成分。

（二）熵值法

在信息论中，熵是对不确定性的一种度量。不确定性越大，熵越大，包含的信息量就越大。因此，根据熵的特征，可以用熵值度量某个事件的随机性和无序程度，这更属于统计学范畴；还可以用来判断某个指标的离散程度，指标的离散程度越大，该指标在综合评价中所占权重越大，对于指标体系越重要。熵值法是一种相对精确的客观赋权法，可以避免主观赋权法的主观误差，常用于评价同一年份的截面数据。而本章属于不同年份不同省市之间的绩效比较，因而借鉴徐红芬等学者（2019）的做法，对熵值法进行简单的修改补充，以达到统一不同年份指标权重的目的。其具体计算步骤如下：

设有 r 个年份，n 个评价对象，m 个指标，则 x_{qij} 为第 q 年第 i 个评价对象的第 j 个指标值，其中，q = 1，2，…，r；i = 1，2，…，n；j = 1，2，…，m。

第一步，将指标进行归一化处理。

归一化处理的意义在于消除量纲差异。由于各个指标的单位均不同，无法直接进行度量，需要进行无量纲化处理，即进行标准化处理，将异质指标同质化。而数值越高越好的指标被称为正向指标，数值越低越好的指标被称为负向指标，正向指标和负向指标的标准化方法并不一致，因此需要区别开来。其具体公式为：

$$X_{qij} = \begin{cases} (x_{qij} - x_{jmin})/(x_{jmax} - x_{jmin}), & \text{正向指标} \\ (x_{jmax} - x_{qij})/(x_{jmax} - x_{jmin}), & \text{负向指标} \end{cases}$$

式中，X_{qij} 为第 q 年第 i 个评价对象的第 j 个指标的标准化后的数值，x_{jmax} 为第 j 项指标的最大值，x_{jmin} 为第 j 项指标的最小值。

第二步，计算第 j 项指标下归一化后的数值占该指标的比重：

$$P_{qij} = \frac{X_{qij}}{\sum\limits_{q=1}^{r} \sum\limits_{i=1}^{n} X_{qij}}$$

第三步，计算第 j 项指标的信息熵：

$$e_j = -k \sum\limits_{q=1}^{r} \sum\limits_{i=1}^{n} P_{qij} \ln(P_{qij})$$

其中 k = 1/lnn，k 为调节系数；

为保证计算的可行，当 $P_{qij} = 0$ 时，设定 $P_{qij}\ln(P_{qij}) = 0$。

第四步，计算信息熵冗余度（差异系数）：

$g_j = 1 - e_j$，给定 j，x_{qij} 的差异越大，e_j 越小，表示该指标对于观测值的作用越大，即 g_j 越大。

第五步，计算各项指标的权重，即熵权：

$$W_j = g_j \Big/ \sum_{j=1}^m g_j$$

第六步，计算各评价对象的总得分：

$$\lambda_{qij} = W_j \times X_{qij}$$

第二节　东北老工业基地产业结构
一体化升级绩效的实证分析

一、产业结构一体化升级绩效的测算过程

（一）数据来源

为了进行区域产业结构的对比分析，选择东北地区与经济较为发达的京津冀地区、长三角地区进行比照。数据选自《中国统计年鉴》《中国高技术产业统计年鉴》《中国能源统计年鉴》《辽宁省统计年鉴》《吉林省统计年鉴》《黑龙江省统计年鉴》《北京市统计年鉴》《天津市统计年鉴》《河北省统计年鉴》《上海市统计年鉴》《江苏省统计年鉴》《浙江省统计年鉴》、相关省市的国民经济和社会发展统计公报、相关省市的环境状况公报。由于数据的部分缺失，只能选取到九个省市（三个区域）的 2004 年至 2016 年共 13 年的统计数据，最终得到共 2340（ = 9 × 13 × 20）个统计值。经过相应测算，获得的原始数据如表 4 - 2、表 4 - 3、表 4 - 4 所示。

表4-2　　　　　产业结构优化升级绩效原始数据——合理化程度

省份	年份	第三产业占比	三次产业泰尔指数	GDP区位熵	产业集中度指数	产业消耗产出率	重工业产值占比	就业产值偏离度
辽宁	2004	0.4239	0.1619	0.4587	0.7942	0.2497	0.8352	0.2242
	2005	0.4119	0.1797	0.4684	0.7809	0.3048	0.8347	0.2309
	2006	0.4107	0.1944	0.4701	0.7871	0.3253	0.8291	0.2356
	2007	0.4043	0.1893	0.4740	0.7938	0.3567	0.8204	0.2238
	2008	0.3833	0.2111	0.4811	0.8010	0.4281	0.8196	0.2266
	2009	0.3898	0.2076	0.4895	0.8084	0.4409	0.8067	0.2178
	2010	0.3735	0.2227	0.4923	0.8151	0.5090	0.8053	0.2209
	2011	0.3694	0.2319	0.4898	0.8195	0.5736	0.8048	0.2166
	2012	0.3831	0.2179	0.4922	0.8086	0.6010	0.7914	0.2081
	2013	0.4077	0.1820	0.4974	0.7923	0.6917	0.7889	0.1990
	2014	0.4197	0.1833	0.4981	0.7968	0.7091	0.7948	0.1985
	2015	0.4640	0.1714	0.4959	0.7961	0.6431	0.7991	0.2144
	2016	0.5146	0.1376	0.4245	0.9126	0.4333	0.8370	0.2238
吉林	2004	0.3919	0.2247	0.2147	1.1792	0.2783	0.8138	0.2788
	2005	0.3905	0.2382	0.2107	1.1779	0.3006	0.7934	0.2839
	2006	0.3946	0.2567	0.2160	1.1365	0.3262	0.7850	0.2946
	2007	0.3833	0.2762	0.2244	1.1236	0.3828	0.7773	0.2976
	2008	0.3754	0.2840	0.2262	1.1023	0.4362	0.7529	0.2975
	2009	0.3787	0.2887	0.2342	1.1034	0.4689	0.7400	0.3037
	2010	0.3589	0.3333	0.2312	1.1342	0.5514	0.7400	0.3114
	2011	0.3482	0.3398	0.2329	1.1470	0.6314	0.7253	0.3081
	2012	0.3476	0.3231	0.2365	1.1620	0.7063	0.7136	0.2925
	2013	0.3608	0.2813	0.2384	1.1699	0.7949	0.7025	0.2771
	2014	0.3617	0.2572	0.2402	1.2017	0.8513	0.6935	0.2583
	2015	0.3883	0.2277	0.2432	1.2184	0.8605	0.6626	0.2412
	2016	0.4245	0.2287	0.2819	1.0397	0.8741	0.6601	0.2369

续表

省份	年份	第三产业占比	三次产业泰尔指数	GDP区位熵	产业集中度指数	产业消耗产出率	重工业产值占比	就业产值偏离度
黑龙江	2004	0.3516	0.3543	0.3266	1.2172	0.3325	0.8070	0.3581
	2005	0.3387	0.3608	0.3209	1.2542	0.3664	0.8213	0.3359
	2006	0.3394	0.3623	0.3139	1.2767	0.3821	0.8275	0.3311
	2007	0.3529	0.3125	0.3016	1.2715	0.3905	0.8155	0.3082
	2008	0.3517	0.3206	0.2927	1.2722	0.4313	0.8005	0.3030
	2009	0.3954	0.2806	0.2763	1.2507	0.3925	0.7537	0.2980
	2010	0.3922	0.3028	0.2765	1.2108	0.4598	0.7460	0.2877
	2011	0.3931	0.2739	0.2773	1.1903	0.4962	0.7285	0.2672
	2012	0.4071	0.2194	0.2712	1.2064	0.4775	0.6985	0.2371
	2013	0.4271	0.1698	0.2642	1.2437	0.4476	0.6556	0.2094
	2014	0.4603	0.1361	0.2617	1.2071	0.4683	0.6443	0.1959
	2015	0.5101	0.1197	0.2609	1.1976	0.3998	0.5926	0.2058
	2016	0.5404	0.1028	0.2936	1.0904	0.3583	0.5726	0.2003

表4-3　　　　产业结构优化升级绩效原始数据——高度化程度

省份	年份	第三产业离差率	全员劳动生产率	人均GDP（万元/人）	R&D经费支出（亿元）	高技术产业利润总额（亿元）	外贸依存度	实际外商直接投资额（亿美元）
辽宁	2004	0.0253	1.2780	1.5822	106.9	19.80	0.2564	54.1
	2005	-0.0342	1.6044	1.9065	125.3	16.83	0.2470	35.9
	2006	-0.0035	1.8876	2.1785	136.4	24.71	0.2332	59.9
	2007	-0.0186	2.2435	2.5976	166	43.90	0.2131	91
	2008	-0.0635	2.8930	3.1677	194.2	59.71	0.1885	120.2
	2009	0.01875	3.0414	3.5222	241.1	67.70	0.1381	154.4
	2010	-0.0506	3.7926	4.2188	287.5	141	0.1430	207.5
	2011	-0.0132	4.5231	5.0711	363.8	153.50	0.1336	242.7

省份	年份	第三产业离差率	全员劳动生产率	人均GDP（万元/人）	R&D经费支出（亿元）	高技术产业利润总额（亿元）	外贸依存度	实际外商直接投资额（亿美元）
辽宁	2012	0.0414	4.7879	5.6611	390.9	160	0.1195	267.9
	2013	0.0701	4.8834	6.1989	445.9	173.10	0.1025	290.4
	2014	0.0310	4.9398	6.5194	435.2	196.10	0.1042	274.2
	2015	0.1059	4.6769	6.5425	363.4	155.20	0.0898	51.9
	2016	0.0846	2.9630	5.0815	372.7	143.70	0.1157	30
吉林	2004	−0.0350	0.9361	1.1525	29.2613	7.40	0.0933	4.5266
	2005	−0.0042	1.1009	1.3329	39.5871	11.76	0.0641	6.6125
	2006	0.0124	1.3269	1.5700	42.9419	17.66	0.0705	7.6064
	2007	−0.0356	1.7145	1.9358	50.8658	39.31	0.0710	8.8495
	2008	−0.025	2.0980	2.3504	63.2618	32.47	0.0618	9.9331
	2009	0.0099	2.3546	2.6565	81.3602	50.90	0.0521	11.3977
	2010	−0.0621	2.9958	3.1553	75.8005	57.50	0.0594	12.8042
	2011	−0.0365	3.6762	3.8446	93.4767	98	0.0562	14.8125
	2012	−0.0018	4.1172	4.3415	109.801	93.40	0.0583	16.4866
	2013	0.0416	4.2809	4.7424	118.2863	115.30	0.0510	18.1949
	2014	0.0025	4.4396	5.0157	130.7243	137.30	0.0549	19.6643
	2015	0.0750	4.1281	5.1083	141.4089	186.50	0.0415	21.2747
	2016	0.0980	4.0421	5.4068	139.6668	190	0.0420	22.7449
黑龙江	2004	−0.0330	1.3339	1.2446	33.31	6.40	0.0133	14.4546
	2005	−0.0425	1.5418	1.4434	42.30	14.42	0.0130	15.2203
	2006	0.0024	1.7091	1.6248	49.93	14.06	0.0134	17.4901
	2007	0.0455	1.8204	1.8577	59.28	20.38	0.0123	21.6908
	2008	−0.0040	2.0873	2.1737	75.40	30.29	0.0116	26.5642
	2009	0.1283	1.8912	2.2444	88.09	38.50	0.0062	25.0900
	2010	−0.0098	2.2926	2.7051	107.90	47.70	0.0073	27.5851

续表

省份	年份	第三产业 离差率	全员劳动 生产率	人均GDP （万元/人）	R&D经费 支出 （亿元）	高技术 产业利润 总额 （亿元）	外贸依 存度	实际外商 直接投 资额 （亿美元）
黑龙江	2011	0.0028	2.6467	3.2817	116.40	47	0.0058	34.5694
	2012	0.0388	2.5844	3.5711	129.60	46.50	0.0048	39.914
	2013	0.0520	2.4706	3.7692	115.40	48.80	0.0061	46.4231
	2014	0.0808	2.3002	3.9237	111.60	51.60	0.0054	51.5551
	2015	0.1084	2.0131	3.9569	157.70	70.60	0.0050	55.4509
	2016	0.0607	1.7982	4.0500	152.50	66.40	0.0047	58.9647

表4-4　产业结构优化升级绩效原始数据——可持续性程度

省份	年份	工业废水 排放总量 （万吨）	工业固体废 物综合利 用量 （万吨）	工业污染治 理投资总额 占GDP比重	万元GDP 能耗 （千瓦时/ 万元）	万元GDP 电耗 （吨标准煤/ 万元）	第二产业终 端能源消费 量占比
辽宁	2004	91810	3552	0.00340	1.8666	1585.8813	0.7481
	2005	105071.63	4267.76	0.00459	1.6010	1380.0474	0.7164
	2006	94724.21	4958.01	0.00559	1.5291	1320.0788	0.7103
	2007	95196.71	5710.82	0.00212	1.4115	1217.7297	0.7243
	2008	83072.94	7581.81	0.00148	1.2383	1033.0261	0.7224
	2009	75158.59	8240.70	0.00129	1.1946	978.2554	0.7334
	2010	71284.40	8417.50	0.00080	1.0758	929.3140	0.7332
	2011	90457.10	10747.80	0.00052	0.9669	837.5197	0.7351
	2012	87167.50	11861.80	0.00048	0.8981	764.6571	0.7297
	2013	78285.60	11742.30	0.00102	0.7533	738.0604	0.7262
	2014	90630.80	10719.20	0.00134	0.7191	712.1808	0.7148
	2015	83140.30	10028.90	0.00066	0.7158	692.3467	0.7078
	2016	57639.20	9363.20	0.00087	0.8928	915.8130	0.6906

续表

省份	年份	工业废水排放总量（万吨）	工业固体废物综合利用量（万吨）	工业污染治理投资总额占GDP比重	万元GDP能耗（千瓦时/万元）	万元GDP电耗（吨标准煤/万元）	第二产业终端能源消费量占比
吉林	2004	33567.64	1066.75	0.00135	1.5306	1226.9660	0.7033
	2005	41189.37	1290.01	0.00142	1.4525	1044.7563	0.6946
	2006	39321.47	1781.22	0.00093	1.3734	964.7916	0.7012
	2007	39666.33	2046.42	0.00152	1.2235	875.4345	0.7011
	2008	38353.16	2052.53	0.00146	1.1049	772.6148	0.7016
	2009	37563.48	2538.82	0.00109	1.0377	707.8825	0.7117
	2010	38655.56	3114.11	0.00073	0.9429	665.6760	0.7113
	2011	41884.13	3170.63	0.00062	0.8409	596.2344	0.7322
	2012	44842.43	3197.50	0.00048	0.7562	533.5348	0.7440
	2013	42656.03	3711.69	0.00072	0.6627	501.1344	0.7400
	2014	42192.44	3477.91	0.00119	0.6201	483.8102	0.7302
	2015	38771.79	2986.43	0.00086	0.5790	463.5952	0.6993
	2016	19237.55	2233.99	0.00067	0.5423	451.8096	0.6672
黑龙江	2004	45189	2410	0.00114	1.5747	1140.1718	0.6625
	2005	45158	2401	0.00083	1.4804	1008.1252	0.6475
	2006	44801	2851	0.00094	1.4273	961.1546	0.6616
	2007	38388	2962	0.00144	1.3418	885.3322	0.6480
	2008	38910	3299	0.00114	1.2144	805.7135	0.6482
	2009	34188	3810	0.00116	1.2176	801.9914	0.6286
	2010	38921	4169	0.00048	1.0640	721.2546	0.5873
	2011	44072	4139	0.00080	0.9632	637.3152	0.5587
	2012	58350	4642	0.00029	0.9318	604.6782	0.5423
	2013	47796	4145	0.00143	0.9117	584.7148	0.5141
	2014	41984	4069	0.00118	0.7949	571.4464	0.5238
	2015	36410	4308	0.00128	0.8039	576.0998	0.4833
	2016	23935	3582.09	0.00113	0.7982	582.7471	0.4863

注：由于篇幅限制，在这里仅列出东北三省的原始数据。

（二）区域产业结构优化升级绩效的熵值法测度

首先按照正负指标的不同公式对产业结构优化升级绩效的原始数据进行标准化处理，得出标准化后的数据如表4－5至表4－7所示。由表4－5可知，标准化后的统计值都处于0至1的取值范围内，较完善地消除了不同数量级数据之间的量纲差异，使不同指标数据具有清晰的可对比性，有助于数据的后续测算。

表4－5　　产业结构优化升级绩效标准化数据——合理化程度

省份	年份	第三产业占比	三次产业泰尔指数	GDP区位熵	产业集中度指数	产业消耗产出率	重工业产值占比	就业产值偏离度
辽宁	2004	0.1909	0.5801	0.8523	0.2458	0.0006	0.0799	0.4047
	2005	0.1663	0.5285	0.8815	0.2390	0.0642	0.0816	0.3844
	2006	0.1638	0.4862	0.8867	0.2422	0.0879	0.0989	0.3703
	2007	0.1509	0.5009	0.8985	0.2456	0.1242	0.1260	0.4060
	2008	0.1081	0.4377	0.9200	0.2493	0.2067	0.1284	0.3974
	2009	0.1213	0.4478	0.9452	0.2532	0.2215	0.1686	0.4240
	2010	0.0881	0.4043	0.9537	0.2566	0.3002	0.1732	0.4147
	2011	0.0798	0.3775	0.9462	0.2589	0.3747	0.1745	0.4276
	2012	0.1077	0.4182	0.9535	0.2533	0.4065	0.2163	0.4535
	2013	0.1577	0.5220	0.9690	0.2449	0.5112	0.2241	0.4810
	2014	0.1822	0.5182	0.9713	0.2472	0.5313	0.2059	0.4823
	2015	0.2728	0.5526	0.9645	0.2468	0.4551	0.1926	0.4342
	2016	0.3759	0.6505	0.7489	0.3069	0.2127	0.0742	0.4060
吉林	2004	0.1257	0.3984	0.1151	0.4444	0.0336	0.1465	0.2396
	2005	0.1228	0.3594	0.1032	0.4437	0.0594	0.2102	0.2243
	2006	0.1311	0.3058	0.1192	0.4223	0.0890	0.2362	0.1919
	2007	0.1080	0.2493	0.1445	0.4157	0.1544	0.2602	0.1828

续表

省份	年份	第三产业占比	三次产业泰尔指数	GDP区位熵	产业集中度指数	产业消耗产出率	重工业产值占比	就业产值偏离度
吉林	2008	0.0919	0.2267	0.1500	0.4047	0.2161	0.3364	0.1832
	2009	0.0986	0.2130	0.1742	0.4053	0.2538	0.3765	0.1643
	2010	0.0584	0.0840	0.1650	0.4212	0.3491	0.3765	0.1410
	2011	0.0364	0.0652	0.1703	0.4278	0.4416	0.4225	0.1510
	2012	0.0353	0.1136	0.1812	0.4355	0.5281	0.4588	0.1982
	2013	0.0622	0.2346	0.1870	0.4396	0.6304	0.4939	0.2447
	2014	0.0640	0.3043	0.1922	0.4560	0.6955	0.5214	0.3016
	2015	0.1183	0.3898	0.2015	0.4646	0.7062	0.6179	0.3533
	2016	0.1922	0.3868	0.3184	0.3724	0.7219	0.6257	0.3664
黑龙江	2004	0.0434	0.0233	0.4533	0.4640	0.0962	0.1676	0.0000
	2005	0.0171	0.0043	0.4361	0.4830	0.1354	0.1231	0.0674
	2006	0.0186	0.0000	0.4148	0.4946	0.1536	0.1039	0.0816
	2007	0.0461	0.1443	0.3778	0.4919	0.1632	0.1412	0.1509
	2008	0.0436	0.1208	0.3507	0.4923	0.2103	0.1880	0.1667
	2009	0.1327	0.2367	0.3013	0.4813	0.1656	0.3340	0.1816
	2010	0.1261	0.1722	0.3020	0.4607	0.2433	0.3578	0.2128
	2011	0.1280	0.2560	0.3043	0.4501	0.2854	0.4123	0.2748
	2012	0.1565	0.4137	0.2860	0.4584	0.2638	0.5056	0.3658
	2013	0.1974	0.5574	0.2647	0.4776	0.2292	0.6396	0.4496
	2014	0.2651	0.6549	0.2572	0.4588	0.2531	0.6749	0.4902
	2015	0.3666	0.7024	0.2548	0.4538	0.1739	0.8361	0.4603
	2016	0.4286	0.7514	0.3535	0.3986	0.1261	0.8982	0.4771

表4-6   产业结构优化升级绩效标准化数据——高度化程度

省份	年份	第三产业离差率	全员劳动生产率	人均GDP	R&D经费支出	高技术产业利润总额	外贸依存度	实际外商直接投资额
辽宁	2004	0.4880	0.0479	0.0403	0.0389	0.0065	0.2151	0.1404
	2005	0.1921	0.0937	0.0707	0.0481	0.0051	0.2071	0.0889
	2006	0.3451	0.1334	0.0963	0.0536	0.0089	0.1953	0.1568
	2007	0.2700	0.1833	0.1356	0.0685	0.0183	0.1781	0.2449
	2008	0.0467	0.2743	0.1890	0.0826	0.0260	0.1571	0.3276
	2009	0.4555	0.2951	0.2223	0.1060	0.0299	0.1140	0.4245
	2010	0.1105	0.4004	0.2876	0.1293	0.0655	0.1182	0.5749
	2011	0.2967	0.5028	0.3676	0.1675	0.0716	0.1102	0.6746
	2012	0.5682	0.5399	0.4229	0.1810	0.0748	0.0981	0.7459
	2013	0.7109	0.5533	0.4734	0.2086	0.0812	0.0836	0.8097
	2014	0.5163	0.5612	0.5034	0.2032	0.0924	0.0850	0.7638
	2015	0.8891	0.5244	0.5056	0.1673	0.0725	0.0727	0.1342
	2016	0.7827	0.2841	0.3686	0.1719	0.0669	0.0948	0.0721
吉林	2004	0.1882	0.0000	0.0000	0.0000	0.0005	0.0758	0.0000
	2005	0.3416	0.0231	0.0169	0.0052	0.0026	0.0508	0.0059
	2006	0.4238	0.0548	0.0392	0.0068	0.0055	0.0563	0.0087
	2007	0.1854	0.1091	0.0735	0.0108	0.0160	0.0567	0.0122
	2008	0.2380	0.1629	0.1124	0.0170	0.0127	0.0488	0.0153
	2009	0.4116	0.1988	0.1411	0.0261	0.0217	0.0406	0.0195
	2010	0.0537	0.2887	0.1879	0.0233	0.0249	0.0467	0.0234
	2011	0.1807	0.3841	0.2525	0.0321	0.0446	0.0440	0.0291
	2012	0.3532	0.4459	0.2992	0.0403	0.0424	0.0458	0.0339
	2013	0.5689	0.4689	0.3368	0.0446	0.0530	0.0396	0.0387
	2014	0.3747	0.4911	0.3624	0.0508	0.0637	0.0429	0.0429
	2015	0.7353	0.4474	0.3711	0.0561	0.0877	0.0314	0.0474
	2016	0.8494	0.4354	0.3991	0.0553	0.0894	0.0318	0.0516

续表

省份	年份	第三产业离差率	全员劳动生产率	人均 GDP	R&D 经费支出	高技术产业利润总额	外贸依存度	实际外商直接投资额
黑龙江	2004	0.1984	0.0558	0.0086	0.0020	0.0000	0.0074	0.0281
	2005	0.1509	0.0849	0.0273	0.0065	0.0039	0.0071	0.0303
	2006	0.3740	0.1084	0.0443	0.0103	0.0037	0.0074	0.0367
	2007	0.5883	0.1239	0.0662	0.0150	0.0068	0.0065	0.0486
	2008	0.3424	0.1614	0.0958	0.0231	0.0116	0.0059	0.0624
	2009	1.0000	0.1339	0.1024	0.0294	0.0156	0.0013	0.0582
	2010	0.3135	0.1901	0.1456	0.0394	0.0201	0.0022	0.0653
	2011	0.3760	0.2398	0.1997	0.0436	0.0198	0.0010	0.0851
	2012	0.5550	0.2310	0.2269	0.0502	0.0195	0.0001	0.1002
	2013	0.6206	0.2151	0.2455	0.0431	0.0206	0.0012	0.1187
	2014	0.7643	0.1912	0.2600	0.0412	0.0220	0.0006	0.1332
	2015	0.9015	0.1510	0.2631	0.0643	0.0313	0.0003	0.1442
	2016	0.6642	0.1208	0.2718	0.0617	0.0292	0.0000	0.1542

表 4-7　产业结构优化升级绩效标准化数据——可持续性程度

省份	年份	工业废水排放总量	工业固体废物综合利用量	工业污染治理投资总额占 GDP 比重	万元 GDP 能耗	万元 GDP 电耗	第二产业终端能源消费量占比
辽宁	2004	0.7098	0.1547	0.6023	0.1012	0.0000	0.3034
	2005	0.6638	0.1915	0.8187	0.2509	0.1732	0.3461
	2006	0.6997	0.2269	1.0000	0.2913	0.2237	0.3542
	2007	0.6980	0.2656	0.3719	0.3576	0.3098	0.3355
	2008	0.7401	0.3618	0.2548	0.4552	0.4653	0.3380
	2009	0.7676	0.3956	0.2216	0.4798	0.5114	0.3232
	2010	0.7810	0.4047	0.1326	0.5467	0.5526	0.3235

续表

省份	年份	工业废水排放总量	工业固体废物综合利用量	工业污染治理投资总额占 GDP 比重	万元 GDP 能耗	万元 GDP 电耗	第二产业终端能源消费量占比
辽宁	2011	0.7145	0.5245	0.0823	0.6081	0.6298	0.3209
	2012	0.7259	0.5817	0.0748	0.6469	0.6911	0.3281
	2013	0.7567	0.5756	0.1719	0.7284	0.7135	0.3329
	2014	0.7139	0.5230	0.2294	0.7477	0.7353	0.3483
	2015	0.7399	0.4875	0.1077	0.7495	0.7520	0.3576
	2016	0.8284	0.4533	0.1455	0.6498	0.5639	0.3808
吉林	2004	0.9119	0.0269	0.2324	0.2905	0.3021	0.3637
	2005	0.8855	0.0384	0.2454	0.3345	0.4554	0.3754
	2006	0.8920	0.0637	0.1563	0.3791	0.5227	0.3665
	2007	0.8908	0.0773	0.2628	0.4635	0.5979	0.3666
	2008	0.8953	0.0776	0.2521	0.5303	0.6844	0.3660
	2009	0.8981	0.1026	0.1848	0.5682	0.7389	0.3524
	2010	0.8943	0.1322	0.1201	0.6216	0.7744	0.3529
	2011	0.8831	0.1351	0.1002	0.6791	0.8329	0.3248
	2012	0.8728	0.1364	0.0746	0.7268	0.8856	0.3089
	2013	0.8804	0.1629	0.1178	0.7795	0.9129	0.3142
	2014	0.8820	0.1509	0.2024	0.8034	0.9275	0.3274
	2015	0.8939	0.1256	0.1438	0.8266	0.9445	0.3691
	2016	0.9617	0.0869	0.1083	0.8473	0.9544	0.4122
黑龙江	2004	0.8716	0.0960	0.1946	0.2657	0.3751	0.4186
	2005	0.8717	0.0955	0.1375	0.3188	0.4862	0.4388
	2006	0.8730	0.1186	0.1573	0.3487	0.5258	0.4198
	2007	0.8952	0.1243	0.2479	0.3969	0.5896	0.4381
	2008	0.8934	0.1417	0.1947	0.4687	0.6566	0.4379

省份	年份	工业废水排放总量	工业固体废物综合利用量	工业污染治理投资总额占GDP比重	万元GDP能耗	万元GDP电耗	第二产业终端能源消费量占比
黑龙江	2009	0.9098	0.1679	0.1971	0.4669	0.6597	0.4643
	2010	0.8934	0.1864	0.0742	0.5534	0.7277	0.5199
	2011	0.8755	0.1848	0.1329	0.6102	0.7983	0.5583
	2012	0.8259	0.2107	0.0397	0.6279	0.8258	0.5804
	2013	0.8626	0.1851	0.2469	0.6392	0.8426	0.6184
	2014	0.8827	0.1812	0.2015	0.7050	0.8537	0.6053
	2015	0.9021	0.1935	0.2198	0.6999	0.8498	0.6598
	2016	0.9454	0.1562	0.1922	0.7031	0.8442	0.6558

其次按照熵值法的具体步骤对20个指标进行熵值法测度，由于权重的可加性，一级指标的权重由相应的二级指标权重加总所得，最终结果见表4-8。

表4-8　　　　　　　产业结构优化升级绩效的指标权重

一级指标	权重	排名	二级指标	权重	排名
合理化程度	0.32807	2	第三产业占比	0.07882	4
			三次产业泰尔指数	0.02182	15
			GDP区位熵	0.05461	6
			产业集中度指数	0.05169	8
			产业消耗产出率	0.04039	12
			重工业产值占比	0.05277	7
			就业产值偏离度	0.02797	14

续表

一级指标	权重	排名	二级指标	权重	排名
高度化程度	0.52141	1	第三产业离差率	0.01821	17
			全员劳动生产率	0.04284	11
			人均 GDP	0.05001	9
			R&D 经费支出	0.09787	3
			高技术产业利润总额	0.13496	1
			外贸依存度	0.10381	2
			实际外商直接投资额	0.07372	5
可持续性程度	0.15052	3	工业废水排放总量	0.01765	18
			工业固体废物综合利用量	0.01379	19
			工业污染治理投资额占 GDP 比重	0.04931	10
			万元 GDP 电耗	0.01376	20
			万元 GDP 能耗	0.01888	16
			第二产业终端能源消费量占比	0.03713	13

在 3 个一级指标中，权重最大的指标是高度化程度，其数值为0.52141，占到了产业结构优化升级绩效评价指标的一半之多；其次是合理化程度，其数值为 0.32807；最后是可持续性程度，其数值为0.15052，呈现出高度化 > 合理化 > 可持续性的态势，由此可知，产业结构优化升级应以发展高度化为主。在 20 个二级指标之中，权重最大的指标则是高度化程度中的高技术产业利润总额指标，其数值为0.13496，占到了产业结构优化升级绩效评价指标的 1/10 之多；权重最小的指标是可持续性程度中的万元 GDP 电耗指标，其数值为 0.01376，约占产业结构优化升级绩效评价指标的 1/100，前后两者相差了 10 倍左右。

二级指标中权重排名前五位的指标分别为高技术产业利润总额、外贸依存度、R&D 经费支出、第三产业占比、实际外商直接投资额，其中四个指标都属于高度化程度，只有合理化程度中的第三产业占比指标跻身前五，可知优化产业结构在于提升产业结构的高层次，例如大力发展第三产业。相比于高度化程度指标，合理化程度指标较为稳定，合理化程度的二级指标的排名都在前15名的范围内，而高度化程度的二级指标中第三产业离差率指标却"扯了后腿"。可持续性程度指标大部分都位于第15至20的排名范围内，只有权重最高的工业污染治理投资额占GDP比重指标和权重次之的第二产业终端能源消费量占比指标排名分别为第10名和第13名，可见优化产业结构还在于环保资金的投入和第二产业能源的利用改善。

（三）区域产业结构优化升级绩效的结合法测度

1. 区域产业结构优化升级绩效的主成分分析测度

（1）区域产业结构优化升级绩效的相关关系分析。运用SPSS 22.0软件进行相关操作，得出以下相关关系矩阵（见表4-9）。

表4-9　　　　　产业结构优化升级绩效指标的相关性矩阵

	第三产业占比	三次产业泰尔指数	GDP区位熵	产业集中度指数	产业消耗产出率	重工业产值占比	就业产值偏离度
第三产业占比	1	-0.688	-0.28	-0.687	0.117	0.299	-0.797
三次产业泰尔指数	-0.688	1	0.168	0.463	-0.449	0.087	0.938
GDP区位熵	-0.28	0.168	1	0.447	-0.088	0.07	0.329
产业集中度指数	-0.687	0.463	0.447	1	-0.223	-0.262	0.679
产业消耗产出率	0.117	-0.449	-0.088	-0.223	1	-0.357	-0.485
重工业产值占比	0.299	0.087	0.07	-0.262	-0.357	1	-0.061
就业产值偏离度	-0.797	0.938	0.329	0.679	-0.485	-0.061	1
第三产业离差率	0.152	-0.269	-0.01	-0.028	0.291	-0.234	-0.2
全员劳动生产率	0.213	-0.501	-0.268	-0.377	0.783	0.012	-0.593
人均GDP	0.695	-0.701	-0.234	-0.539	0.693	0.103	-0.803
R&D经费支出	0.567	-0.573	0.205	-0.288	0.631	0.008	-0.581

续表

	第三产业占比	三次产业泰尔指数	GDP区位熵	产业集中度指数	产业消耗产出率	重工业产值占比	就业产值偏离度
高技术产业利润总额	0.103	−0.313	0.346	−0.045	0.675	−0.152	−0.264
外贸依存度	0.289	−0.57	−0.317	−0.471	0.226	0.071	−0.605
实际外商直接投资额	0.102	−0.4	0.375	−0.19	0.669	−0.103	−0.384
工业废水排放总量	−0.42	−0.041	0.61	0.427	0.323	−0.516	0.158
工业固体废物综合利用量	−0.456	0.186	0.743	0.736	−0.055	−0.005	0.39
工业污染治理投资额占GDP比重	−0.306	0.092	0.069	0.107	−0.215	0.109	0.174
万元GDP能耗	−0.606	0.644	0.287	0.547	−0.772	0.197	0.738
万元GDP电耗	−0.566	0.218	0.471	0.569	−0.434	−0.079	0.427
第二产业终端能源消费量占比	−0.744	0.175	0.29	0.517	0.306	−0.573	0.338

	第三产业离差率	全员劳动生产率	人均GDP	R&D经费支出	高技术产业利润总额	外贸依存度	实际外商直接投资额
第三产业占比	0.152	0.213	0.695	0.567	0.103	0.289	0.102
三次产业泰尔指数	−0.269	−0.501	−0.701	−0.573	−0.313	−0.57	−0.4
GDP区位熵	−0.01	−0.268	−0.234	0.205	0.346	−0.317	0.375
产业集中度指数	−0.028	−0.377	−0.539	−0.288	−0.045	−0.471	−0.19
产业消耗产出率	0.291	0.783	0.693	0.631	0.675	0.226	0.669
重工业产值占比	−0.234	0.012	0.103	0.008	−0.152	0.071	−0.103
就业产值偏离度	−0.2	−0.593	−0.803	−0.581	−0.264	−0.605	−0.384
第三产业离差率	1	0.286	0.304	0.186	0.184	−0.011	0.217
全员劳动生产率	0.286	1	0.786	0.434	0.417	0.411	0.569
人均GDP	0.304	0.786	1	0.753	0.441	0.283	0.53
R&D经费支出	0.186	0.434	0.753	1	0.811	0.152	0.669
高技术产业利润总额	0.184	0.417	0.441	0.811	1	0.142	0.715

续表

	第三产业离差率	全员劳动生产率	人均GDP	R&D经费支出	高技术产业利润总额	外贸依存度	实际外商直接投资额
外贸依存度	−0.011	0.411	0.283	0.152	0.142	1	0.272
实际外商直接投资额	0.217	0.569	0.53	0.669	0.715	0.272	1
工业废水排放总量	0.038	−0.088	−0.201	0.239	0.508	0.083	0.508
工业固体废物综合利用量	0.128	−0.076	−0.222	0.035	0.218	−0.311	0.23
工业污染治理投资额占GDP比重	−0.123	−0.176	−0.332	−0.325	−0.166	0.081	−0.176
万元GDP能耗	−0.365	−0.649	−0.835	−0.676	−0.46	−0.306	−0.502
万元GDP电耗	−0.3	−0.503	−0.697	−0.398	−0.163	−0.009	−0.175
第二产业终端能源消费量占比	−0.026	0.056	−0.339	−0.192	0.173	−0.118	0.197

	工业废水排放总量	工业固体废物综合利用量	工业污染治理投资额占GDP比重	万元GDP能耗	万元GDP电耗	第二产业终端能源消费量占比
第三产业占比	−0.42	−0.456	−0.306	−0.606	−0.566	−0.744
三次产业泰尔指数	−0.041	0.186	0.092	0.644	0.218	0.175
GDP区位熵	0.61	0.743	0.069	0.287	0.471	0.29
产业集中度指数	0.427	0.736	0.107	0.547	0.569	0.517
产业消耗产出率	0.323	−0.055	−0.215	−0.772	−0.434	0.306
重工业产值占比	−0.516	−0.005	0.109	0.197	−0.079	−0.573
就业产值偏离度	0.158	0.39	0.174	0.738	0.427	0.338
第三产业离差率	0.038	0.128	−0.123	−0.365	−0.3	−0.026
全员劳动生产率	−0.088	−0.076	−0.176	−0.649	−0.503	0.056
人均GDP	−0.201	−0.222	−0.332	−0.835	−0.697	−0.339
R&D经费支出	0.239	0.035	−0.325	−0.676	−0.398	−0.192
高技术产业利润总额	0.508	0.218	−0.166	−0.46	−0.163	0.173
外贸依存度	0.083	−0.311	0.081	−0.306	−0.009	−0.118

续表

	工业废水排放总量	工业固体废物综合利用量	工业污染治理投资额占GDP比重	万元GDP能耗	万元GDP电耗	第二产业终端能源消费量占比
实际外商直接投资额	0.508	0.23	−0.176	−0.502	−0.175	0.197
工业废水排放总量	1	0.447	0.047	0.02	0.499	0.68
工业固体废物综合利用量	0.447	1	0.022	0.265	0.416	0.39
工业污染治理投资总额占GDP比重	0.047	0.022	1	0.426	0.475	0.243
万元GDP能耗	0.02	0.265	0.426	1	0.753	0.218
万元GDP电耗	0.499	0.416	0.475	0.753	1	0.559
第二产业终端消费量占比	0.68	0.39	0.243	0.218	0.559	1

在所有指标的相关系数中，55%的指标间为正相关关系，45%的指标间为负相关关系。如果以0.6为基准，大于0.6视为具有强烈的相关性，则仅有18.18%的指标间具有强正相关性，仅有15.56%的指标间具有强负相关性。以上结论充分说明产业结构优化升级指标间的相关性并不大，证明指标选择尚可，但是仍有一些指标具有强相关性，需后续处理。

其中，在合理化程度指标中，和第三产业占比指标相关性最大的指标为人均GDP，其数值达到了0.695。和三次产业泰尔指数指标相关性最大的指标为就业产值偏离度，其相关系数为0.938。和GDP区位熵指标相关性最大的指标为工业固体废物综合利用量，其值为0.743。和产业集中度指数指标相关性最大的指标为工业固体废物综合利用量，其相关系数为0.736。和产业消耗产出率指标相关性最大的指标为全员劳动生产率，其值为0.783。和重工业产值占比指标相关性最大的指标为第三产业占比，其值为0.299，显然最高值小于0.3，说明该指标与其他指标具有弱相关性。和就业产值偏离度指标相关性最大的指标为三次产业泰尔指数，其值为0.938。综上，合理化指标既与高度化指标有关，例如全员劳动生产率，又与可持续性指标有关，例如工业固体废物综合利用量，可见三者之间的密不可分性。

在高度化程度指标中，和第三产业离差率指标相关性最大的指标为人均 GDP，其值为 0.304，同时该指标也与其他指标具有弱相关性。和全员劳动生产率指标相关性最大的指标为人均 GDP，其值为 0.786。和人均 GDP 指标相关性最大的指标为全员劳动生产率，其值为 0.786。和 R&D 经费支出指标相关性最大的指标为高技术产业利润总额，其值为 0.811。和高技术产业利润总额指标相关性最大的指标为 R&D 经费支出，其值为 0.811。和外贸依存度指标相关性最大的指标为就业产值偏离度，其值为 -0.605。和实际外商直接投资额指标相关性最大的指标为产业消耗产出率和 R&D 经费支出，其值为 0.669。在持续性程度指标中，万元 GDP 能耗指标和万元 GDP 电耗指标具有强相关性，其值为 0.753。由此可知，对于合理化程度指标和可持续性指标而言，更为普遍的是组内指标间的强相关性。

（2）区域产业结构优化升级绩效的主成分分析结果。对区域产业结构优化升级绩效标准化后的数据进行主成分分析操作，选择降维分析中的因子分析，运用最大方差法进行旋转，显示大于 0.6 的系数值，得出 KMO 值为 0.611，Bartlett 球形检验 P 值为 0.000，表明可以对数据进行主成分分析。主成分分析各阶段的特征值和方差贡献具体如表 4-10 所示。

表 4-10　　产业结构优化升级绩效主成分分析解释的总方差及特征值

成分	起始特征值			提取平方和载入			旋转平方和载入		
	总计	方差占比（%）	累加（%）	总计	方差占比（%）	累加（%）	总计	方差占比（%）	累加（%）
1	7.607	38.035	38.035	7.607	38.035	38.035	4.467	22.333	22.333
2	4.299	21.494	59.529	4.299	21.494	59.529	3.981	19.904	42.238
3	1.852	9.258	68.787	1.852	9.258	68.787	3.160	15.799	58.037

续表

成分	起始特征值			提取平方和载入			旋转平方和载入		
	总计	方差占比（％）	累加（％）	总计	方差占比（％）	累加（％）	总计	方差占比（％）	累加（％）
4	1.718	8.592	77.379	1.718	8.592	77.379	2.509	12.547	70.584
5	1.068	5.342	82.721	1.068	5.342	82.721	2.182	10.912	81.497
6	1.003	5.016	87.737	1.003	5.016	87.737	1.248	6.240	87.737
7	0.687	3.436	91.173						
8	0.588	2.940	94.114						
9	0.395	1.975	96.089						
10	0.248	1.238	97.326						
11	0.172	0.860	98.186						
12	0.139	0.694	98.880						
13	0.088	0.438	99.318						
14	0.056	0.279	99.596						
15	0.030	0.148	99.744						
16	0.020	0.099	99.843						
17	0.013	0.067	99.910						
18	0.010	0.050	99.960						
19	0.005	0.023	99.983						
20	0.003	0.017	100.00						

　　由主成分的特征值可知，第六主成分的特征值为1.003，大于1但是十分接近于1；而第七主成分的特征值为0.687，小于1，即应保留前六位的主成分，剔除剩余部分。由方差贡献率可知，既往研究认为提取的主成分至少应该解释5%至10%的数据变异，前六位主成分都满足这个要求，但是第六主成分仅解释5.016%的数据变异，濒临边界范围。而且提取的主成分应累计解释60%至70%的数据变异，前六位主成分累计解释87.737%的数据变异，但是前三位主成分累计解释68.787%

的数据变异，已经满足了前述要求。

如图4-3所示，产业结构优化升级绩效的主成分分析所得的陡坡图直观地显示出第四主成分之后的数据趋于平缓，因此可以认为应提取前三位主成分。

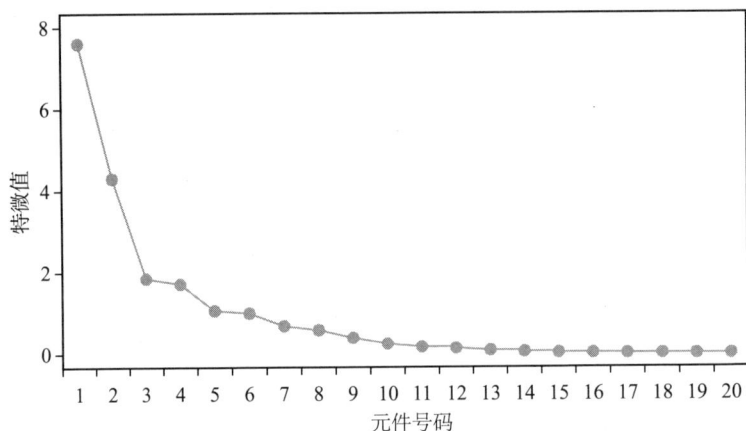

图4-3 产业结构优化升级绩效指标主成分分析的陡坡图

如果提取前五位主成分，数据结构仍比较复杂，存在两个主成分同时解释一个指标的情况，例如在表4-11中，第三主成分和第四主成分同时解释工业废水排放总量指标，这时无法区分工业废水排放总量的信息是由第三主成分反映，还是由第四主成分反映。因此可以认为应提取前三位主成分，这一结果与陡坡图检验结果一致。

表4-11 产业结构优化升级绩效指标主成分分析的旋转成分矩阵

	成分					
	1	2	3	4	5	6
产业消耗产出率	0.884					
全员劳动生产率	0.881					
实际外商直接投资额	0.748					

续表

	成分					
	1	2	3	4	5	6
人均GDP	0.690					
高技术产业利润总额	0.674					
万元GDP能耗	−0.628					
R&D经费支出						
三次产业泰尔指数		0.889				
就业产值偏离度		0.860				
第三产业占比		−0.747				
外贸依存度		−0.684				
产业集中度指数						
GDP区位熵			0.931			
工业固体废物综合利用量			0.790			
重工业产值占比				−0.926		
第二产业终端能源消费量比重				0.728		
工业废水排放总量			0.622	0.697		
工业污染治理投资总额占GDP比重					0.775	
万元GDP电耗						
第三产业离差率						0.864

　　因此，综上所述，所研究的指标之间存在线性相关关系，数据结构合理，可以进行主成分分析。结合指标的特征值、解释能力判断、陡坡图分析，最终提取前三位主成分，提取后的主成分累计解释68.787%的数据变异。结合定性分析，可以判定第一主成分为高度化程度，第二主成分为合理化程度，第三主成分为可持续性程度，因此由主成分分析所修正的产业结构优化升级绩效指标体系如表4-12所示。修正后的指

标体系共由 13 个二级指标来诠释，缩减了原始指标体系的冗余程度，把定量与定性结合起来，合理且客观地构造了评价产业结构优化升级绩效的指标体系。大部分二级指标分属的一级指标都没有发生变化，但是外贸依存度用于解释产业结构合理化程度的贸易优势，万元 GDP 能耗和产业消耗产出率用于解释产业结构高度化程度的绿色高度，GDP 区位熵用于解释产业结构可持续性程度的区位可持续。

表 4 - 12   产业结构优化升级绩效评价修正指标体系

目标层	一级指标	二级指标	单位	属性
产业结构优化绩效	合理化程度	第三产业占比		正
		三次产业泰尔指数		负
		外贸依存度		正
		就业产值偏离度		负
	高度化程度	万元 GDP 能耗	吨标准煤/万元	负
		产业消耗产出率	万元/吨标准煤	正
		全员劳动生产率	万元/人	正
		人均 GDP	万元/人	正
		高技术产业利润总额	亿元	正
		实际外商直接投资额	亿美元	正
	可持续性程度	工业废水排放总量	万吨	负
		工业固体废物综合利用量	万吨	正
		GDP 区位熵		正

2. 区域产业结构优化升级绩效基于主成分分析法的熵值法测度

对经过主成分分析所得的产业结构优化升级绩效评价修正指标体系再次按照熵值法步骤进行熵值法测度，一级指标的权重由相应的二级指标权重相加得到，最终所得结果如表 4 - 13 所示。相比于单纯地采用熵值法所得的结果，产业结构优化升级的一级指标权重排名仍为高度化程度最大，合理化程度次之，可持续性程度最末。不过在修正后的一级指标中，高度化程度权重为 0.47093，而初始指标体系中该值为 0.52141，两者相差了 0.05048；合理化程度权重为 0.30774，而初始指标体系中该值为 0.32807，两者相差了 0.02033；可持续性程度权重为 0.22133，而初始指标体系中该值为 0.15052，两者相差了 0.07081。和熵值法结果相同，在二级指标之中，权重最大的指标是高度化程度中的高技术产业利润总额，其值为 0.17869，相比于熵值法所得数值提高了 4.373%；权重最小的指标则是合理化程度中的万元 GDP 能耗，其值为 0.01821，相比于熵值法所得结果有所改变。

表 4 – 13　　　　　产业结构优化升级绩效修正的指标权重

一级指标	权重	排名	二级指标	权重	排名
合理化程度	0.30774	2	第三产业占比	0.10436	4
			三次产业泰尔指数	0.02890	11
			外贸依存度	0.13745	2
			就业产值偏离度	0.03703	10
高度化程度	0.47093	1	万元 GDP 能耗	0.01821	13
			产业消耗产出率	0.05347	9
			全员劳动生产率	0.05672	8
			人均 GDP	0.06622	7
			高技术产业利润总额	0.17869	1
			实际外商直接投资额	0.09761	5
可持续性程度	0.22133	3	工业废水排放总量	0.02338	12
			工业固体废物综合利用量	0.12564	3
			GDP 区位熵	0.07231	6

在合理化程度的二级指标中，排名最高的是外贸依存度指标，权重为 0.13745，排名为第 2 名，说明贸易优势很大程度上证明了产业结构优化升级的合理程度，而第三产业占比指标排名为第 4 名，权重为 0.10436，其余两个指标排名分别为第 10 名和第 11 名。在高度化程度

的二级指标中，排名最高的是高技术产业利润总额指标，排名第 1，说明高新技术的大力发展可以有效地提升产业结构优化升级的高度化水平。其次为实际外商直接投资额指标，权重为 0.09761，排名为第 5 名，其余三个指标排名位于第 5 名至第 10 名的范围内，只有最后一个指标——万元 GDP 能耗指标排名最末。在可持续性程度的二级指标中，排名最高的是工业固体废物综合利用量指标，说明产业资源的再利用效率对于优化产业结构的可持续性尤为重要，其余两个指标排名分别为第 6 名和第 12 名。综上所述，二级指标权重排名前五的指标中既有合理化程度中的外贸依存度指标（第 2 名）和第三产业占比指标（第 4 名），又有高度化程度中的高技术产业利润总额指标（第 1 名）和实际外商直接投资额指标（第 5 名），还有可持续性程度中的工业固体废物综合利用量指标（第 3 名）。

相较于熵值法成果，结合法指标权重更为分散，并不集中化，可以较为公平地衡量三大基准之间的指标权重，更有利于产业结构优化升级绩效的综合评价。与熵值法相比，结合法更为客观，能将权重误差范围控制在 10% 以内，且降低了指标间的相关性，就定性分析而言，较高的可持续性程度权重与宏观大环境也更为相符，因此结合法略胜一筹，后续分析中将采用基于主成分分析的熵值法（即结合法）所得的修正指标体系。

二、东北老工业基地产业结构一体化升级绩效指标的时序分析

（一）东北老工业基地区域内产业结构优化升级绩效指标的时序分析

1. 东北老工业基地区域内产业结构优化升级绩效的合理化程度分析

在合理化程度指标中，我们可以从权重排名第 4 的第三产业占比指

标和权重排名次之的三次产业泰尔指数指标两个方面简略地评述东北老
工业基地产业结构优化升级的合理化程度。第三产业的占比直观地显示
出一个地区的经济发达水平,东北地区被誉为"共和国装备部",但是
其经济服务化趋势滞后,重化工业比重过高,东北地区产业结构调整缓
慢是东北地区经济下行的主要原因。图4-4中的指标数值显示,2004
年至2016年,东北老工业基地的第三产业总体上经历了一个缓慢上升
的过程,其中辽宁省和吉林省都是先下降后上升,而黑龙江省一直处于
上升趋势。可以看到,东北老工业基地经济抗风险能力并不强,辽宁省
在2008年达到第三产业占比的最低值,而吉林省在2014年之后才呈现
明显的上升趋势,恰巧2008年和2014年都是经济形势严峻的两年,由
此可见,东北地区的产业结构应做到继续提高第三产业比重,增强经济
抗风险能力。

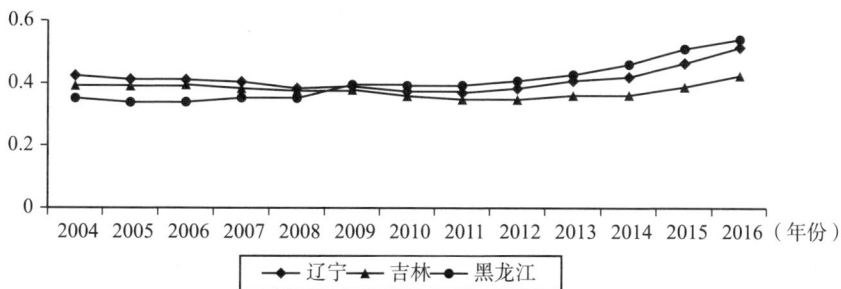

图4-4 东北区域内第三产业占比

三次产业泰尔指数可以用来衡量经济发展的均衡程度,进而也可以
用来衡量产业结构的均衡程度。图4-5中的指标数据显示,2004年至
2016年,东北老工业基地的三次产业泰尔指数总体上经历了一个逐渐
下降的过程,说明产业结构的优化越趋于均衡,其中辽宁省的下降速度
最缓慢,黑龙江省的下降速度最快,吉林省居中。在2009年至2011
年,辽宁省和吉林省的泰尔指数都出现了一定程度的上升,说明该期间
内东北老工业基地的产业结构优化升级并不合理也并不理想。产业结构

优化升级的合理化程度指标显示出东北老工业基地的产业结构正在缓慢地趋于优化，其中，黑龙江省的优化效果较为明显，辽宁省反而次之。

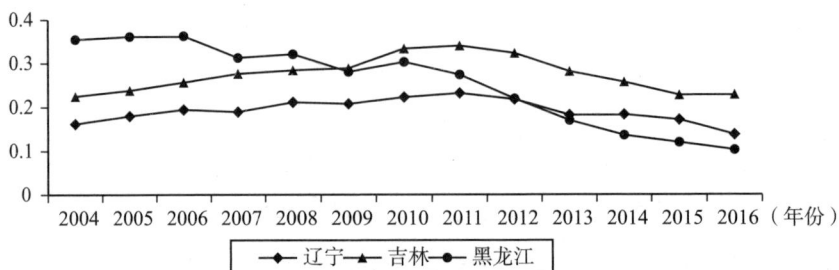

图 4-5 东北区域内三次产业泰尔指数

2. 东北老工业基地区域内产业结构优化升级绩效的高度化程度分析

在高度化程度指标中，本节将从权重排名第 1 的高技术产业利润总额指标、权重排名第 5 的实际外商直接投资额指标和权重排名第 8 的全员劳动生产率指标三个方面简略地评述东北老工业基地产业结构优化升级的高度化程度。全员劳动生产率常用于衡量一个地区经济效率的高低，经济效率的高效化也代表着产业结构的高度化。图 4-6 中的指标数值显示，从 2004 年至 2016 年，东北老工业基地总体上呈现出先上升后下降的态势，说明东北老工业基地产业结构的高度化趋势放缓。具体而言，辽宁省和吉林省都是在 2014 年之后呈现出下降态势，而黑龙江则是在 2011 年之后出现下降趋势，说明近几年东北地区的转型发展需要提升产业结构的生产效率。而且辽宁省和吉林省的全员劳动生产率整体高于黑龙江省的全员劳动生产率，辽宁省从 1.278 万元/人上升至 2.963 万元/人，吉林省从 0.936 万元/人上升至 4.042 万元/人，黑龙江省从 1.334 万元/人上升至 1.798 万元/人，可见黑龙江省还需要更大力度的转型支持。

（万元/人）

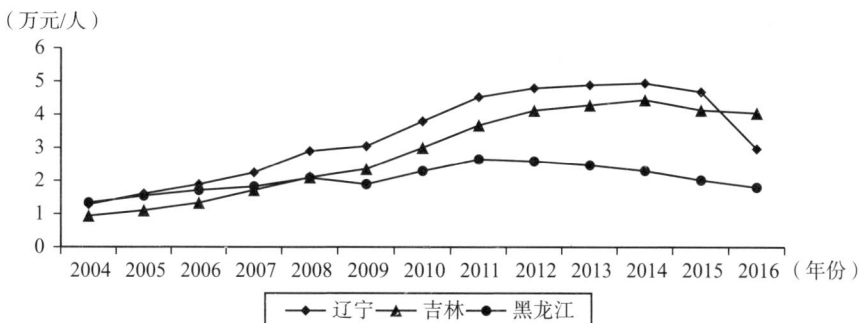

图4-6 东北老工业基地区域内全员劳动生产率

高技术产业的发展兴盛体现出/表现为产业结构的优化越发趋于更高层次、更高效率的提升，即高技术产业利润总额可以代表产业结构优化升级的高度化程度。图4-7中的指标数值显示，从2004年至2016年，东北老工业基地总体上呈现出上升趋势，辽宁省该指标从19.8亿元上升至143.7亿元，吉林省从7.4亿元上升至190亿元，黑龙江省从6.4亿元上升至66.4亿元，几乎都上升了10倍左右，高技术产业发展可观。但是论增长速度，吉林省最高，增加了约25.68倍，黑龙江省次之，增长达10.375倍，辽宁省最末，增长了约7.26倍，而且只有辽宁省在2014年呈现出下降趋势。因此，身为东北老工业基地中经济实力

（亿元）

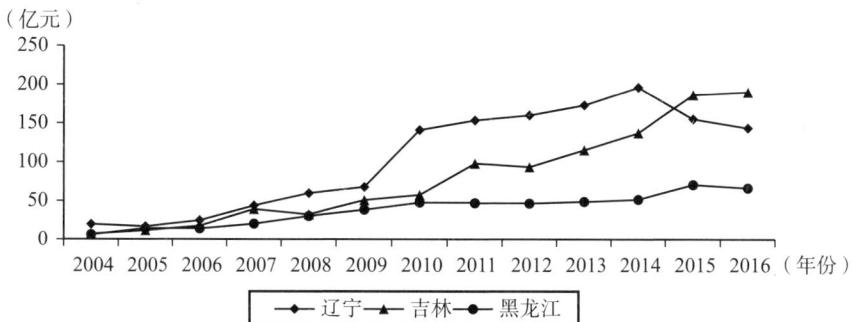

图4-7 东北老工业基地区域内高技术产业利润总额

较为雄厚的"大哥",辽宁省更应该在供给侧改革中引领其余两省。此外,尽管辽宁省后继实力较弱,但辽宁省和吉林省的高技术产业利润总额仍然高于黑龙江省。

实际外商直接投资额反映了外国对我国的投资力度,该指标的增长有利于产业结构优化升级的高度化增长。如图4-8所示,从2004年至2016年,东北老工业基地总体上呈现出增长的态势,吉林省和黑龙江省都在缓慢增长,而辽宁省经历了快速增长又急速下降的过程。这13年期间,辽宁省该指标从54.1亿美元上升至290.4亿美元,再下降至30亿美元,吉林省从4.5266亿美元上升至22.7449亿美元,黑龙江省从14.4546亿美元上升至58.9647亿美元。显然辽宁省2014年后的发展态势并不可观,呈现出外商投资急剧紧缩的趋势,辽宁省急需凭借"创改闯"的勇气"破后而立"来优化产业结构,进而调整经济结构。

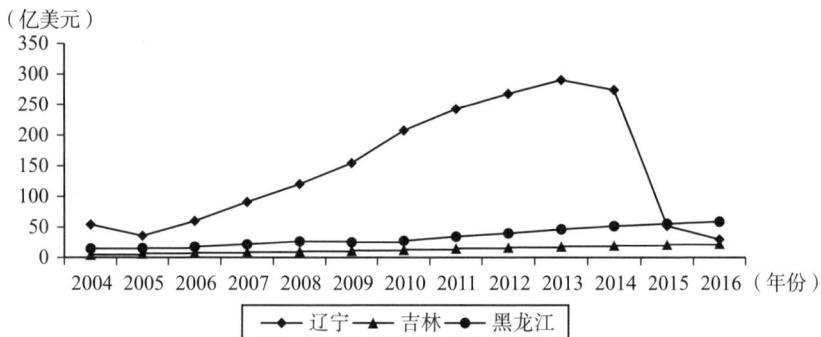

图4-8 东北老工业基地区域内实际外商直接投资额

3. 东北老工业基地区域内产业结构优化升级绩效的可持续性程度分析

在可持续性程度指标中,本节将从权重排名第3的工业固体废物综合利用量指标和权重排名第6的GDP区位熵指标两个方面简略地评述东北老工业基地产业结构优化升级的可持续性程度。GDP区位熵用于解释产业结构优化升级的区位可持续程度,合理的GDP区位熵可以促进产业结构优化升级的可持续性发展。图4-9中的指标数值显示，以东北地区为大区，从2004年至2016年，只有辽宁省的GDP区位熵位于0.4以上，说明辽宁省在东北地区经济总量中依然占有绝对优势，甚至在2014年达到了约0.498的峰值，但是在2015年呈现出下降趋势。三省中只有吉林省显示出一直稳步增长的趋势，从0.215上升至0.282，区位发展稳定且缓慢。而黑龙江省的GDP区位熵却一直下降，从0.327下降至0.261，但是在2016年GDP区位熵却又上升至0.294。

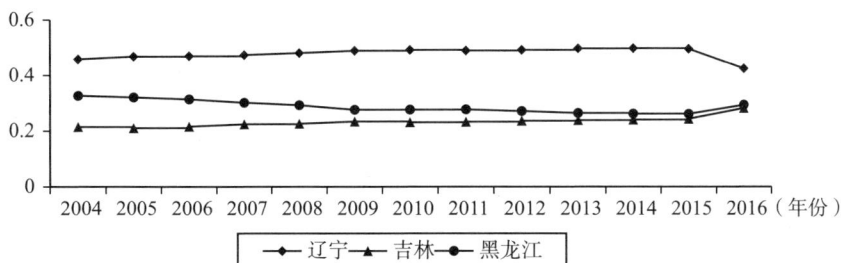

图4-9 东北区域内GDP区位熵

工业固体废物综合利用量可用来解释工业生产的资源再利用效率，代表着产业结构优化升级的产业可持续性。图4-10中的指标数值显示，从2004年至2016年，东北老工业基地整体上呈现出上升趋势，说明东北老工业基地的产业可持续性取得了很大的进展，但是从2013年到2016年，东北三个省份都呈现出不同程度的下降，说明近几年来东北地区的产业结构优化升级在环保程度上不太理想。辽宁省该指标从3552万吨上升至11861.8万吨，接着又下降至9363.2万吨；吉林省从1066.75万吨上升至3711.69万吨，继而又下降至2233.99万吨；黑龙江省从2410万吨上升至4642万吨，进而又下降至3582.09万吨。在三省中，毋庸置疑的是辽宁省的工业固体废物综合利用量一开始就略高于其余两省，资源再利用效率的上升速度远超过其余两省。

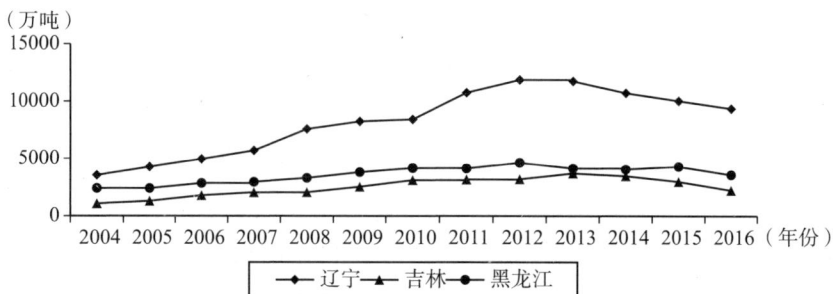

（万吨）

图4-10 东北区域内工业固体废物综合利用量

综上所述，东北老工业基地产业结构优化升级的合理化程度、高度化程度、可持续性程度都处于缓慢上升的阶段，在党中央政策的支持下，东北地区产业结构优化升级成效显著，但是近几年却常出现下降趋势，经济增速放缓。三省中辽宁省产业基础雄厚，经济实力较强，但是增长稳定性却略显不足；在合理化程度中黑龙江省略胜一筹；在高度化中吉林省略胜一筹，但其抗风险能力较差，因此在经济不景气时期，发挥辽宁省的引领作用至关重要。

（二）东北老工业基地区域间产业结构优化升级绩效时序分析对比

从区域经济一体化的视角来看，京津冀区域和长三角区域是我国经济较为发达的区域，京津冀区域内含首都北京，而长三角区域毗邻大海，二者地缘优势突出，区域经济一体化的实力强盛，相应地，产业结构的优化经验也值得东北老工业基地借鉴。因此，将东北老工业基地与京津冀区域、长江三角洲区域进行对比，发现两者之间的差距，进而取长补短、吸取经验，优化东北老工业基地的产业结构。

1. 东北老工业基地区域间产业结构优化升级绩效的合理化程度对比

第三产业占比指标对比如图4-11所示，从2004年至2016年，东北老工业基地整体落后于京津冀区域和长三角区域，但是东北老工业基地总体上呈上升趋势，从 0.389 上升至 0.493，而且自 2011 年以来，东北老工业基地的第三产业占比迅速上升，上升速度甚至超过了其余两个区域。可以发现，在 2004 年，东北老工业基地和长三角区域的差距很小，差距仅为 0.028，但是到 2016 年，该差距达到了 0.076。在经济发展的浪潮中，东北地区的第三产业处于落后状态，但是近几年却厚积薄发、奋起直追，其产业结构优化升级潜力不可小觑。

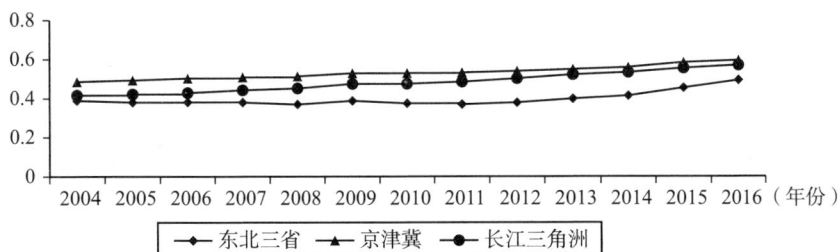

图 4 - 11　东北区域间第三产业占比

三次产业泰尔指数指标对比如图 4 - 12 所示，从 2004 年至 2016 年，东北老工业基地整体高于京津冀区域和长三角区域，但是总体上呈下降趋势，说明东北老工业基地产业结构趋于均衡。相比起来，虽然东北老工业基地的泰尔指数起点较高，但是下降速度迅猛。东北老工业基地从 0.247 下降至 0.156，下降了 0.111；京津冀区域从 0.124 下降至

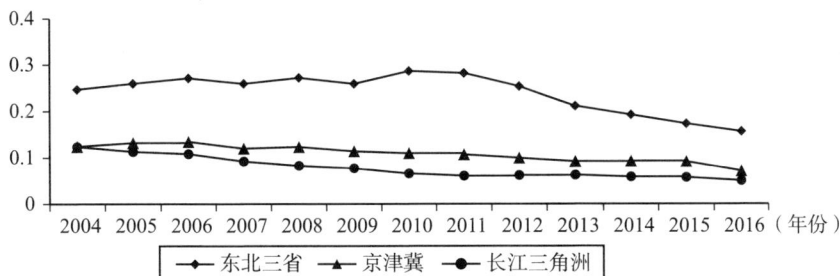

图 4 - 12　东北区域间三次产业泰尔指数

0.071，下降了 0.053；长三角区域从 0.124 下降至 0.05，下降了 0.074。可见东北老工业基地起初并不占有优势，但是产业结构的合理化变革近几年来卓有成效，改革速度迅猛。

2. 东北老工业基地区域间产业结构优化升级绩效的高度化程度对比

全员劳动生产率指标对比如图 4-13 所示，从 2004 年至 2016 年，东北老工业基地整体落后于京津冀区域和长江三角洲区域，三者变动趋势大致相似，但东北老工业基地呈现出先上升后下降的趋势，不同于另两个区域的略有下降后上升，东北老工业基地直到 2016 年依然处于下降状态。这 13 年间，东北老工业基地的全员劳动生产率从 1.183 万元/人上升至 3.893 万元/人，再下降至 2.934 万元/人。京津冀区域和东北老工业基地起点差距较小，但后续发展差距加大，其劳动生产率从 1.947 万元/人上升至 4.827 万元/人，再下降至 4.670 万元/人。相比其余两个区域来说，东北地区的上升速度略有不足，下降的速度却高于其余两个区域，再次证明了面对严峻的经济形势时，东北老工业基地的抗压能力较差。

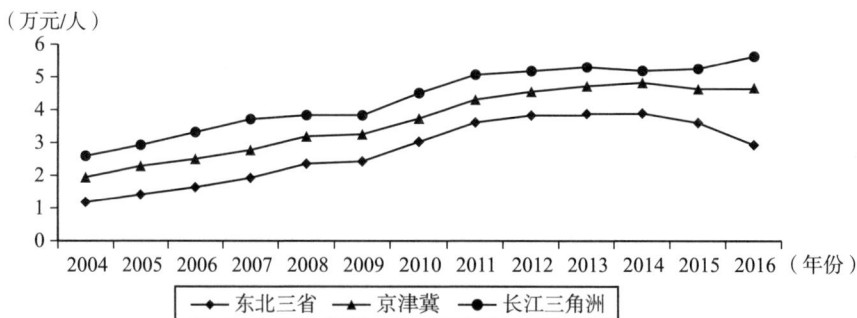

图 4-13　东北老工业基地区域间全员劳动生产率

由高技术产业利润总额指标对比图 4-14 可知，从 2004 年至 2016 年，东北老工业基地整体落后于京津冀区域和长江三角洲区域。东北老工业基地的高技术产业利润总额一直呈现出上升趋势，和京津冀区域差别不大，但是和长三角区域相比相差甚远。且因为京津冀区域包含两个直辖市，与省份相比，直辖市面积小且人数较少，因此高技术产业总量较少。三者原先处于相似起点，随着经济发展，最终差距被逐渐拉大，而且相比起来，东北老工业基地的高技术产业发展速度较为缓慢。东北老工业基地的高技术产业利润总额从 11.2 亿元上升至 133.37 亿元，而长三角区域的该指标从 138.1 亿元上升至 1003.7 亿元，两者之间的差距从 126.9 亿元上升至 870.33 亿元，可见差距之大。

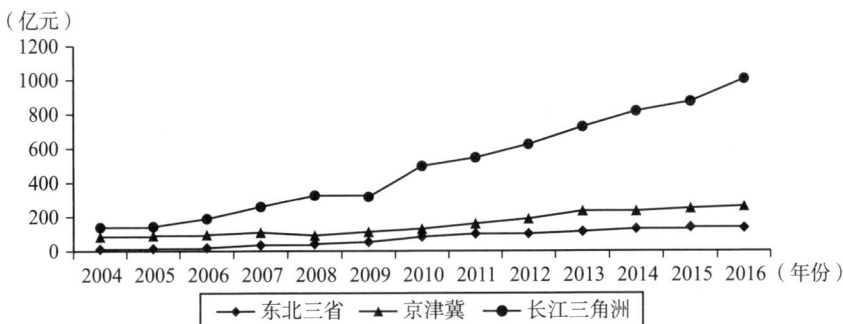

图 4－14　东北老工业基地区域间高技术产业利润总额

由实际外商直接投资额指标对比图（见图 4－15）可知，从 2004年至 2016 年，长江三角洲的实际外商直接投资额远高于东北老工业基地和京津冀，东北老工业基地和京津冀的增长趋势交叉变动。在这 13年间，东北老工业基地的该指标先呈现出上升趋势，但是在 2014 年之后却又急剧下降，追根究底是由于辽宁省该指标的急剧减少。2015 年至 2016 年之间，在东北老工业基地和京津冀都出现下滑现象的同时，长三角出现了微小幅度的上升，东北老工业基地该指标从 42.875 亿美元下降至 37.237 亿美元，京津冀该指标从 134.361 亿美元下降至101.61 亿美元，长三角该指标从 199.116 亿美元上升至 202.115 亿美元。在经济下行时期，东北老工业基地可以学习借鉴长三角较快的投资结构调整速度，东北老工业基地也拥有着对外开放、吸引投资的地缘优势可加以利用。

（亿美元）

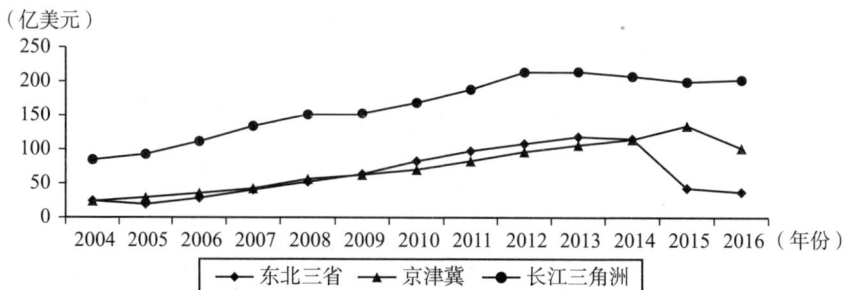

图 4-15　东北老工业基地区域间实际外商直接投资额

3. 东北老工业基地区域间产业结构优化升级绩效的可持续性程度对比

GDP 区位熵指标对比如图 4-16 所示，以全国为大区，从 2004 年至 2016 年，只有长三角区域的 GDP 区位熵大于 0.2，远远高于另外两个区域，说明长三角占有绝对的经济优势，区位可持续性较高。而东北老工业基地则显得区位优势较为单薄，东北老工业基地的 GDP 区位熵一直位于 0.05 至 0.1 的范围之内，近几年来还出现了下降趋势，从 2015 年的 0.0839 下降至 2016 年的 0.07。东北老工业基地虽然与京津冀区域差距较小，发展趋同，但是在 2016 年东北老工业基地挣扎于下降趋势时，京津冀区域却呈现出微弱的上升趋势。

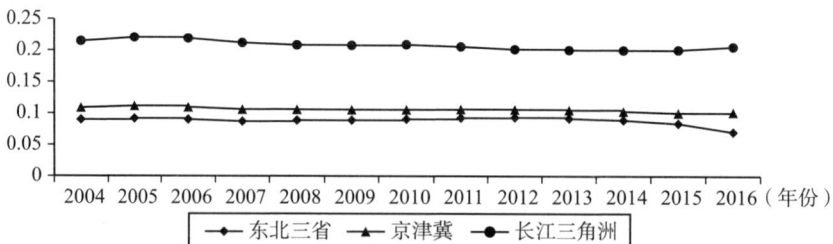

图 4-16　三大区域 GDP 区位熵

　　由工业固体废物综合利用量指标对比图 4 – 17 可知，东北老工业基地与京津冀区域、长三角区域呈现出交叉上升的趋势，但是只有东北老工业基地呈现出从 2011 年开始急剧下降的趋势。东北老工业基地的工业固体废物综合利用量从 2342.917 万吨上升至 6567.1 万吨，再下降至 5059.76 万吨，该指标的持续下降必须得到重视。相比而言，其余两个区域在东北老工业基地下降的同时，再利用效率却在继续上升，此现象说明东北老工业基地近几年的产业资源再利用并不乐观，不过欣慰的是，该指标与其余两个区域并没有相差太远。

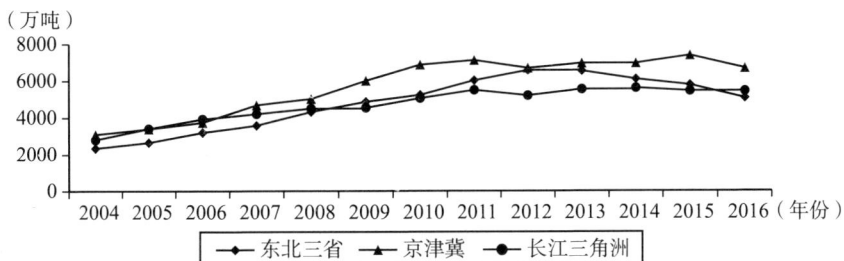

图 4 – 17　三大区域工业固体废物综合利用量

　　综上所述，与京津冀区域、长江三角洲区域相比较，东北老工业基地产业结构优化升级的合理化程度、高度化程度整体上落后于其他两个区域，可持续性程度将近持平，但是总体上呈上升趋势。就合理化程度而言，虽然东北老工业基地相对落后，但是上升速度可观，有很大的潜力可以提高产业结构优化升级的合理化程度。就高度化程度而言，东北老工业基地和京津冀区域差距较小，与长三角区域差距较大，产业结构的高度化发展较为缓慢，抗压能力较差。就可持续性程度而言，东北老工业基地的区位可持续性不高，但是资源再利用效率与其余两个区域相差无几，而且近几年呈现出的下降趋势惹人担忧，因而提高可持续性的关键依旧在于优化区域产业结构。

三、东北老工业基地产业结构一体化升级绩效的评价

(一) 东北老工业基地区域内产业结构优化升级绩效评价

本节将运用基于主成分分析法的熵值法对东北老工业基地的产业结构优化升级绩效进行评价,产业结构优化升级的合理化程度、高度化程度、可持续性程度得分值由相应的下属指标得分值加总求得,总得分则是由这三者加总求得。东北老工业基地产业结构优化升级绩效的总得分如图 4 - 18 所示,东北老工业基地产业结构优化升级的总得分总体上呈上升趋势,辽宁省的绩效得分值总体上高于吉林省和黑龙江省,但是辽宁省从 2014 年显现出下降趋势,而吉林省和黑龙江省仍处于上升趋势。从 2004 年至 2016 年,辽宁省的产业结构优化升级绩效总得分从 0.22287 上升至 0.45936,再下降至 0.32845,吉林省总得分从 0.09383 上升至 0.25834,黑龙江省总得分从 0.09701 上升至 0.23970,辽宁省产业结构优化升级绩效的下降使得三省之间的差距进一步缩短。吉林省和黑龙江省的产业结构优化升级速度相当,辽宁省的产业结构基础较好、优化速度也较快,但是近几年的下降趋势足以引起关注,因此在东北老工业基地中,辽宁省更需要进行更大力度的供给侧结构性改革,以促进产业结构转型优化。

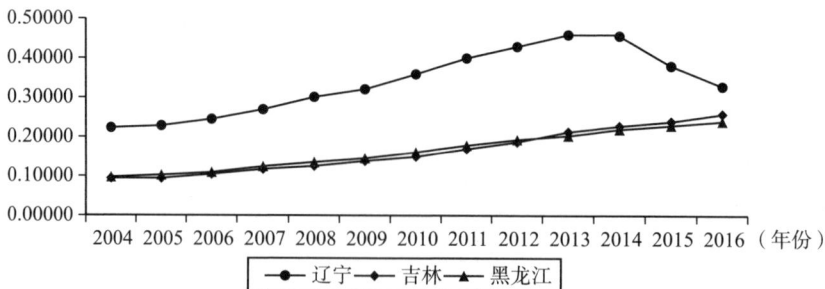

图 4 - 18　东北老工业基地产业结构优化升级绩效总得分

如表 4-14 所示，辽宁省产业结构优化升级的合理化程度得分呈现先下降后上升的趋势，从 2004 年的 0.091 下降至 2011 年的 0.05626，再次上升至 2016 年的 0.09645。其高度化程度得分呈现出先上升后下降的趋势，从 2004 年的 0.0248 上升至 2014 年的 0.22211，再次下降至 2016 年的 0.09268。其可持续性程度得分呈现先上升后下降的趋势，从 2004 年的 0.10707 上升至 2013 年的 0.17064，再次又下降至 2016 年的 0.13932。研究得出结论，辽宁省产业结构优化升级绩效总得分的下降源于其高度化程度和可持续性程度的下降，主要由于高度化程度的快速下降。辽宁省产业结构的三大基准之比从 0.091∶0.0248∶0.10707 变化为 0.09645∶0.09268∶0.13932，合理化程度上升了 0.545%，高度化程度上升了 6.788%，可持续性程度上升了 3.225%，因此辽宁省产业结构优化升级绩效的高度化程度上升最快，可持续性程度次之，合理化程度最末。

表 4-14 　　　　东北老工业基地产业结构优化升级绩效
各二级指标得分及总得分

年份	省份	合理化程度	高度化程度	可持续性程度	总得分
2004	辽宁	0.09100	0.02480	0.10707	0.22287
	吉林	0.04920	0.00804	0.03659	0.09383
	黑龙江	0.00696	0.01844	0.07161	0.09701
2005	辽宁	0.08440	0.03090	0.11284	0.22814
	吉林	0.04312	0.01428	0.03638	0.09377
	黑龙江	0.00602	0.02613	0.07015	0.10231
2006	辽宁	0.08033	0.04576	0.11867	0.24477
	吉林	0.04186	0.02150	0.04101	0.10438
	黑龙江	0.00670	0.03125	0.07137	0.10932
2007	辽宁	0.07813	0.06688	0.12444	0.26945
	吉林	0.03700	0.03564	0.04474	0.11739
	黑龙江	0.01731	0.03734	0.06967	0.12432

续表

年份	省份	合理化程度	高度化程度	可持续性程度	总得分
2008	辽宁	0.06748	0.09415	0.13937	0.30100
	吉林	0.03319	0.04667	0.04535	0.12521
	黑龙江	0.01683	0.04868	0.06961	0.13512
2009	辽宁	0.06383	0.11070	0.14638	0.32091
	吉林	0.03148	0.05637	0.05052	0.13837
	黑龙江	0.03091	0.04505	0.06933	0.14530
2010	辽宁	0.05880	0.15191	0.14856	0.35927
	吉林	0.02259	0.07343	0.05339	0.14941
	黑龙江	0.02949	0.05993	0.07128	0.16070
2011	辽宁	0.05626	0.18218	0.16126	0.39970
	吉林	0.01941	0.09557	0.05389	0.16887
	黑龙江	0.03480	0.07287	0.07080	0.17846
2012	辽宁	0.06005	0.19978	0.16935	0.42918
	吉林	0.02308	0.10918	0.05468	0.18694
	黑龙江	0.04688	0.07500	0.07127	0.19315
2013	辽宁	0.06817	0.22056	0.17064	0.45936
	吉林	0.03111	0.12330	0.05867	0.21308
	黑龙江	0.05995	0.07576	0.06730	0.20301
2014	辽宁	0.07118	0.22211	0.16309	0.45639
	吉林	0.03645	0.13360	0.05763	0.22768
	黑龙江	0.07263	0.07996	0.06672	0.21931
2015	辽宁	0.07900	0.14257	0.15877	0.38033
	吉林	0.04595	0.13788	0.05551	0.23934
	黑龙江	0.08474	0.07584	0.06858	0.22916
2016	辽宁	0.09645	0.09268	0.13932	0.32845
	吉林	0.05509	0.14135	0.06190	0.25834
	黑龙江	0.09422	0.07246	0.07302	0.23970

吉林省产业结构优化升级的合理化得分显现出先下降后上升的趋势，从 2004 年的 0.04920 下降至 2011 年的 0.01941，再次上升至 2016 年的 0.05509。其高度化程度得分呈现出一直上升的趋势，从 2004 年的 0.00804 上升至 2016 年的 0.14135。其可持续性程度得分呈现上升→下降→上升的波浪式变动，从 2004 年的 0.03659 上升至 2013 年的 0.05867，再次下降至 2015 年的 0.05551，后又上升至 2016 年的 0.06190。因此，吉林省产业结构优化升级绩效总得分的持续上升主要源于其高度化程度的持续上升。吉林省产业结构的三大基准之比从 0.04920∶0.00804∶0.03659 变化为 0.05509∶0.14135∶0.06190，合理化程度上升了 0.589%，高度化程度上升了 13.331%，可持续性程度上升了 2.531%，因此吉林省产业结构优化升级绩效的高度化程度上升最快，可持续性程度次之，合理化程度最末。

黑龙江省产业结构优化升级的合理化得分大体上呈现出一直上升的趋势，从 2004 年的 0.00696 上升至 2016 年的 0.09422，个别年份出现微小的下降现象，例如 2005 年下降至 0.00602，2008 年下降至 0.01683。其高度化程度得分总体上呈现出先上升后下降的趋势，从 2004 年的 0.01844 上升至 2014 年的 0.07996，再次下降至 2016 年的 0.07246。其可持续性程度得分呈现出基本保持不变的趋势，从 2004 年的 0.07161 变化至 2013 年的 0.07302。因此，黑龙江省产业结构优化升级绩效总得分的持续上升主要源于其合理化程度的持续上升。黑龙江省产业结构的三大基准之比从 0.00696∶0.01844∶0.07161 变化为 0.09422∶0.07246∶0.07302，合理化程度上升了 8.726%，高度化程度上升了 5.402%，可持续性程度上升了 0.141%，因此黑龙江省产业结构优化升级绩效的合理化程度上升最快，高度化程度次之，可持续性程度最末。

在 2016 年，辽宁省产业结构优化升级的合理化程度得分最高，黑龙江省该值与其相差无几，吉林省最低；吉林省的高度化程度得分最高，辽宁省次之，黑龙江省最末；辽宁省的可持续性程度得分最高，黑龙江省次之，吉林省最末。综上所述，辽宁省和吉林省产业结构的高度化程度显著发挥其优化作用,黑龙江省的合理化程度显著发挥其优化效用,辽宁省的可持续性程度较为可观,但是正在面临严峻的下降趋势。因此,东北老工业基地急需强化各自优势产业,内外联动、加强合作,协同优化东北老工业基地的产业结构。

(二) 东北老工业基地区域间产业结构一体化升级绩效比较

根据陈佳贵 (2011) 研究得出的结论,2007 年东北地区尚处于工业化中期的前半阶段,而长三角区域已处于工业化后期的后半阶段,京津冀区域中的北京市甚至已达到了后工业化发展阶段。通过与发达区域的对比,借鉴发达区域在经济结构方面的独特优点,弥补东北地区在产业结构方面发展的不足,这是极有必要的。由图 4 - 19 可知,东北老工业基地产业结构优化升级的总得分总体上呈上升趋势,但是东北老工业基地的绩效得分值总体上低于京津冀和长三角,而且东北老工业基地从2014 年显现出下降趋势,其原因归根结底是辽宁省产业结构优化升级绩效的快速下降。从 2004 年至 2016 年,东北老工业基地的产业结构优化升级绩效总得分从 0.41370 上升至 0.90338,再下降至 0.82649;京津冀总得分从 0.78937 上升至 1.29877;长三角总得分从 0.96945 上升至 1.74829。在这 13 年间,东北老工业基地上升了约 1.998 倍,京津冀上升了约 1.645 倍,长三角上升了约 1.803 倍,论上升倍数东北老工业基地夺冠,高于其他两个区域,但是只有东北老工业基地在 2014 年之

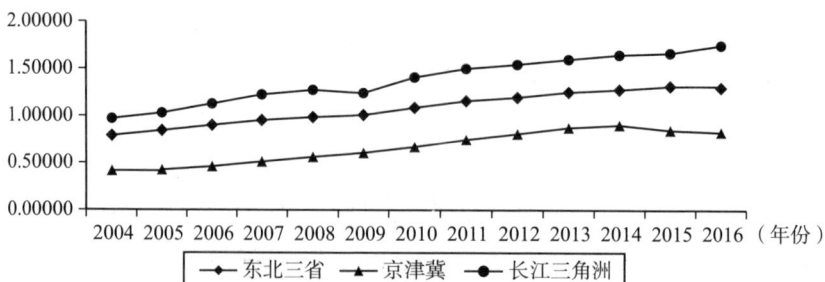

图 4 - 19 东北老工业基地区域间产业结构优化升级绩效总得分

后出现了急剧下降的趋势。东北老工业基地产业结构优化升级速度可观，但总量上尚显不足，而且现如今出现了令人担忧的下降趋势，因此东北老工业基地还需进一步进行产业结构调整，重点提升区域产业结构整体绩效。

如表4-15所示，分维度而言，东北老工业基地产业结构优化升级的合理化程度得分总体上呈现先下降后上升的趋势，从2004年的0.14716下降至2006年的0.12889，再次波动上升至2016年的0.24577。高度化程度得分呈现出先上升后下降的趋势，从2004年的0.05128上升至2014年的0.43567，再次下降至2016年的0.30648。结合上述分析可知，东北老工业基地高度化程度得分的下降主要是由于辽宁省和黑龙江省高度化得分的下降。可持续性程度得分呈现先上升后下降的趋势，从2004年的0.21526上升至2013年的0.29660，再次下降至2016年的0.27424。结合上述分析可知，东北老工业基地可持续性程度得分的下降主要是由于辽宁省可持续性得分的下降。结合前述结论可知，东北老工业基地产业结构优化升级绩效总得分的下降源于其高度化程度和可持续性程度的下降，主要由于高度化程度的快速下降。东北老工业基地产业结构的三大基准之比从0.14716∶0.05128∶0.21526变化至0.24577∶0.30648∶0.27424，合理化程度上升了9.861%，高度化程度上升了25.52%，可持续性程度上升了5.898%，因此东北老工业基地产业结构优化升级绩效的高度化程度上升最快，合理化程度次之，可持续性程度最末。结合上述分析可知，东北老工业基地产业结构优化升级绩效上升速度最快的高度化程度得益于辽宁省和吉林省，而上升速度次之的合理化程度得益于黑龙江省。

在2004年，东北老工业基地产业结构优化升级的合理化程度得分、高度化程度得分均低于京津冀和长三角，和这两者得分值相差甚远。其中合理化程度得分与京津冀相差26.199%，和长三角相差32.52%；高度化程度得分与京津冀相差9.826%，和长三角相差25.022%，显然不论是与京津冀相比还是与长三角相比，高度化得分相差值相较于合理化程度相差值而言较小。但是东北老工业基地产业结构优化升级的可持续

性程度得分竟高于长三角区域，大于长三角 1.967 个百分点，和京津冀
区域得分值仅相差 1.542 个百分点。随着时间的推移，在 2016 年依然
呈现出上述现象，此时东北老工业基地产业结构优化升级的合理化程度
得分与京津冀相差 16.901%，与长三角相差 25.57%；其高度化程度得
分与京津冀相差 27.325%，与长三角相差 68.109%；其可持续性程度
得分与京津冀相差 3.003%，大于长三角 1.499 个百分点。显然不论是
京津冀还是长三角，可持续性程度相差最小，合理化程度次之。简单地
将 2004 年和 2016 年进行对比可发现，在这 13 年间，产业结构优化升
级绩效的合理化程度得分相差值缩小，但是高度化相差值却扩大了许多
倍，说明东北老工业基地产业结构的高度化程度虽然在逐年上升，但是
优化总量比起其余两个区域仍然相差甚远，不过其可持续性程度与其余
两个区域差别不大，但是大于值在逐渐缩小、相差值在逐渐扩大，可持
续性速度尤显不足。

表 4-15　　　东北三省区域间产业结构优化升级绩效
各二级指标得分及总得分

年份	区域	合理化	高度化	可持续性	总得分
2004	东北三省	0.14716	0.05128	0.21526	0.41370
	京津冀	0.40915	0.14954	0.23068	0.78937
	长江三角洲	0.47236	0.30150	0.19559	0.96945
2005	东北三省	0.13354	0.07131	0.21937	0.42422
	京津冀	0.42003	0.18795	0.23586	0.84384
	长江三角洲	0.49690	0.33081	0.20227	1.02997
2006	东北三省	0.12889	0.09852	0.23105	0.45846
	京津冀	0.44215	0.21476	0.24295	0.89987
	长江三角洲	0.52207	0.39145	0.21277	1.12629
2007	东北三省	0.13245	0.13986	0.23885	0.51116
	京津冀	0.43564	0.25554	0.26209	0.95327
	长江三角洲	0.54015	0.46509	0.21972	1.22495

续表

年份	区域	合理化	高度化	可持续性	总得分
2008	东北三省	0.11751	0.18950	0.25432	0.56133
	京津冀	0.41197	0.30530	0.26902	0.98628
	长江三角洲	0.51926	0.52867	0.22665	1.27457
2009	东北三省	0.12623	0.21212	0.26624	0.60459
	京津冀	0.39339	0.32635	0.28914	1.00889
	长江三角洲	0.47954	0.53514	0.22679	1.24147
2010	东北三省	0.11088	0.28526	0.27324	0.66938
	京津冀	0.40583	0.37594	0.30551	1.08728
	长江三角洲	0.51598	0.65385	0.23919	1.40902
2011	东北三省	0.11046	0.35062	0.28595	0.74703
	京津冀	0.40211	0.44649	0.30979	1.15839
	长江三角洲	0.51799	0.73373	0.24880	1.50052
2012	东北三省	0.13002	0.38396	0.29530	0.80927
	京津冀	0.40194	0.49274	0.30115	1.19583
	长江三角洲	0.50492	0.79590	0.24433	1.54515
2013	东北三省	0.15924	0.41962	0.29660	0.87545
	京津冀	0.40370	0.54026	0.30745	1.25141
	长江三角洲	0.49631	0.84826	0.25365	1.59822
2014	东北三省	0.18026	0.43567	0.28744	0.90338
	京津冀	0.40509	0.56507	0.30758	1.27775
	长江三角洲	0.50061	0.88787	0.25780	1.64627
2015	东北三省	0.20968	0.35629	0.28285	0.84882
	京津冀	0.40971	0.58835	0.31710	1.31516
	长江三角洲	0.50201	0.90994	0.25448	1.66643
2016	东北三省	0.24577	0.30648	0.27424	0.82649
	京津冀	0.41478	0.57973	0.30427	1.29877
	长江三角洲	0.50147	0.98757	0.25925	1.74829

注：区域产业结构优化升级绩效的合理化程度得分、高度化程度得分、可持续性程度得分、总得分由其内含省市的各项得分加总求得。

四、结论

通过基于主成分分析法的熵值法测算,合理且有效地得出 2004 年至 2016 年东北老工业基地产业结构优化升级绩效得分值,将较发达的区域经济体与东北老工业基地进行对比,最终得出以下结论:

(1)产业结构优化升级绩效中的高度化程度比起其他两大基准而言更为重要。由结合法结果可知,在一级指标中,权重最大的指标是高度化程度,权重高达 0.47093。而且在二级指标之中,权重排名第一的指标是高度化程度中的高技术产业利润总额,其值为 0.17869,表明高新技术的大力发展可以有效地提升产业结构优化升级的高度化水平,进一步大幅度提升产业结构的优化水平。从 2004 年至 2016 年,东北老工业基地产业结构优化升级绩效的高度化程度上升最快,上升了 0.2552,由此带来了产业结构优化升级绩效的上升,总得分值上升了 0.41279。而在 2014 年至 2016 年期间,东北老工业基地产业结构优化升级绩效总得分的下降主要由于其高度化程度的快速下降,总得分值从 0.90338 下降至 0.82649,高度化程度从 0.43567 下降至 0.30648。因此,优化东北老工业基地的产业结构在于优化其产业结构的高度化水平,尤其在于优先发展高技术产业,提高高技术产业利润,提升高附加值产业产值。

(2)东北老工业基地的产业结构优化升级绩效整体呈上升趋势,但是低于京津冀区域和长三角区域。东北老工业基地的产业结构优化升级绩效总得分从 0.41370 上升至 0.82649,京津冀总得分从 0.78937 上升至 1.29877,长三角总得分从 0.96945 上升至 1.74829。从 2004 年至 2016 年,东北老工业基地上升了约 1.998 倍,京津冀上升了约 1.645 倍,长三角上升了约 1.803 倍,论上升倍数,东北老工业基地高于其他两个区域,东北老工业基地的产业结构优化升级速度可观,但总量尤显不足。其中,东北老工业基地产业结构优化升级绩效的合理化程度得分、高度化程度得分均低于京津冀和长三角,和后两者得分值相差甚远,就指标而言也可得出上述结论。东北老工业基地的第三产业总体上经历了一个缓慢上升的过程，泰尔指数一直呈下降趋势且下降速度迅猛，高技术产业利润总额一直呈现出上升趋势，但是东北老工业基地整体落后于京津冀区域和长江三角洲区域。因此，虽然东北老工业基地的产业结构优化升级绩效逐渐上升，但是仍与发达区域经济体存在不小的差距。

（3）东北老工业基地产业结构优化升级的动力来自辽宁省，阻力同样来自辽宁省。辽宁省的 GDP 区位熵位于 0.4 以上，甚至在 2014 年达到了约 0.498 的峰值，可见辽宁省在东北地区经济总量中占有绝对优势。辽宁省拥有强大的经济实力，因此辽宁省产业结构优化升级绩效的上升造就了东北老工业基地产业结构优化升级绩效的上升，同样地，一旦辽宁省出现下滑趋势，也会给东北老工业基地整体带来"致命"的打击。辽宁省的产业结构优化升级绩效得分值总体上高于吉林省和黑龙江省，但是辽宁省从 2014 年显现出下降趋势，而吉林省和黑龙江省仍保持上升趋势，此时东北三省整体绩效也出现了下降趋势。因此东北老工业基地的产业结构优化升级绩效从 2014 年显现出下降趋势，其原因归根结底是辽宁省该绩效的快速下降。而且东北老工业基地高度化程度得分的下降主要也是由于辽宁省和黑龙江省高度化得分值的相应下降。因此优化东北老工业基地产业结构的重点是要优化辽宁省的产业结构，增加第三产业比重，改善第二产业内部结构，提高第一产业附加值，进而提升东北老工业基地的产业结构优化升级绩效。

第五章

新时代东北老工业基地一体化升级的 SWOT 分析

产业结构优化是不断变动的调节过程，在产业发展的进程中，产业结构优化的原则是产业间协调发展与效率提升，目标是资源配置最优化和宏观经济效益最大化，具体来看是通过调节产业结构中各产业比重来满足经济增长需要，尤其是加快提升第三产业、高新产业在国民经济中所占比重，以达到产业向高级化、合理化转移升级的目标。因此，以区域一体化发展为核心，分析东北老工业基地产业结构优化升级的影响因素是非常有必要的，这对东北区域发展乃至东北老工业基地振兴具有重要的理论价值和实践意义。协调经济发展中三大产业的比重，促使产业结构更加合理化、高度化、集约化和高附加值化，有利于资源优化配置，提高东北地区经济增长率。近年来，东北三省为适应经济发展，就产业结构问题制定了相关调整计划与举措，初步改变了产业发展不平衡的状况，使产业发展具有一定的优势。但是，产业结构优化和接续产业的发展方面仍然存在一些不合理的问题，产业转型力度不够，结构不合理、僵化难调等问题制约了产业发展，产业发展的劣势和不足也较为明显。

SWOT 分析法也称作态势分析法，SWOT 四个字母分别表示：优势（Strength）、劣势（Weakness）、机遇（Opportunity）和威胁（Threat）是 1971 年哈佛商学院的安德鲁斯基于公司管理战略提出的一种新型管理分析方法，通过分析内部环境优劣势和外部条件好坏来决定未来决策方向与战略选择。进行东北老工业基地产业结构一体化升级的 SWOT 分析，即整合分析东北三省自身的优势与劣势和外部因素的机遇和挑战，确定地区未来发展的战略方向与主要着力点，为地区产业进一步发展提供战略选择，是制定区域战略决策的客观依据。产业结构优化是协调经济发展的一个调节过程，通过将不合理的产业结构转化调整，使产业结构层次由第一产业向第三产业过渡，发展新兴技术产业为地区优势产业。产业结构转化升级过程是非常复杂的，涉及经济发展水平，人口因素，环境因素和政策制度等多方因素。分析东北老工业基地产业发展的各类优势与劣势，化劣势为优势，抓住发展的机遇，解决产业调整的困难，对产业优化升级有重要的现实意义。

第一节　优　势　分　析

一、地缘区位优势

我国东北地区位于东北亚地区的中心地带，濒临渤海、黄海，与韩国、日本等技术型国家和俄罗斯、蒙古国等资源丰富的国家接壤，优越的地缘位置为东北地区扩大对外开放、加强外贸合作提供了天然的区位优势。同时，东北地区是连接东北亚国家与欧洲各国重要的陆地通道，这也为东北地区同欧洲各国的交流合作与交通运输业的发展提供了便利。此外，包含东北三省在内环渤海经济圈，是继长江三角洲、珠江三角洲经济圈之后规划发展的中东部经济发展带。环渤海经济区以京津冀为核心，交通基础设施便捷，有丰富的资源与工业基础，旨在加强东北亚经济区的国际开发合作，带动中东部地区发展。东北地区不仅是环渤海经济圈的重要组成部分，也是中国欧亚大陆桥东部地区的起点，这为东北地区扩大区域合作，实现东北老工业全面振兴、全方位振兴提供了基础条件。东北三省资源丰富，矿产资源、森林资源等都占据优势，以其独特的地理位置和资源优势建设工业基地，成为新中国成立初期经济增长的主要力量。东北三省在重工业上形成了许多支柱型企业，如鞍山钢铁、大连造船、中国一汽等，这些企业依赖于东北得天独厚的地理资源优势发展重化工业，是东北区域发展的引擎，一度让东北经济增长处于全国领跑地位。总体来说，东北地区突出的区位优势，为东北产业结构进一步优化升级创造了良好的基础条件。

二、技术创新优势

技术是第一生产力，技术创新能够调节资源配置，促进劳动分工，实现产业结构内部协调发展。技术创新与产业结构优化有很大的关联性，自主创新对产业结构优化有重要的推动作用。高新技术产业的兴起，能充分带动产业结构优化发展，向产业结构高度化迈进。经初步统计[①]，2018年，辽宁、黑龙江两省高技术制造业增加值分别增长19.8%和11.2%，吉林省高新技术企业数量增长69.8%。随着新一轮东北老工业基地全面振兴战略的实施，东北三个省正在加大技术创新投入，重视发展科技创新项目，企业通过创新技术影响市场供求关系，进而促进产业结构趋向合理化。技术进步的作用主要体现在：（1）先进的技术能够满足并引导市场的需求，引起供需结构变动，新产品的研发吸引消费者消费，企业也因技术创新减少成本投入，新产品质量的上升，能够有效促使产业结构更加合理。（2）技术创新会促进资源的优化配置与交换，节约现有的物资资源与人力资源，促使各行业不断升级，向产业结构高级化迈进。（3）科学技术创新能够改变社会劳动力分工，提高劳动生产率，使产业的资源配置得到高效利用，人力资源在技术进步的条件下实现产业间劳动力跨越，改变产业的就业结构，优化发展。

自主创新是区域产业结构优化的原动力。技术创新是产业关联的核心，技术经济联系了各产业的组合关系，是各产业经济活动的内在规律

---

① 资料来源：《国家发改委：东北三省2018年高技术制造业增长较快》，中国经济网，https://emwap.eastmoney.com/news/info/detail/201902011039794247。

所决定的，所以技术创新对产业结构的作用机制可以说是"天然决定"的。东北三省作为老工业基地，存在很多依赖资源发展起来的资源型城市，这些城市主要的产业多是资源密集型产业。这些城市发展得益于资源优势，产业结构集中在第二产业，相应的企业科研经费投入、高精尖技术型人才不能缺少。2003 年全面实行的东北老工业基地振兴，使辽宁、吉林和黑龙江三省纷纷加大科研经费投入，大力鼓励并提倡产业技术研发和创新，努力完成产业结构由资源密集型产业向技术密集型产业的转变。辽宁省科研经费投入比其他两个省的投入大，经费投入力度在 0.15 左右波动。辽宁省高新技术产业比其他两个省发展更快，2017 年新兴产业中，辽宁省投入 R&D 经费支出达 429.9 万亿元，高新技术企业总数达 2580 家，占比约 30%，预计全年主营业收入超过 1.75 万亿元，与 2016 年高新技术企业全年主营业收入相比，增长 12.1%，高新技术产业实现平稳向好发展。黑龙江一直以来都是产粮大省，2017 年黑龙江加强农业产业科技化，新农艺、新技术的集成运用使农业生产率明显增长。我国农业科技进步贡献率为 57.5%，黑龙江省农业科技进步贡献率达到 66.5%，高于全国贡献率 9 个百分点，农业产业不断发展壮大，带动第一产业新业态蓬勃发展①。尽管从产业结构上看，东北地区技术创新的规模不够大，相比其他地区还有一定的差距，但东北三省都重视传统产业向高技术产业转型，创新意识植根于产业发展的各个环节，不断满足产业升级与企业转型的创新需求，加快技术创新对三个产业发展影响的一致性，推动产业优化顺利高效进行。

三、城市化响应优势

地区产业结构的优化升级主要依靠第三产业，特别是高新技术产业的兴起。第三产业的发展要以城市为根本，城市是新兴产业发展的载体，在产业结构演进过程中，城市化为区域产业结构优化调整提供空间

---

① 数据来自《中国农业农村科技发展报告（2012～2017）》。

支撑，所以城市化响应显得尤为重要。从国际经验上看，城市发展的评价标准为经济一人口比值，这一比值越接近于1，城市产业集聚水平越高，城市发展水平越快。城市化响应对地区产业结构的演变主要体现在地区空间形态的转变，包括城市群、产业区的集群化发展，城市资源的开发，主要资源城市转移，城市交通运输等方面。城市化与产业结构在不同发展阶段有对应的发展特征与不同程度的相互作用。东北地区人口资源优势突出，近年来城镇人口流量大，2017年，辽宁和黑龙江城市人口数量均超2000万人，其中，辽宁城市人口将近3000万人，黑龙江城市人口达到2250.5万人。吉林城市人口最少，仅1539万人。从城市化率上看（见图5-1），2008~2017年东北三省的城市化率都呈现增长的趋势，但城镇人口数量的差异造成了辽吉黑三省城市化率的增长幅度差异很大，辽宁省增长较快，黑龙江次之，吉林省相对较慢。2017年，我国城镇化率为58%，吉林城市化率略低于全国，而辽宁和黑龙江都比全国城镇化率水平高。东北三省中辽宁城市化率最高，达到67.49%，黑龙江为59.40%，吉林为56.65%，与上年相比，东北三省城市化率均呈现不同程度的提高。东北地区城市化水平整体呈现不断提高的趋势，这有利于优化产业结构，为产业结构与经济增长提供强大的支撑作用。

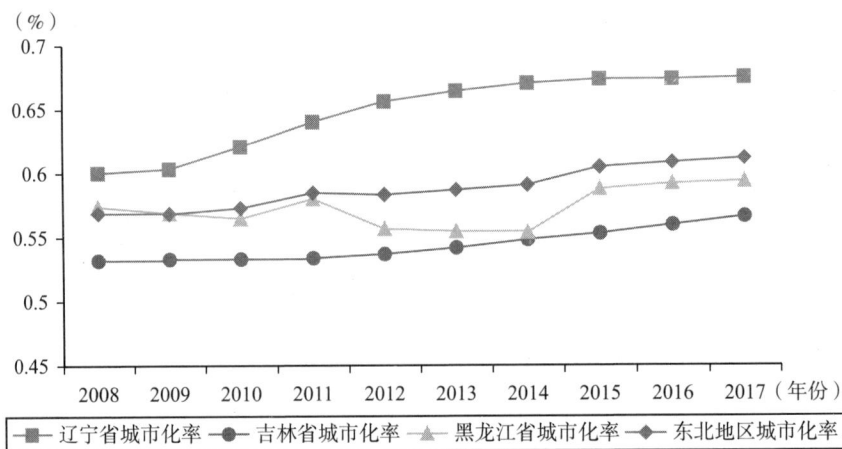

图5-1 2008~2017年辽宁、吉林、黑龙江和东北地区城市化率

具体来说，产业结构演变城市化效应是指随着地区经济发展、产业结构升级和科学技术进步，一个地区城市的产业结构演变从以农业为主的传统乡村型城市向以工业和服务业等非农产业为主的现代城市逐渐转变的历史过程。东北三省一直以来走工业化发展的道路，资源型城市如大连、沈阳、长春、哈尔滨等经济实力大大提升，城市化发展优势明显，而资源较少的城市地区发展相对落后。城市化发展不均匀，导致城市化对东北地区的经济发展、产业规模扩张、产业结构优化的作用不显著。但随着东北地区城市化水平的不断提高，特别是 20 世纪 90 年代以来，城市群、城市新区（开发区）等城市化空间形态的发育和发展，在一定程度上也促进了东北地区的资源与要素重组、新产业发展以及地区经济整合，城市化以及城市空间形态演变对于区域产业结构高级化、合理化等表现出越来越明显的反馈效应。东北三省城市化演变形态的功能主要集中在发展资源型城市、城市群与技术开发区建设、扩大沿岸城市发展链和交通运输上。第一，东北三省资源禀赋和地理位置优越，资源型城市数量众多，约占城市总数量的 1/3，资源型产业在产业结构发展中比重高，产业多以资源开发、加工生产为核心。东北的工业化产业在地区产业结构中仍是主导产业，资源型城市对经济增长的贡献率比重大，资源型城市的发展促进经济水平的提升。第二，形成了辽中南、吉林中部和哈大齐等城市经济体。由于东北地区资源城市与普通城市的地域发展存在较大差异，所以东北三省大力发展城市群建设，以工业化城市为主体，周边小城镇依附其建立地区城市群。工业化与城市化相结合，城市群内部产业资源共享，结构协调发展，为东北区域一体化与产业结构整合提供城市支撑。城市作为经济发展的空间载体，近年来，东北三省的各大城市纷纷设立产业开发区、高新技术园区等技术研发区，为东北三省产业结构升级调整与城市化建设注入新活力。第三，东北地区继续扩大对外开放，加强与东北亚地区合作，扩大对周边地区沿岸城市的开放程度，建设边境沿岸城市产业链。大连、营口、锦州等南部港口形成了沿海港口城市体系，已经成为东北地区物资集散和对外联系的重要窗口。第四，东北三省都以交通运输装备制造业为主导产业，这为东北地区交通运输的发展提供了基础。随着城市化程度加大，东北地区不断优化与完善铁路与公路运输，形成了齐齐哈尔—哈尔滨—大连的新型齐大经济带，为城市间地域合作与城市群集聚提供了新机会。同时，交通运输业的发展也能够带动经济增长与产业结构优化。东北地区不断提升城市化质量，为产业结构转移培育发展新的城市空间载体，让城市化升级发展为实现东北老工业基地全面振兴注入源源不断的新活力。

四、金融发展优势

金融发展的作用主要体现在有助于一个国家或地区实现资本的积聚与集中，促进产业现代化的大规模生产经营，实现规模经济效益。金融发展与经济水平有很大的双向影响作用，即金融发展加快经济增长，反过来经济增长水平越高，金融行业发展越迅速。产业发展是经济增长的重要推手，金融发展也与产业结构优化之间存在一定的关联性。近年来，实现东北老工业基地振兴的过程中，东北地区政府大力支持金融发展，放宽行业进入准则、降低信贷融资标准、增强跨地区金融合作等一系列政策为东北三省的金融发展营造良好氛围。金融行业快速发展，在第三产业中的比重越来越大，也为产业结构的转移提供了大量金融支持。东北地区金融发展对产业结构的优化升级有显著的推动效应，金融总量的增加提升了东北地区第三产业的发展进程，增强了地区资金的有效配置，促进了金融组织结构优化，提高了金融发展的运作效率。同时，金融行业作为第三产业的重要组成部分，金融体系发展对东北地区的产业结构调整有重要的带动作用。引导信贷资本流入第三产业，有助于发展高新技术产业，发挥金融发展对产业结构的长效支持作用，有助于传统产业转变发展方式，推动东北三省攻克难关，跨越经济"瓶颈期"。

衡量东北地区金融发展，应综合考虑金融发展总量和金融发展效率。辽吉黑东北三省的金融发展总量上，金融机构存款额和贷款额都在逐年增加，2009～2017年，辽吉黑三个省的年末存款余额与年末贷款余额在逐年上涨。辽宁省金融机构年末存款余额从2009年的22758.6

亿元增加到 2017 年的 54249.0 亿元，存款余额增加了约 1.4 倍；金融机构贷款余额从 2009 年的 15549.6 亿元增加到 2017 年的 41278.7 亿元，增加了近 2 倍，辽宁省信贷融资比例的提高，也侧面反映了人民投资创业的比重在加大。吉林省金融机构年末存款余额 2017 年达到 21562.7 亿元，9 年间增长了近 3 倍；金融机构贷款余额同样增长了 3 倍，2017 年达 17959.7 亿元[①]。黑龙江省的金融机构存款余额和贷款余额都有明显的上升，分别上涨了 2 倍和 3 倍。另外，金融效率的增长情况中，辽吉黑三省和东北区域整体的存贷款比率都呈现大幅度上涨的态势，特别是黑龙江省，2009～2017 年九年间增加了 27 个百分点，2017 年达到了 81.3%，具体变动趋势如图 5－2 所示。金融发展通过对资金的来源和配置进行处理，影响产业结构与经济发展水平，对产业结构优化起到很好的支持作用。

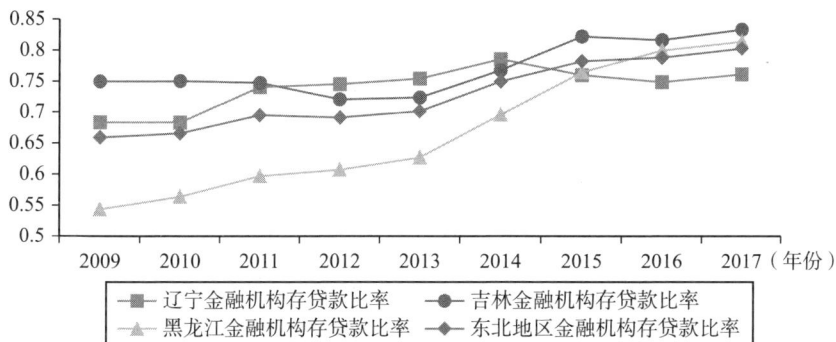

图 5－2　2009～2017 年东北三省金融机构存贷款比率

资料来源：根据 2009～2017 年东北三省统计年鉴计算所绘。

五、交通运输基础建设优势

东北地区交通运输业的发展带动区域间合作，铁路、公路等交通基础建设的完善给交通运输带来了便利，提高了地区经济增长效应，拉动

---

① 资料来源：2009～2017 年《辽宁统计年鉴》《吉林统计年鉴》《黑龙江统计年鉴》。

产业需求转换，促进产业效率提升。交通运输业的发展和交通运输基础建设的投资对产业结构的优化也有一定的带动作用。东北三省交通便利，交通运输体系相对完备，铁路、公路、水路等运输渠道基础设施建设投入大，有利于产业间内外联系，为区域间产业合作与贸易往来提供了联系的"桥梁"。虽然东北地区工业化、能源化产业的投资量比重高，交通运输业投资额相对较少，但交通运输业优势也逐渐展露，这得益于近年国家对东北老工业基地振兴战略的实施。东北地区的交通运输体系得到了较快的发展和提升：（1）在铁路方面，有满洲里、绥芬河、丹东等开放的铁路口岸，以及联系国内其他地区的 5 条进出关通道，在区域内部，铁路运输体系以哈大线为纵轴，以滨洲、滨绥线为横轴，呈"T"字形骨架，有"四纵四横"线路与"T"字形骨架配合；（2）在公路方面，公路等级结构得到提升优化，通行能力提高，运输量持续快速增长，多个开放的公路口岸建成，初步形成联系国内的 4 条重要运输大通道：西部通道、中部通道、进出关运输大通道、环渤海跨海运输大通道。在区域内部，各级公路网络发展较快。这些运输通道的发展都离不开对运输路径的基础建设，离不开对交通运输渠道的投资发展。东北地区在交通运输业投资建设上重视三次产业的协调性，加强产业之间的融合度，不断培育新型交通经济带，扩大交通运输的基础建设，积极探索优化交通运输新路径。

东北三省致力于发展交通运输业，对运输路线建设投资扩建的力度大，旨在提高交通运输效率，拉动东北地区经济增长，进而提升产业结构优化程度。2008～2017 年东北三省对交通运输业的固定资产投资量呈现先上升后短暂回落，再上升后下降的周期波动趋势①。基础设施的完善不仅能够节约交通运输过程中的成本，而且能够提高产业效率，促进完善产业结构中的劳动力分工，加快产业结构优化升级。交通基础设施投资建设是国民经济发展的基础性条件，不仅直接推动经济增长，还

---

① 资料来源：2008～2017 年《辽宁统计年鉴》《吉林统计年鉴》《黑龙江统计年鉴》公布的交通运输业固定投资额数据。

通过改善投入要素结构、推动需求升级、改善创新条件等途径，带动当地产业结构升级。新时代经济发展，要重视发挥交通运输产业投资对产业结构优化转变和经济发展效益的作用，使交通运输投资与产业升级产生良性互动。

六、后发优势

后发优势是美国经济学家格申克龙（1962）提出的，他认为，工业化发展进程中，一些相对落后的国家或地区，相对落后程度越高，未来经济崛起的速度越快，这是欠发达地区的一种"后发优势"。从时间上讲，后发优势即后发主体在发展阶段中落后于其他国家（地区），处于欠发达状态。生产要素配置不合理、经济水平落后、技术创新不足等问题使后发主体在经济社会中处于劣势地位，但当达到一定条件时，这些劣势能够转变成为先发地区所不具有的相对优势。再结合欠发达地区的比较优势，逐步完成劣势向优势的转化过渡，实现不发达地区追赶甚至赶超发达地区的可能性。从性质上看，后发优势是落后地区所具有的一种独特的客观条件，是与经济落后并存的一种巨大发展潜力。在一定条件演变下，后发地区的劣势能动态转化为现实的利益。概括来说，后发国家（区域）由于发展中处于落后状态，从而具有发展上自然存在的相对优势，后发主体通过后发状态下的相对有利条件发展经济，就可以获得比先发国家或区域更多的收益。

后发优势一般表现为劳动力、资本、技术等方面的优势。首先，落后地区有相对丰富的自然资源与人力资本，在解决了劳动力效率低下的问题后，劳动力素质的提升所带来的边际效益较大；其次，欠发达地区资本流量少，投资空间相对较大，资本投入能在短时间内得到高回报，并且后发地区具有吸引外资与先进产业的投入的"闪光点"；最后，后发地区在技术创新上与发达地区还有差距，能够直接引进、学习优质技术，并在其基础上更新创造，从而减少研发成本，降低产业创新的风险。东北地区经济增长与京津冀地区、长三角地区、珠三角地区还存在一定的差距，东北三省完全可以依靠天然的区位环境、自然资源、人口密度等优势来引进技术、人才，优化产业制度，创造后发条件，实现区域自主创新，达到调节产业结构、提高区域经济效益的目标。

第二节　劣势分析

一、东北地区经济发展日益衰退

杨治等（1985）学者认为，经济发展水平的高低是决定产业结构升级程度的最基本因素，包括生产力发展水平，社会分工和专业化程度、经济总量规模和增长程度等。产业结构调整状况与经济发展程度存在一定的相互作用，经济发展水平与产业结构是双向影响的，有很强的相关性。不同的发展阶段，经济增长水平依赖于产业结构调整，产业结构优化升级又得益于经济水平的提高，特别是新兴产业、高新技术产业的兴起带动生产力水平的提升，进而促进经济规模扩大，加快经济发展速度。反过来，经济水平的提高也会给产业结构带来新的资本、技术和人才等要素，区域经济越发达，产业调整越有优势，马太效应的作用也会越明显。GDP 最能直接地反映一个地区经济发展状况，经济发展水平越高，经济增长越快，地区产业结构优化越明显，两者呈正相关关系。

然而，随着我国经济的发展，东北地区的经济发展水平逐渐落后。近年来，东北经济出现衰退现象，经济增速减缓，甚至出现"断崖式"下跌。改革开放以来，东北地区一直依赖资源与重工业发展经济，随着环境承载力的不断加大，产业结构失衡的问题越来越明显，东北经济开始出现衰退，重工业企业一时难以转变生产结构，导致企业发展越来越艰难。自 2014 年以来，东北三省的 GDP 增速从原来的全国中游水平下降到排名倒数。从东北三省 GDP 总和占全国 GDP 的比重也可以看出东北经济的衰退。图 5-3 展示了 2000~2018 年东北地区 GDP 总和占全国

GDP 比重。2014 年之前，东北 GDP 比重虽然稍有下降，但是整体在 9.0% 上下波动，2014 年到 2018 年，东北地区 GDP 比重快速下降，由原来的占比 8.96% 下降到 6.03%，下降了将近 3 个百分点，足以看出东北地区经济水平的衰退。2018 年各省市 GDP 增速表显示，东北三省辽、吉、黑的经济增速依次是 5.70%、4.50% 和 4.70%，排在末尾的是黑龙江和吉林。东北三省的 GDP 增速均徘徊在 5% 的水平，与全国 6.6% 的平均增速水平相差了近 2 个百分点，可见东北地区经济增速放缓明显。东北地区整体区域经济日益衰退，很大程度上会抑制东北的产业结构转型升级，导致第二产业向第三产业转移难度系数增大，高新产业发展不起来，制约产业结构的合理化变动趋势。

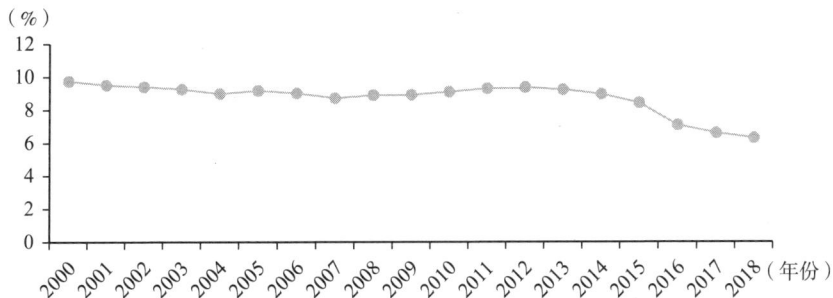

图 5-3 2000~2018 年东北三省 GDP 占全国 GDP 比重变化趋势

资料来源：2000~2018 年《中国统计年鉴》《辽宁统计年鉴》《吉林统计年鉴》《黑龙江统计年鉴》。

二、产业升级缓慢且结构不合理

（一）产业结构分布失衡

产业结构优化升级是产业发展不断向产业结构合理化和产业结构高级化迈进的进程，逐步实现三次产业由第一产业向第二产业及第三产业跨越，充分发展技术型产业，最终达到经济效益最大化的目的。从产业结构演变进程中可以看出，东北优先发展第二产业重工业为我国工业化开辟道路并提供设备与技术支持，因而几十年来，重化工业和轻工业一直是东北三省产业发展的重中之重。但是，在重工业生产的过程中，东北缺少对第三产业的支持发展和对第一产业的升级，三个产业之间缺少关联性，没有形成内部拉动效应。其结果是东北工业，尤其是重工业走了一套自我发展道路，第二产业缺乏产业间有效协同，不能有效带动和提高农业和第三产业的生产能力，三次产业间呈现出很强的非均衡发展模式，这就很大程度上造成了后期东北三省产业结构不均衡的现象，重化工业占用并消耗大量资源，市场规模较大，但效益并不显著，间接导致了第三产业难以快速发展壮大。

尽管东北产业改革使第三产业受到重视，产值逐年上升，产业发展规模扩大，2018 年第三产业产值占总产业产值比例为 53%，但是重工业对产业结构优化仍有一定的限制作用。重工业在产业中的比例仍然很大，传统产业依然是主导产业。截至 2016 年，东北三省的重工业比例为 68.99%，相比 2006 年下降了 14 个百分点，可见东北的重工业的衰退。吉林、黑龙江省重工业比例下降显著，分别从 78.5%、82.7% 下降到 66.0%、57.3%，这与经济下降有直接的关系①。而辽宁省重工业比例在 2006～2016 年先下降后上升，2014 年重工业比重又开始增加，2016 年达到 83.7%。可见即使东北重工业在逐渐衰退，重工业比重依然超过一半，第二产业在产业结构发展中仍占半壁江山。东北地区的工业化生产主要集中在能源、化工及装备制造业，资源与资金支持为这些行业提供了较大的固定成本，虽然东北的资源优势丧失，但仍难以退出行业，造成了产业结构僵化难调的局面。因此，从产业结构上看，东北三省整体上产业发展态势趋向于第三产业，但第二产业发展效益不足、产业绩效低下及自身的局限性，使东北地区的产业结构分布不均匀。

（二）产业融合度不高，产业内部关联度较低

东北三省为了改善过度依赖资源、集中发展重工业的现状，开始逐

---

① 资料来源：2006～2016 年东北三省统计年鉴。

步推动产业结构向第三产业转移，旨在加快产业发展，寻求经济发展新的增长动能。在第三产业众多行业中，东北三省的零售业所占比重较大，而金融业、科技行业、服务业、新兴产业的占比相对较小，这导致第三产业的发展方式有一定的局限性，产业内部关联度不高，产业生产集中性不强，不利于产业向高级化方向发展。重轻工业关联度差，东北地区轻工业产值的 85% 来源于对自然资源以及农副产品资源的初级加工，轻工业生产并没有充分利用东北地区丰富的重化工业产品资源（刘维成、夏淑芝，2009）。此外，第二、第三产业之间不能有效融合，如在工业生产中没有发挥信息技术的作用，新兴技术产业也没有依托传统产业这一巨大的消费市场。

东北产业结构主要以重工业为主，集中发展冶铁、煤炭、汽车等能源消耗型产业，产业链条比较短，产业内部之间关联度很低，产业间承接不足，造成了东北地区"孤岛式"的产业结构。冶钢、汽车等上层行业与零部件加工的小行业产品生产不相衔接，缺乏精加工的中间产业，导致资源浪费和效率低下的问题。产业内部关联性不强，企业长期粗放式生产，竞争力低下。产品精加工的企业较少，产业结构附加价值低，技术化程度低，使东北地区的产业结构内部断层严重。东北三省第二产业对第一产业带动作用小，工业没有对农业形成有效的带动效应，农业生产没有随着工业发展很好地升级发展，没有形成农业产业链，造成了农业产业化与农业工业化发展滞后。一二产业没有互相融合，产业链结构不够完善，这些问题不仅制约第一产业升级，限制产业结构优化，而且也不利于农民创收和提升产品竞争力。综上所述，东北地区"工业反哺农业、城市支持农村"和"以工促农、以城带乡"的格局尚未形成。

（三）存在产业趋同现象

东北地区在产业结构优化的过程中，在发展主导产业上逐渐出现了产业结构趋同的现象。产业结构趋同一般是经济发展过程中区域内或区域之间产业结构所呈现出的某种共同倾向，主要指在主导产业选择、产业组织规模和技术水平等方面的雷同现象。过去，东北三省资源丰富，优先发展重化工业，辽宁省工业生产以装备制造业、钢铁冶炼和石油化工为主，因为辽宁有鞍山、本溪等钢铁基地和大连石油工业基地；黑龙江依靠丰富的石油资源和粮食产量，发展石化工业、装备制造业、食品加工业等；吉林省重点发展汽车制造业、农副产品加工业和能源工业，吉林的"一汽"就是典型的代表。三个省都重视发展交通运输装备制造业和农副食品加工业，区域内部行业发展相似度高，内部产业竞争激烈。宋梅秋（2009）的关于东北三省主要行业的比较研究表明，产业结构相似度最高的是辽宁和黑龙江，都集中发展石油化工与交通运输制造业，其次是吉林和辽宁，最后是吉林和黑龙江。从东北整个区域来讲，东北三省依靠资源禀赋发展相近产业，形成了区域内生产要素竞争的局面，难以发挥自己的产业优势，导致生产要素效益低下。同时，在产品销售市场中，因产业相同，使得产品大同小异，加剧了销售市场上市场占有率的争夺。为了保证市场占有率，三个省不同程度地设置了市场壁垒，进一步加剧了三个省之间的经济摩擦，限制了三省区域一体化的发展。产业趋同也使得东北地区产业结构僵化，第三产业及高新技术产业生存空间小，难以发展，产业间的互补性较弱，不利于产业高级化发展。

三、东北地区资源优势逐渐丧失

产业结构的优化升级与自然资源有着长远的联系。一直以来，东北地区矿产资源丰富且种类多样，煤炭、石油、铁矿，有色金属和非金属矿产等资源是支撑东北重工业产业的重要支柱。分布在鞍山、本溪一带的铁矿，储量约占全国的1/4，目前仍是全国最大的探明矿区之一。但是，随着资源的过度开采及资源利用效率日益低下，东北地区的能源储备量逐渐减少，能源资源优势逐渐丧失，面临着资源枯竭的威胁，如石油资源丰富的大庆油田的可采储量目前剩下不足30%，预计到2020年，大庆油田的石油年产量只能维持在2000万吨左右（任楠，2007）。东北区域资源优势丧失，为重工业产业提供丰富原材料的优势消失，能源开采的成本也在逐渐加大，产量及经济增速却呈现下降的趋势。依靠资源发展的工业化城市，如鹤岗、七台河、鸡西等煤炭产地和鞍山、本溪等钢铁基地处境困难，经济走向衰退，正面临着城市转型与寻求新的增长动能的挑战。此外，一个地区自然资源丰富，会为产业发展尤其是重工业发展提供源源不断的原材料，资源型产业和资源型城市应运而生。资源型城市中，资源开采与初加工是主要的产业生产工程，这种产业的产业链较短，产业结构层次低，使产业结构不能有效转移升级。再加上产业发展初期只注重经济效益，导致环境污染问题日益严重，因此低碳经济下环境治理已成为资源型城市不可忽视的现实问题。在这种情况下，东北地区的资源优势丧失，产业缺少市场竞争力，依赖资源发展接续产业的可能性和适用性很低。

虽然资源面临枯竭，东北地区耗能量却仍在增加，资源消耗量由 2004 年 24713.5 万吨标准煤上升到 2016 年的 40155.96 万吨标准煤，能源消耗量增长了近 1 倍。2016 年，辽宁省的能源消耗总量所占比重最大，占东北三省能源消耗总量的 49.46%，其次是黑龙江，占 30.58%，最后是吉林，占 19.96%。此外，尽管东北地区第二产业的终端能源消耗呈下降趋势，但是比重相对较大，平均比重约 65%，远高于全国水平[1]。传统的工业产业消耗大，效益却不高，企业竞争力低下，产业结构中第二产业资源消耗过大，再加上重型产业结构惯性作用，致使接续产业很难发展起来，严重制约了东北地区的产业结构升级与经济水平增长。

四、东北企业劳动力数量与质量不足

进入 21 世纪，东北地区经济效益持续下滑，产业结构问题凸显，这与地区人力资本流失、劳动力数量和质量不高等因素有一定的关系。

---

① 资料来源：2004～2016 年东北三省统计年鉴。

受经济水平、地理位置和工资福利等原因的制约，东北三省在吸引高层次、创新型人才方面处于劣势，导致产业优化过程中，劳动力就业结构与产业需求难以匹配，这对产业转型有一定的限制。劳动力是决定产业结构升级的直接推动力，作为生产要素投入，直接影响产业的变动趋势。劳动力的数量和质量共同反映地区产业的发展水平，因此提高劳动力的数量与质量，是产业结构转移调整的必要环节，这会为产业转移与高新产业的崛起提供源源不断的动力。

受计划经济时期的影响，东北三省劳动力的思想观念比较落后，自主创新意识、竞争意识、进取意识还不够。在产业结构调整过程中，某些行业存在着大量下岗员工。同时，由于产业升级而产生的新兴行业中，既出现了结构性失业的问题，又有大量的职位空缺，急需优秀的人才。劳动力是产业结构优化的推动力与引擎，人们的思想观念不开放，造成了产业结构与劳动力就业体系存在偏差，结构性失业与职位空缺同时存在，这既不利于就业人员自身的长远发展，也阻碍了产业结构合理化发展。另外，近年来东北经济发展水平落后，企业员工收入难以增加，不仅无法吸引外来人才，本地区的人力资本也在逐渐流失。因此，如何吸引和留住劳动力，提高企业员工保留率，是目前东北地区企业急需考虑的问题。劳动力是产业优化必不可少的条件，只有吸引并留住劳动力，才能不断提升产业结构，提高经济发展水平。

依据配第—克拉克定律，随着人均国民收入的提高，劳动力首先会从第一产业转移到第二产业，工业化完成后，劳动力又向第三产业转移。作为掌握一定知识和技能的劳动力，其就业结构应与一定时期产业发展要求和产业结构变动规律相一致，但是在东北地区产业结构演变和劳动力就业人员的转移过程中，我们发现劳动力在产业间的转移流动与克拉克定律产生了背离，尤其在第一产业和第二产业中存在一定的差异性，如图5-4和图5-5所示。2017年，三次产业就业人数比重分别33.78%、21.74%、45.04%，劳动力在产业间分配不均。东北地区产业结构为"三、二、一"模式，而就业人员分布的结构是"三、一、二"模式，产业结构与就业结构差异性很大，不能相互重合。这反映了东北三省人力资本在低层次产业中供给过大，在高层次产业中供给不足，劳动力数量难以与产业结构相匹配，很大程度上制约了产业结构的合理化发展。

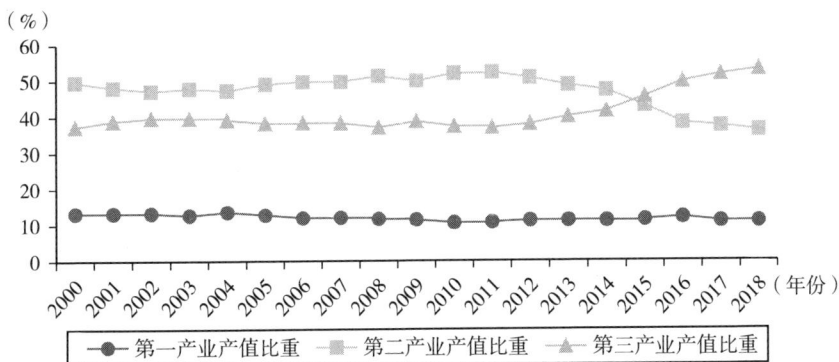

图 5 - 4　2000～2018 年东北三省三次产业产值比重

资料来源：2000～2018 年东北三省统计年鉴。

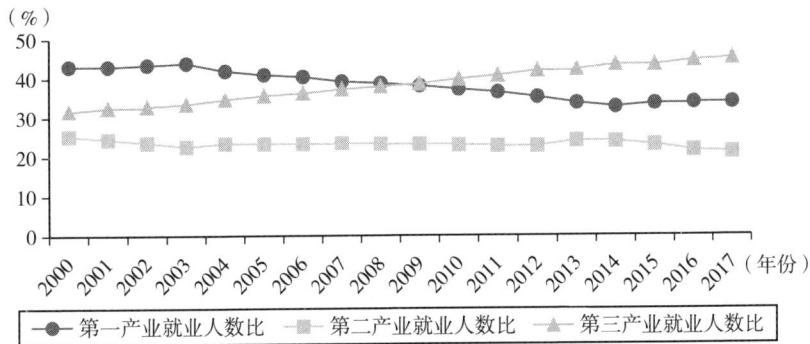

图 5 - 5　2000～2018 年东北三省三次产业就业人数比重

资料来源：2000～2018 年东北三省统计年鉴。

　　劳动力素质是产业发展中人力资本的另一个重要因素，即劳动力拥有更多专业知识和技能。劳动工人素质低下，专业技能不高，受教育程度较低，则劳动力较为低廉，单位时间内创造的价值少，导致产业发展大多集中于劳动密集型产业，使产业结构低技术化、低附加值和低合理化；反之，若劳动力素质较高，掌握高新技术并拥有自主创新能力，单位时间内创造的价值就多，劳动力可以在行业间自由转移，最终人力资本集聚在第三产业，使产业结构逐步趋于合理化、高级化。因此，研究东北产业机结构优化要关注劳动力素质问题。劳动者受教育程度能够直观地反映出劳动力素质。劳动者素质越高，即文化水平越高，劳动者的知识量越大，专业技能越强，创造的价值越多，给产业带来的效益越大。2004~2016 年东北三省劳动者受教育程度平均值中，小学及以下教育程度比重为 28.44%，初中教育程度比重为 45.16%，高中教育程度比重为 15.87%，大专及以上教育程度比重为 10.52%。如图 5-6 所示，东北三省的劳动力受教育程度比例中，初中文化程度人员比重最高，其次是小学及以下的，再次是高中教育的，大专及以上教育程度的员工比重最小，这体现了东北三省劳动力素质低下，高技术人才严重不足甚至出现断层，高新技术产业发展缺少优秀技术人才，难以为东北三省的产业结构优化提供强大的动力支持。虽然东北三省逐渐重视高等教育，但劳动力整体受教育程度还很低，大专及以上比重较小也是不可忽视的事实，因此企业要长期发展，必须加大劳动者知识与技能培训，提升就业人员素质。

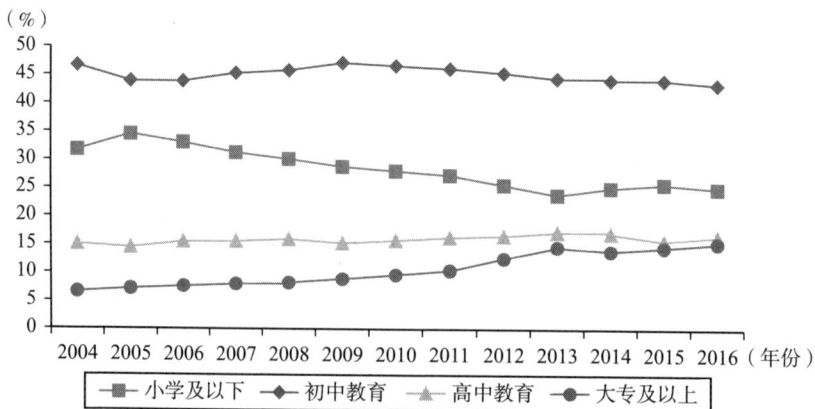

图 5-6　2004~2016 年东北三省劳动力受教育程度比例

资料来源：2004~2016 年东北三省统计年鉴、《中国统计年鉴》。

五、产业制度安排还不健全

当前，东北地区的产业结构优化进程缓慢，还有一部分原因是产业制度安排还不完善。完善的政府制度安排不仅能够将资源配置、市场配置与计划配置相结合，使其充分反映产业结构的演变趋势，而且能够提高经济增长水平，进而带动产业结构优化升级。政府为使产业结构调整与制度相匹配，制定产业准入规则来进行管制监督。如果制度管制符合产业结构演变规律，产业结构升级就会呈现协调状态，如果制度管制不符合产业结构演变规律，就会导致产业结构升级出现比较严重的非协调状态，可见政府是促进东北地区产业结构优化的进程中的重要推动力。在产业发展中，一些产业资源配置混乱，导致生产要素配置效率低下，政府制度安排不起作用，缺乏有针对性的制度体系。另外，东北地区一部分在国家占主导地位的产业存在一定程度上垄断的情况，导致投资成本、行政审批环节增加，不利于形成理想的投资环境，而且区域外资金的流入也受到较大限制，不利于优势产业竞争力的提高。政府政策导向对产业结构发展起着重要的调节作用，政府的政策扶持决定了产业结构发展的方向。目前，东北地区的政府制度还存在着一些管制过严、程序烦琐复杂、进入行业门槛过高等问题，制约了第三产业，特别是高新技术产业的进入与发展。政府应继续完善制度安排和政策，只有优化制度体系，完善政府制度安排，才能促进产业合理化转型，推动东北地区的经济增长。

第三节　机 遇 分 析

一、东北老工业基地全面振兴的宏观经济政策

2003 年，东北老工业基地振兴政策的出台，国家为东北发展提供

的大量人力资本、物质资本和制度安排助力东北三省走出经济低谷，深化国企和混合所有制改革，这些举措对东北经济发展和产业调整有明显的推动作用。2016年国家发展改革委员会先后三次出台"全面振兴东北"政策，将东北老工业基地振兴放到了国家宏观政策的新高度。在新一轮东北老工业基地振兴的战略部署中，主要从四个方面提出了一些政策目标项目，旨在短期内有规划地实施操作并取得成效：第一是深化国企改革，设置东北地区国有企业专项改革试点项目，加强地方与中央国企对接合作，优化民营经济发展；第二是推进产业升级，创新增长动能，鼓励建设产业优化示范区和国家自主创新园区，中央预算内加大投资建设创新增长动能专项计划；第三是扩大对外开放，强化区域合作，扩大东北亚国家战略合作，组织辽吉黑与长江三角洲、珠江三角洲、京津冀发达地区的对接合作，深化东北区域第四是增长极目标；第四是加强财政支持力度，强化责任到位，针对东北资源枯竭城市制定相应财政转移支付政策，落实各项工作监督调控责任等。这些政策立足当下，规划长远，为振兴东北战略实施带来极大的发展机遇，也为东北产业结构优化创造了良好的政策环境。

目前，针对东北老工业基地振兴的相关政策已达1000多项，逐渐建立了相对完备的全面的多层次政策体系。"十四五"规划期间的东北老工业基地振兴调研活动中，国家发改委在东北地区与东部地区对口合作交流会中指出，要深入推动东北地区与京津冀协同发展、长江经济带发展、粤港澳大湾区建设等国家重大战略的对接融合，强化东北地区的第四经济增长极，培育新的增长动能。东北实行全面振兴政策以来，改革、发展、创新和开放是政策制定与制度安排的关键词，中央以东北三省具体发展情况、实际问题为依托，有针对性地提出未来各省的决策部署，这为加快三省经济发展创造了条件。辽宁省专项工作主要聚焦于科技创新、开放功能区建设，如科技示范区、"一带一路"综合试验区、东北亚经贸合作先行区建设等。吉林省主要集中于深化国资国企改革与社会保障政策，黑龙江省工作重心则放在进一步加强东北亚国际合作、国企改革与基础设施建设上。此外，习近平总书记在东北老工业基地振兴座谈会中强调优化营商环境的重要性，鼓励民营经济发展，打破国企民企的壁垒与机制障碍，加大国企改革力度，以民营企业发展为基础深化体制改革。以上各项举措的实行为产业发展带来新机遇，有利于早日完成产业升级，加快东北经济增长，实现东北全面振兴。

二、扩大对外开放合作，外商投资力度大

近年来，东北地区经济发展水平下降，原因归结于东北老工业基地正经历着产业结构升级、三次产业转移兼容的阶段。为打破经济断崖式下跌、企业僵化难改、产业转型困难的局面，东北三省不断寻求新的经济增长点，抓住全球一体化的机会，进一步扩大全面开放格局，不断建立和完善多层次的区域合作机制，强化同东北亚区域外贸合作，努力同外商建立良好合作关系，吸引外来投资，引进资金与技术，更进一步实行全面深化改革。东北三省扩大对外合作，尤其是加强同东北亚地区的合作，促进双边贸易，旨在提高外商投资率，进而优化产业结构。东北三省对外开放的势头在不断加强，外商投资货物进出口总额在逐年增加。外商在东北三省的投入力度也在不断加大，在外商直接投资额中，辽宁省的外商直接投资额最多，之后是黑龙江省和吉林省。从整体上看，东北三省的外商直接投资额呈快速上升趋势。2016 年，辽宁省外商直接投资为 30 亿美元，相较于前几年有所下滑。吉林省外商直接投资总额逐年增加，平均外商投资额年增长率为 14.7%，2016 年外商直接投资额达到 22.7 亿美元。黑龙江省外商直接投资总额也在逐年上涨，2016 年为 58.56 亿美元，年增长速度和吉林省相差不大①。吉林省和黑龙江省的外商直接投资额虽然所占比重较小，但总体上都呈现上升的趋势。紧跟时代发展潮流，进一步扩大对外合作，有利于东北地区体制机制创新，有利于老工业基地提高市场化程度，有利于全面推进东北产业结构优化升级，有利于解决东北经济目前面临的经济发展活力不足、所

---

① 资料来源：2010～2016 年东北三省统计年鉴。

有制结构较为单一、就业压力大等诸多问题。

新常态的背景下，东北地区调整经济结构模式，促进产业结构转型，抓住了同东北亚区域合作的机会。与东北亚各国对外进出口贸易中，东北三省贸易往来最频繁的是日本、韩国和俄罗斯，但对三个国家的外贸进出口总额的比重不同。扩大同日韩俄等国贸易合作与产业投资，对经济增长与产业结构升级都有积极的效应。因此，加强对外贸易，扩大东北亚区域合作是东北老工业振兴的新的经济增长点，能够为产业结构优化提供新动力。

对外合作中产业结构优化升级需要做到：一方面，通过提高创新力度来更好地带动整个对外贸易产业的内化改革，增强地区经济实力，提升贸易企业的经济收益；另一方面，将贸易结构的优化升级与产业结构的优化升级相结合，实现对外贸易与内部产业优化齐头并进，共同发展，更好地开展经济建设活动。经过多年发展，东北三省与东北亚区域合作已经取得了积极成效，扩大了东北地区的经济发展空间，也对东北三省产业结构优化起到了一定的支撑作用。但是，东北三省对外开放没有很好发挥出对产业结构高级化的作用，对外贸易主要集中在第一、第二产业，缺少第三产业高新技术产业的贸易合作，这不利于产业结构的优化演进。东北地区要充分发挥自身优势，吸引周边国家的外来资金和先进技术，未来继续保持中日韩之间相互信任相互依赖的贸易关系，加强合作交流，在保持中日韩相互合作的贸易关系的基础上，应进一步加强与朝鲜、蒙古和俄罗斯远东地区的双边贸易合作关系，以促进产业结构的进一步优化。

三、东北纳入环渤海经济区

环渤海经济区以北京、天津为核心，以辽东半岛、山东半岛为两翼，是连接东北、华北地区的重要经济发展区，逐渐成为北方经济发展的"加速器"，对缩短南北经济差距，解决发展不平衡等问题有重要作用。环渤海经济区由渤海、黄海的沿岸省市组成，因其独特的区位优势而成为东北亚经济圈的中心地带，也是连接我国北方地区与亚太经济区的"桥梁"，被誉为是除长江三角洲地区、珠江三角洲地区之外我国经济发展的第三增长极。

2019年"两会"期间，多项提案呼吁在北方设立环渤海大湾区，与南方粤港澳大湾区相呼应。在北方设立环渤海大湾区，有助于推动环渤海经济区内部动能转化，加快实现东北老工业基地振兴。环渤海经济区内有北京、天津、青岛、大连等一线发达城市，自然资源丰富，工业基础雄厚，铁路、公路交通路线横跨东西南北，区域内高校林立，科研人才众多，这些都能为环渤海经济区发展提供无限力量。环渤海大湾区的设立能促进环渤海地区区域协调发展，而雄安新区建设对环渤海经济增长起到关键助力作用。地缘位置特点也使东北地区在东北亚经济合作与日韩贸易上优势明显，我国目前大力推进"一带一路"建设，京津冀协同发展战略向纵深发展、雄安新区打造未来城市样板、辽宁"一带一路"综合试验区实施、建设中日韩自贸区等项目，都会为环渤海经济区带来多重战略机遇，也为区域内各省市发展营造良好氛围。环渤海大湾区设想的实现，能充分带动产业结构升级，引导东北亚经济长效合作，进而促进我国北方经济高质量发展。

第四节　挑战分析

一、国际贸易争端

新时代，我国逐步走进世界舞台的中央，"中国制造"也逐渐被世界市场所接纳。中国不仅要做制造大国，更要成为制造强国，努力实现由世界制造工厂向世界市场的转变。美国制造业的衰退，加上中国在全球产品供应链地位的提升，都让美国不得不顾忌中国的贸易发展。自2017年，美国多次向中国出口产品发难，中美贸易摩擦不断，美国向中国大多出口商品加征关税，中美贸易战打响。早在 2013 年，中国在制造业增加值上已成为世界第一，占全球总量的 20.3%，是唯一一个全数占领高中低端制造业的国家。美国向中国贸易出口发难，一方面，美国想借贸易争端促使美国企业回流美国；另一方面，美国忌惮中国越来越发达的高端制造业生产，想要遏制中国高新技术产业高质量发展。2018 年 8 月中国制造业的综合采购经理指数（PMI）为 51.3%，同比上月有所下降①。一般来说，PMI 指数大于 50% 反映制造业对经济的扩张性有推动作用，小于 50% 的临界值则表示经济水平有紧缩的风险。这说明了在中美贸易摩擦时期，我国经济总体上还处于扩张水平。制造业是双方在贸易摩擦中制约彼此的关键，当前中国制造业受美国贸易压力的影响，产品制造成本稍有增长。究其原因，第一，美国对我国出口美国的产品关税增加，致使我国制造业整体成本上升；第二，中国政府为减小贸易摩擦对我国经济的影响，央行已经连续两次降准降息，8 月降低存款准备金率 0.5%，增加了货币流通数量，提高了本国汇率，这直接导致国内物价上涨，制造业的设备与材料费用增加，本国的制造业成本上升。制造业成本上升，导致我国低廉劳动力与原材料的优势消失，对我国低端制造业的商品出口量有一定的冲击。中国出口美国的商品量减少，但美国的进口需求不减，直接结果是美国寻求其他有低廉劳动力与原材料替代市场的国家进口商品，如老挝、越南、柬埔寨等东南亚国家。中美贸易战导致我国产业梯度转移的可能性在下降，区域协调发展难度在加大。替代市场的接续，使我国中低端制造业面临着更加激烈的国际竞争环境。生产转移，尤其是高新技术产业的转移受阻，进而影响制造业升级进程。

在经济全球化浪潮中，尽管美国与中国互增关税，美国仍然是中国第二大贸易伙伴，美国从其他潜在市场进口商品，虽然促进我国低端制造产业逐渐向高端转移，但对东北地区产品出口有不小的影响。东北地区传统产业以重工业生产为支柱，制造业所占比重大。在产业发展中，

---

① 资料来源：国家统计局服务业调查中心与采购联合会发布的数据。

东北地区工业基础雄厚，尤其装备制造业、钢铁、机械工程等产业不仅满足国内市场需求，在国际市场中也有广阔的发展空间。制造业是推动地区产业发展、经济增长的重要引擎，装备、机械产品出口也是东北三省对外贸易的重要经济来源。但贸易战对高端装备制造业、机械行业征收关税影响程度较大，短期内使东北三省制造业产品销量减少、成本上涨、库存量增多，外贸企业受冲击最大，甚至面临破产倒闭、企业重组的困境。这很大程度上限制了东北地区第二产业的发展，也给东北地区产业结构优化与经济快速提升带来新的挑战。

二、国内区域间竞争激烈

相比于东北地区，京津冀地区、长三角地区、珠三角地区发展时间早、进程快，经济相对更发达。这些地区的第三产业，特别是服务业占GDP 比重大，明显高于东北地区，且产业市场份额也比东北地区高。东北地区跨区域合作体系还不够成熟，投融资条件不及东南沿海地区，市场体系还不够完善，在区域发展中竞争力有待提升。国内市场竞争激烈，东北地区产业调整阻碍颇多，国企改革困难，国有经济比重高，老工业基地的资源优势也在逐渐丧失，这些问题都给东北地区在区域竞争中带来极大的挑战。尽管东北地区是继京津冀、长三角、珠三角之后的第四大经济增长极，但相对这三个地区，比较优势不显著，还存在着较大差距。京津冀地区依托北京、天津发达城市的中心地位，技术发达，人才集聚，相应的职工工资福利待遇高，势必吸引大量人才。人才是地区发展的根本，东北地区近些年人才流失严重，劳动力的流失制约了产业发展，再加上高精尖人才的缺失，导致产业结构难以升级跨越，高新技术产业相对其他地区仍是薄弱环节。长江三角洲、珠江三角洲经济发展起步早，港口众多，海运优势突出，区域内交通、通信便利，产业发展尤其在装备制造业方面抢占了先机。东北三省、长三角、珠三角都是我国装备制造业主要基地，但长三角、珠三角地区在外资引入、资源要素整合和政府调控等方面及时调整，促使装备制造业迅猛发展。而东北地区在管理机制、生产效率、自主创新等方面还存在不足之处，产业优化相对落后，竞争力不够。

发达地区要发展，欠发达地区更要进步，国家大力扶持中部、西部和东部地区崛起，在实施东北老工业基地振兴政策的同时，提出西部大开发与中部崛起战略。为鼓励落后地区崛起，解决发展难题，中央政府有针对性地制定相关政策并在预算内提供财政拨款支持，如西部地区精准脱贫、东部深化国企改革等。同时，鼓励发达沿海地区带动欠发达地区，积极号召外商投资内地并给予优惠政策，这些政策必然会为中西东部欠发达地区带来区域竞争。此外，东北地区不仅同外部区域竞争激烈，就东北三省内部而言，产业竞争也不容小觑。辽吉黑三省的地理位置与资源优势造成一定程度上的产业趋同现象，生产产品雷同，缺乏创新性。各省产业之间的壁垒也限制了生产要素的流动与配置，地区内部抢占市场份额，三个省经济摩擦竞争激烈，严重阻碍了区域一体化发展。行政区域保护在很大程度上制约了商品与要素在地区间流动，形成地区经济封锁和市场分割，没有形成区域内产业关联效应。

三、外商投资加剧产业分化

为了加速推动经济发展，早日实现东北老工业基地振兴，东北地区扩大对外开放与日韩贸易合作，大力吸纳外来资金、技术，这对企业发展乃至产业优化都有重要意义。在全球经济下行的大环境下，许多企业出现资金缩水、流动性较差，信贷融资困难等问题，所以吸纳外资成为企业长期发展的必然要求。尽管外商投资是产业发展资金来源的重要组成部分，但外商投资过程中，投资方式复杂多样，投资项目多样化，没有形成统一的投资体系。在外来投资资金流向上，外商大多选择投资具有低价劳动力成本但能有稳定收益的行业，如运输业、制造业，而技术研发、生物工程等新兴产业、技术性企业吸纳外资较少。相比于农业，外来投资更倾向于工业。从产业结构投资方向上看，第二产业投资额的比重最大，第一产业、第三产业的外商投资额较少。东北三省中，辽宁

省外商投资额最多。2017 年，辽宁省外商投资第一产业比重仅为
1.6%，第二产业外商投资占全部外资约 61%，第三产业外商投资占比
为 38%①。产业投资差异明显，在一定程度上造成产业差距加大，产业
结构进一步分化，产业集聚效应不强，产业发展难以实现向第三产业、
高新技术产业的转移。

四、整体分析

运用 SWOT 分析法，可以将区域一体化下东北三省产业结构优化的
优势、机遇、劣势、威胁总结为表 5 - 1。

表 5 - 1　　　　　　　东北地区产业结构优化的 SWOT 分析

优势分析 S	劣势分析 W
1. 地缘区位优势 2. 技术创新优势 3. 城市化响应优势 4. 金融发展优势 5. 交通运输基础建设优势 6. 后发优势	1. 东北地区经济发展日益衰退 2. 产业结构升级缓慢且结构不合理 3. 东北地区资源优势逐渐丧失 4. 东北企业劳动力数量与质量不足 5. 产业制度安排还不健全
机遇分析 O	威胁分析 T
1. 东北老工业基地振兴的宏观经济政策 2. 扩大对外开放合作，外商投资力度大 3. 东北三省被纳入环渤海经济区	1. 国际贸易争端 2. 国内区域间竞争激烈 3. 外商投资加剧产业分化

通过分析东北地区产业结构内部优势劣势与外部的机会威胁，对
S、W、O、T 相互匹配综合制定策略，力求充分发挥优势，克服困难，
利用机遇，化解威胁。例如，S 与 O 相结合，在东北老工业基地振兴的
宏观优化政策下，发挥技术与城市化优势，形成最有利的策略，迅速提
升经济水平；在区位优势下，继续推进东北亚合作与环渤海经济圈建

①　资料来源：2018 年《辽宁统计年鉴》。

设。W与T相匹配，则要制定规避策略，加快将劣势转变为优势，减弱经济水平、资源丧失、国际贸易摩擦等对产业结构转化的冲击。S与W、O与T匹配，要扬长避短，扩大优势、机遇对产业发展的推动作用，弱化劣势与挑战对产业转移的抑制作用，不断寻求与创造产业发展新优势。

产业结构优化，要符合经济增长的客观要求，实现经济效益最大化。随着经济结构转变与企业转型等政策的实施，东北地区的产业隐形的结构矛盾逐渐显现出来，但也给产业结构优化转移提供了良好的发展机会。因此要全方位探究东北三省的产业调整的内外部条件与环境，客观地分析产业发展的优势与机遇以及存在的不足与风险。对于优势与机遇，要抓住机会，创造条件来实现这些优势的内在力量；而对于劣势和挑战，更要改变条件，扬长避短，化劣势为优势，充分发挥各种优势与机遇，促进产业结构优化。总之要全面评估东北三省产业结构优化的方向与着力点，有针对性地制定产业发展策略，发挥产业结构的巨大潜力，走一条产业革新，快速升级的产业优化之路。

第六章

国内外区域产业结构优化
升级经验的借鉴

发达国家和地区区域产业结构优化升级的经验对于东北地区在区域经济一体化发展视角下促进产业结构优化升级具有重要的借鉴意义。在此，本章选取美国纽约都市圈、日本东京都市圈以及长三角地区、京津冀地区，对其都市圈区域产业结构优化升级经验进行分析。通过研究这四大都市圈核心城市与周边地区是如何站在都市圈区域整体的高度来实现都市圈整体产业结构优化升级，以此借鉴其成功的经验对新时代东北地区产业结构进行优化。

第一节 美国纽约都市圈产业结构的优化

一、纽约都市圈概况

纽约都市圈地处大西洋沿岸，在美国东北部地区，横跨数十个州。区域内总共有 40 多个大中小城市，其中纽约是核心城市，还有 4 个较大的次中心城市。纽约都市圈分布呈现带状特征，面积约 13.8 万平方公里，占美国总面积的 1.5%，人口约 6500 万，占美国总人口的比重多达 20%，较小的面积承载着大量的人口。纽约都市圈产业结构呈"三、二、一"类型，后工业化特点明显，新兴产业和现代服务业发展较快。

纽约市不仅位于纽约都市圈地理上的核心位置，同时也占据着纽约都市圈的核心地位，其城市职能是国际金融中心，国际政治中心。世界闻名的金融街——华尔街就在纽约，这条大街上聚集了纽约证券交易所、美联储、美林、高盛、摩根士丹利等举世闻名的金融巨头，美国有 2/3 的主要银行设在了纽约，此外还有世界有名的跨国银行，纽约"银行之都"的地位也由此建立。联合国于 1946 年选择将总部设在纽约，其 6 个主要机构中有 5 个在纽约，12 个常设辅助机构也有 5 个设在纽约。这就奠定了纽约国际政治中心的地位，并且随着联合国国际政治影响力的增强，其地位也在不断地提高。此外，纽约的服装工业仍然占据美国这一工业领域的中心地位，但其所处的产业链发生了变化，由原来的以生产制作为主转向生产管理及销售等环节。

波士顿地区的产业中发展比较好的有高科技产业和第三产业。第三产业的服务业中发展比较好的是教育、医疗、建筑和运输服务部门。该市聚集了多所世界著名高等院校，诸如麻省理工、哈佛和波士顿大学等，这些院校为科技进步输送了大量的高端人才。享誉世界的雷神公司就是麻省理工的学生与教授共同建立的。波士顿地区有一条非常有名的公路——128 号公路，其得名原因在于这条路两旁设立了众多研究机构和高科技企业，由此成为高科技聚集地带。随着科研成果的转化和高技术的不断突破，该地带电子、生物、宇航和国防领域发展日益突出，在世界范围内都具有较大的影响力，被世人冠以"美国东海岸硅谷"的美称。高科技产业发展在一定程度上影响着当地金融机构的发展方向，使得波士顿金融机构的资本大都投向高新产业公司。

华盛顿担任美国首都职能，是美国的政治文化中心，同时也是全世界的政治中心，发挥着重大的政治决策作用。像其他国家的首都一样，华盛顿政治色彩十分浓厚，但不同的一点在于华盛顿发挥的职能主要是行政职能。此外，极具世界影响力的世界银行（World Bank）、美洲开发银行（Inter - American Development Bank）最早在该地成立，并且影响力日渐加深，使得华盛顿地区也获得一定的经济地位。

费城是纽约都市圈的第二大城市，在过去担任过美国首都职能。费城的制造业发展较美国其他地区相对突出，部门种类繁多。不仅拥有化学、机械、汽车等一些重要工业部门，还有炼油、钢铁和造船这些在美国东海岸占据主要地位的优势部门，除了这些偏重的部门外，医药部门也发展得不错，拥有数百家制药厂和医疗器械生产商。1782 年美国历史上第一家银行北美银行（Bank of North America）在费城成立，8 年之后费城证券交易所又在该地成立。北美银行和费城证交所的建立为该地的商业和金融业的优先发展提供资本支撑，使得两大产业部门繁荣发展。费城从事商业的就业人口占比多达 20%，零售批发产业比较繁荣。费城拥有良好的交通运输条件：在水路方面，港区内有数百个码头，港口的设施比较完善且现代化水平较高；在陆路方面，拥有多条铁路干线，并且公路通达性高，多条公路均能通向港口，二者完美衔接促成了便捷的水陆联运。

巴尔的摩是大西洋沿岸重要的海港城市，其优越的港口条件促进该市对外贸易的发展，并成为纽约都市圈进行对外贸易的重要城市。港口主要运输一些大宗产品诸如矿石、煤炭、钢铁、谷物等。除了港口水路运输，巴尔的摩陆路交通也比较发达：环城高速和数条州际公路以及铁路共同组成了便利的交通网。同时巴尔的摩在制造业领域也占据重要的地位，该地区的工业部门位居前三的分别是钢铁、造船和有色冶金（以炼铜为主），另外，化学、军火、电子、食品和服装等工业部门发展得还不错，工业制造业也是巴尔的摩的主要产业之一。

二、纽约都市圈产业结构演进

美国最初以农业为主，产业结构呈现"一、二、三"特征。在第一次工业革命的影响下，纽约地区的工业开始崭露头角，随着工业的不断发展，纽约的制造业在全美占据了中心地位。但当时各个城市都采取独立发展模式，彼此间几乎没有产业联系，更不用说相关的产业融合。

第二次工业革命使得重工业受到更大的关注，以纽约—费城为轴的发展区域初见成形，产业结构发生改变，转变为"二、三、一"发展结构。二战后，美国制造业发展进入艰难时期，纽约的相关产业也随之衰落，产业调整成为当时发展的突破口。纽约及周边重要城市开始加强经济联系，纽约都市圈逐渐形成，圈内服务业不断发展壮大，直到 1980 年取代制造业成为主导产业，由此产业结构转变为"三、二、一"类型。

（一）制造业的衰退

19 世纪中叶，美国国内开始进行工业革命。在这样的大背景下，纽约也将经济发展重心转移到制造业上，这为纽约后来获得全国制造业第一的地位奠定了基础。纽约在自然资源方面不具备优势，但其社会资源比较充足，雄厚的资本和丰富的劳动力在一定程度上决定了纽约产业发展类型。要利用好这些优势资源，就需要重点发展劳动密集型、资本密集型产业，纽约选择了服装鞋帽、印刷业、食品加工、机械制造等产业。并且时至今日，前两种产业仍然受到重视，位居纽约重点发展产业行列。二战后，纽约的制造业的发展发生重大转变，相关企业逐渐由中心城市向外围地区搬迁。而波士顿地区发生制造业转移比二战早将近 20 年，同时也是美国国内最先发生制造业向城外转移的地区。譬如纺织、皮革、服装这类传统制造业在当时的波士顿城市产业发展当中已经不再具有发展优势，不得不选择转移到发展相对落后的南部地区。与此同时高技术产业开始发展，到 20 世纪 50 年代，波士顿的 128 公路附近形成高技术产业区。

在波士顿出现制造业转移的半个多世纪之后，纽约的制造业也开始遇到同样的衰退问题。石油引发的经济危机限制了工业发展，进而导致制造业衰退的局面。在 1966 年之后的 25 年时间里，服装、橡胶、塑料和运输设备等制造行业遇到前所未有的低谷。单从这些行业的就业人数来看，1991 年的就业人数就只有 1966 年的 1/3，下降幅度令人震惊；除了上述行业之外，还有一些行业遭遇了更大的衰落，其就业人数下降幅度高达 70%，其中不乏纸制品、金属加工制品、家具和家居设备、电机设备仪器及相关产品、工业机构、皮革与皮革制品和初级金属制品（唐艺彬，2011）。就业人员大规模减少使得失业率迅速升高，由此造成的恐慌使得许多制造企业将位于城市内的总部向外部欠发达地区转移（姜立杰、黄际英，2001）。进入 21 世纪后，纽约产业就业人口构成中，从事制造业的人口占比只达到 6.6%，还不到服务业的 1/7[①]，二者形成鲜明的对比。正如就业人数比重反映的那样，这一时期的服务业与制造业发展大相径庭，服务业发展态势迅猛，逐渐成为纽约的主导产业。一大批兼具先进性与完备性的生产性服务企业纷纷在纽约设立，使纽约成为集多种职能于一身的现代化大城市，成为国际商务、国际金融、公司总部中心。

（二）服务业的发展

纽约曾经在全美制造产业领域占据龙头地位，同时还在金融业占据中心地位，并且在进入 20 世纪后，教育、文化、旅游以及信息等产业发展速度加快，发展成效显著。这些都为纽约都市圈服务业迅速发展提供了有利的基础条件。400 多家银行以及美国国内最大的中介公司都集聚在纽约，都市圈内的世界知名高校为其产业发展提供了大量高素质人才，再加上纽约政府采取对外投资和兼并手段将技术落后产业转型升级，这些有利因素为服务业的迅猛发展提供了前提。

美国第三次产业革命也极大地推动了纽约服务业的发展。这一阶段，产业结构发生显著变化：第一、二产业比重下降，第三产业比重上升，高级化发展趋势日益显现。在制造业衰退时期，大量的生产要素从中退出，而后在市场作用下被投入到极具发展前景的生产性服务业。由此生产性服务业在 20 世纪七八十年代开始迅速发展起来，其就业人数在 40 年间增长了 2 倍多，其产业增加值已达到服务业增加值总量的 50% 以上。[②] 但是像餐饮、零售等传统服务部门发展相对较慢，而像政府、教育等生产服务业增长较快，逐步取代传统服务业而成为第三产业

---

①② 资料来源：美国劳工部劳工统计局网站（BLS）。

的主体。主导产业由资本密集和劳动密集型产业转向知识、技术密集型产业。产业聚集对生产性服务业的发展产生极其深远的影响。纽约市众多的服务行业公司彼此间业务活动紧密联系,如金融部门、律师事务所、会计公司、广告设计部门、房地产公司、交通通信服务部门等相互联系,使纽约成为服务行业实力最强的都市圈(唐艺彬,2011)。

(三)高新技术产业的发展

20世纪初,由于核心城市劳动力成本的上升,在成本收益的作用下,服装纺织等制造业开始向成本低的周边地区转移,这为发展知识与技术密集型产业腾出空间。在传统制造业遭遇发展难题,陷入衰退阶段,波士顿出现了新的产业类型——高技术产业。虽然当时还未出现"高技术产业"这一词汇,波士顿就已经成为美国的电子工业创业中心,其中雷神公司就在这一时期设立。冷战时期,随着美国军方需求的增加,波士顿和巴尔的摩迎来了新的发展机遇,接收到大量有关雷达、导弹制造及导航系统的订单。这些军工项目促使两地建立起数量众多的研究机构和电子企业。20世纪60年代,麻省理工学院下设的四个研究机构和三个工程系创建的新企业多达175家。雷神公司在巨额国防开支的推动下,衍生出创新企业近150家。到1971年,波士顿128公路地区的高新技术公司总数至1200家(唐艺彬,2011)。这一时期,高新技术产业得到快速发展。

20世纪70年代后期,波士顿的高技术产业在小型计算机产业和软件业的强大推动下,又获得进一步发展。但由于过分依赖中小计算机产业的推动力,1990年底,随着中小计算机产业的衰退,波士顿的高新技术产业发展再次陷入低迷状态。此次遇到的发展困境让该地认识到依赖单一产业部门的发展模式存在严重的弊端。随后为改变先前的发展模式,开始对产业结构进行合理调整,多元化发展主导产业,进一步延伸产业服务领域。由此软件、电子通信、计算机制造和生物技术等部门兴起,打破了之前单一的产业发展局面。上述新支柱产业的崛起,使得波士顿的高技术经济走出低谷,实现了又一次腾飞。21世纪以来,生物科技成为波士顿地区的又一亮点产业，并在全国生物技术领域占有一席之地。

三、纽约都市圈产业结构优化升级的经验

（一）政府适当干预推动都市圈产业结构优化升级

在纽约一部分制造业开始向外部转移时，都市圈中的产业转型主要依赖于企业自发的产业活动，政府干预十分微弱，制造业是在市场机制作用下向外迁移的。但市场并不是完美的，它自身存在的自发性及盲目性等弊端，再加上企业大多追求利益最大化的行为，使得制造业在外迁过程中产生了一些问题：土地资源没有得到很好的利用，同时也没能形成比较合理的产业布局。随着时间推移，产业向郊区转移的现象越来越严重，产业郊区化一方面带动周边地区发展，另一方面给中心城市纽约的发展带来压力。越来越多的制造业以及一部分服务业从纽约转移到周边地区，而留下来的企业也会因为消费需求下降和人才供给不足而利润下降，最后也向都市圈的其他地区迁移，这在一定程度上阻碍了纽约产业的发展，造成纽约"产业空洞化"。但是纽约周边其他城市却从其产业外溢中获得益处，使得本市产业获得一定程度的发展。但因缺乏政府科学的规划，再加上各地区间产业关联较弱，纽约都市圈产业发展进入低谷，由市场主导的松散的产业发展路径受到质疑。产业转型过程中，都市圈内各地的利益并没有统一，为化解各方利益矛盾，由纽约市政府、纽约区域规划协会以及纽约大都市委员会三方联合制定了对于美国东北部大西洋沿岸城市带的规划，规划的侧重点在于"再连接"以及"再中心化"，提升整个都市圈的产业竞争力（高雪，2017）。为实现上述规划目标，中心地区的那些高附加值的制造企业不必转移，而其他一些高耗能工业则需要从中心地区转移出去，同时注重服务业发展。政府的跨地区联合规划职能对产业结构升级产生了重要作用，它突破微观主体只注重个体利益的狭隘视角，站在都市圈全局利益的高度来规划圈内

产业布局，旨在协调宏观与微观利益的冲突，实现二者的统一，从而推动整个圈内产业升级。可以说政府作用的发挥弥补了市场机制在地区产业均衡发展方面的失灵。

科学的都市圈产业规划使得各地区产业分工明确，产业优势互补。政府机构与非政府机构的协调配合也逐渐实现了市场、企业、居民以及政府等各方利益的均衡。一方面，政府突破地域限制制定的产业政策，为促进企业的跨地区发展提供政策支持；另一方面，在成熟的微观市场机制作用下，金融、文化教育、医疗服务等现代服务业获得发展，并最终取代制造业成为主导产业，使产业结构得到优化。

（二）明确产业分工推动都市圈产业结构优化升级

纽约都市圈各城市根据自身的独特优势进行产业结构调整，产业分工明确，从而在很大程度上推动都市圈产业结构的优化。都市圈内的几个较大次中心城市以及中心城市均有自己独特的优势，它们结合自身优势把发展重心放在极具前景的产业，并进行产业布局的调整，使产业结构的合理性得到加强。纽约作为美国金融中心，其相对发达的金融奠定了纽约在都市圈金融贸易的中心地位；费城是美国重工业基地，该地重工业如造船业，发展受到大力支持并成为该地区的优势产业，此外作为港口城市具有相对良好的区位优势，又使其成为纽约都市圈中重要的交通枢纽；波士顿地区教育资源相对优渥，充分利用世界名校为其提供的高技术水平人才资源，把高科技放在优先发展产业行列，尤其微电子产业发展成效显著，电子产业成为该市的龙头产业，备受关注；华盛顿扮演着美国政治文化中心的角色，许多极具影响力的国际组织的总部在此地设立，使该市承担多种类型的职能；巴尔的摩离华盛顿仅有60多公里，较短的地理距离再加上便利的交通使得两地的联系得到加强，在此背景下，华盛顿的一部分非核心职能转移到该市，同时首都的一些政策优惠也涉及该地区，比如在政府采购方面所给予的支持，在很大程度上促进该地国防军工产业的发展（张晓兰，2013）。

如上所述，纽约都市圈内不同城市所发展的重点产业不尽相同，产业分工明确，各地形成自己的优势产业。在各个城市自身产业结构获得优化的同时，作为区域整体的产业结构也在产业分工的作用下变得更加合理，促进都市圈整体协调发展。产业分工能够对产业集群和产业链的形成产生很大影响，因此其合理性对于产业集群发展至关重要。总的来说，产业分工合理对区域产业结构优化升级产生了积极的作用。

第二节　东京都市圈产业结构优化升级

一、东京都市圈概况

东京都市圈位于日本列岛的东南端，紧邻东京湾，圈域内涵盖20多个城市，其城市布局呈现环状特征。东京都市圈面积只有1.34万平方千米，而人口多达4000万，以3.5%的国土面积承载了超过1/3的日本总人口，并且该地区生产总值占日本GDP的比重超过50%；区域的城镇率也比较高，已经超过了90%。东京是该区域的核心城市，区域内形成了一条十分有名的京滨—京叶临海工业带，它肩负着拉动该地区经济发展的使命。东京都市圈是世界经济中心、金融中心、贸易中心，同时也是日本国内的大市场和重要的综合性大工业带。本书研究的东京都市圈是指东京都、琦玉县、千叶县和神奈川县组成的城市群。

如表6-1所示，在2013年东京都第一、二产业所占比重就远低于第三产业比重，尤其第一产业占比非常小，仅仅为0.5%，第三产业比重高达79.5%，占据明显优势。从区域内部来看，千叶县三次产业结构中第一产业比重要高于区域内其他地方的第一产业占比，而第二产业占比低于其他地方，神奈川县的第一产业比重低于都市圈第一产业平均比重，仅为0.2%。虽然东京都市圈各地三次产业的比重有差异，但各地都表现出明显的"三二一"产业结构。

表 6 - 1   东京都市圈各都县产业结构百分比（2013 年）   单位：%

都县	第一产业占比	第二产业占比	第三产业占比
东京都	0.5	19.9	79.5
崎玉县	0.6	23.8	75.5
神奈川县	0.2	23.5	76.3
千叶县	1.1	22.9	75.9

资料来源：高峥. 京津冀协同发展背景下河北省产业结构优化升级研究——借鉴东京圈经验 [D]. 河北大学，2016.

东京因其独特的首都优势，成为东京圈发展的核心。这里设立了日本国内重要的国家行政、司法机关。除了发挥政府行政职能外，还兼具许多其他重要的职能，比如经济工商业职能。此外，该地区集交通、航天、文教功能于一身，东京在这些领域里占据日本中心地位。

琦玉县是与东京接触面积最大的县。日本曾经存在的武藏国指的就是东京都部分地区与整个琦玉县。琦玉县自然资源，尤其是土地和森林资源比较丰富，随着朝代的更替，该地也形成很多的遗迹。琦玉县的交通建设比较完善，县域内外形成了便捷稠密的交通网络，因此成为日本东部重要的交通中心。县内形成的具有优势的产业有工业、文化、艺术产业。

千叶县的地理位置很有特点，西部紧邻东京湾，东南部与太平洋相望，西北部与东京和琦玉县接壤。著名的成田国际机场就建立在该县，无形之中促进了该地的国际交往，一系列大型国际会议中心在此地相继建立。并且县域内娱乐设施完善，商业繁华。该县的第一产业发展具有比较优势，农业产值高于其他地区，在东京都市圈中第一产业比重最高，尤其种植和水产两部门发展比较突出。第二产业中的石油、化工、煤炭以及钢铁等工业部门也为该县的经济发展贡献了很大一部分力量。

神奈川县临近太平洋，因此具有十分优越的港口优势，成为日本最大的贸易港。县域内具备优越的发展条件：旅游资源丰富、劳动力资源充足、基础产业扎实、工业环境优良、第一、第二产业总产值较高。该地区的横滨市经济发展水平较县域内其他地区高，成为拉动神奈川县经济发展的核心城市。神奈川县工业基础雄厚，主要工业部门有石油、机械、化学、钢铁，另外，电子产业也是该地的重要工业部门。许多世界知名的大型企业都是在这里成立，比如索尼、日产、松下、东芝等，因此该地是日本最重要的工业基地之一（高峥，2016）。

二、东京都市圈产业结构演进

在东京都市圈历史发展进程中，日本政府总共对其实施了 6 次不同的规划。随着政府规划的依次实施，东京都市圈逐渐成熟，其形成与发展大致可分为东京都市圈形成、扩展、成熟、持续发展四个阶段。东京都市圈产业结构的演进几乎是与东京都市圈发展同步变化的，对应东京都市圈的发展阶段，其产业结构演进也可分为四个阶段来分析。

（一）制造业发展

受二战的冲击，日本国内经济不景气，战后经济需要恢复。东京所处地理位置优越、自然条件基础好、经济发展水平高，这些优势吸引了大量来自周边地区的劳动力和大量资本，许多企业和商业集团在此投资建立总部。并且由于担任首都职能，东京也成为国家行政机关的集中地。相比其他区域，东京获得相对丰富的生产要素，城市重建速度远快于周边地区。要素的大量涌入使东京快速发展的同时，也产生了一些制约可持续发展的问题——人口剧增和产业过度集中。东京面临着产业调整与经济发展问题，解决这两类问题的最佳途径就是经济外溢和向外疏解，并通过这种方式解决周边地区面临的产业结构升级问题。

20 世纪 50 年代，政府颁布《第一次首都圈基本计划》。在计划的指引下，日本政府借鉴英国整顿首都圈的成功经验来解决东京当时所面临的问题，采用"绿化带 + 新城"的开发模式有效约束城市规模持续混乱扩张，将涌入东京的一部分人口和产业引到规划的卫星城。同时完善相配套的基础设施，促进区域同城化发展的进程。

到了 20 世纪 60 年代，日本经济发展速度明显加快，东京及周边地区经济增长主要以发展第二产业为动力，其中制造业拉动经济效果最强。同一时期内，东京都市圈的其他产业也得到了相对较好的发展，比如教育、基础产业和交通设施等。外围区域由于得到政府政策和资金的支持，其基础设施较之前有很大改善，推动区域产业结构升级。东京都市圈初步形成阶段，通过加大对基础设施的投入以及发挥核心城对周边地区的辐射作用，使其产业和经济都受到有利影响，进一步增强了城市间的联系，也使周围地区产业发展受到更大的影响，为产业结构调整注入动力。

（二）生产性服务业发展

1968 年，《第二次首都圈建设规划》扩大了首都经济圈的范围，在原来的范围基础上又增加了 4 个县。这一改变旨在通过扩大都市圈范围来化解核心城市建设用地紧张和人口激增等问题。该阶段，众多产业部门纷纷进入东京发展，由此形成了"一极集中"的区域发展模式，在此发展模式下的区域也获得了更大的发展。从内部角度出发，主要是通过改造东京中心城区和大规模开发建设周边地区，进行产业分工定位；从外部角度出发，则主要是通过完善交通体系，加强东京与周边县域的联系，用东京市的产业升级影响周边地区产业结构的调整。

20 世纪 70 年代，受能源危机影响，再加上日元升值、国内生产成本上升以及环境污染等一系列问题，日本国内经济发展的环境严重恶化。这一时期，生产性服务业取代制造业的主导地位，成为拉动东京圈经济增长的支柱产业。但"一极集中"的区域发展模式也暴露出严重的弊端，中心城发展水平超高而周围县域城市发展相对落后，两者之间的发展差距随着中心城规模的扩张而越来越大。1976 年，日本颁布《第三次首都圈建设规划》对区域的空间布局做出调整，改变当时的"一极集中"发展模式，建立新的"分散型网络结构"模式。在区域协调发展理念的指导下，都市圈进入扩展阶段，东京的部分非核心职能开始向发展水平较低的周边地区疏解。圈内制造业陆续从发达的中心城市向外围地区转移，区域内各城市功能定位越发清晰、产业分工也越来越明确、产业之间的协作相比之前有所加强。都市圈辐射能力增强，所涉及的范围越来越广，拉动区域经济发展的增长点也由原来的一个增加到多个，社会文化产业和商业在中心城的外围地区得到良好的发展，产业向外溢出的步伐出现明显加快的趋势。

（三）服务业全面发展

1986 年，政府出台《第四次首都圈建设规划》，此次规划在上次规划的基础上继续强调构建"多心多核"的发展模式。这一新的发展模式旨在缓解核心城市所面临的巨大的人口压力和产业结构问题。周边区域在此阶段发展较好的产业是生产性服务业，初步形成"三、二、一"的产业结构配置。第三产业跃居发展首位，长期以来都具有优势的第二产业的主导地位被取代，支撑区域经济发展的支柱产业也随之发生了变化。除了都市圈的核心地区出现制造业发展速度下降的现象外，周围其他地区的第二产业发展程度也出现不同程度的下降。与面临发展困境的第二产业不同，第三产业在这一时期发展迅速，其中那些服务于法人企业的部门发展效果更加突出，并且大都集聚在比较发达的中心城市。核心城市东京在国际金融和中枢功能上的作用更加突出，周边城市资源配置效率逐渐提升，各城市间商务联系进一步加强。总之，都市圈发展定位要求区域内各城市协调发展，尤其要加强在城区建设、完善交通体系以及保护生态环境方面的协作。

日本从"泡沫经济"崩溃中意识到，建立一个独立自主且可持续发展的首都圈来抵抗经济风险是至关重要的，于是制定了《第五次首都圈规划》，以期指导该目标的实现。多个周边城市在此次规划的引导下发展成核心城市，圈内第三产业由于获得来自各个方面的支持而发展加快，尤其娱乐业顺应时势开始崛起，产业结构优化升级速度也因此加快。东京都市圈实现了规划制定的发展目标，形成多中心分散型的发展模式，各城市的功能调整更加合理，并且土地资源利用得更彻底。在全国的制造业发展放缓的大背景中，东京都市圈第二产业衰退现象尤为严重，在进入 21 世纪后，第二产业比重甚至都达不到 30%，大约只占

27%，并且制造业仍在继续向外部转移。

（四）产业可持续发展

2005 年新的《国土形成规划法》打破了先前传统的行政区域划分的四级体系，将首都圈作为广域地方规划区域。2008 年 7 月，新一轮国土形成计划强调由开发转向利用、保全和维护。这一阶段新增加了一些人口问题——人口减少和人口老龄化。新规划法的出台有利于提高城乡、产业布局的合理性，加大对基础设施项目的投入，以交通为例，都市圈形成了高度密集的交通网。由此可以看出政府开始注重发展的可持续性，并把该理念融入到产业发展当中（高峥，2016）。在该阶段，核心城市把发展重点放在现代服务业和高端制造业方面，而都市圈内的其他地区利用关联效应发展高技术产业、商品零售等传统服务业以及高附加值的产业。政府更加注重产业发展的可持续性，使东京都市圈产业结构更加合理且越来越高级化。

三、东京圈区域产业结构优化升级的经验

（一）利用波及效应发展关联产业

东京是东京都市圈的核心城市，经济实力在日本国内首屈一指。东京都市圈最初采取的是"一极集中"的发展模式，属于典型的"中心—外围"模型。为缓解东京当时面临的人口压力和产业结构的问题，东京都市圈于 1968 年开始探索全新的"多核多中心"的发展模式。便利的交通缩减了运输成本，更有利于人口流动，也有利于东京与周边地区互联互动，推动产业的转移，并最终实现产业集聚发展，产生规模经济（高峥，2016）。周边地区具有与东京距离较近、交通便利且自身基础条件良好的优势，因此可以充分利用这些有利条件大力发展与东京地区主导产业相关联的产业，从而在波及效应的作用下，产生区域内的规模经济，促进自身产业结构优化升级。圈内三县就是通过这种途径实现

了各自产业的发展。

二战后，日本向基础产业和能源产业倾斜。在此阶段，东京吸引了大量的劳动力和其他资源，这些有利条件加快了东京经济发展速度，使其远快于外围区域，并采取整合和新设公司的方式促进周边地区产业结构的升级。以工业部门为例，位于东京的大型重工业企业，不断向外扩展，在神奈川县、千叶县和琦玉县设立新公司。周边各县充分利用东京重工业的波及效应，积极发展相应的关联产业，位于东京湾沿岸的著名的京滨工业区就是在这样的背景下建立起来的。工业区内聚集着许多知名企业，比如日本钢管公司、川崎重工等，而这些企业的总部大多设立在东京。以日本钢管公司为例，起初它只是一家专注于做钢铁的公司，但后来采取整合方式，即收购周边横滨、川崎等地的产业，还在当地设立了新工厂，将业务进一步拓展到造船和机械制造，最终发展成为区域性的大型垄断企业，这也促进了横滨、川崎等地相关产业的发展。对东京地区而言，产业聚集并向外扩展的最佳区域是神奈川县，良好的产业结构基础为横滨和川崎市吸引了来自核心城市的工业企业，很好地承接了东京产业的波及效应，两地积极发展相应的关联产业，推动产业集聚发展，从而与东京地区产业共同产生规模经济，使区域产业整体得到发展。从都市圈内部来看，各地区的产业结构也得到优化。就横滨市来说，通过承接东京地区疏解的部分非核心功能，如物流和对外交往职能，丰富了原来比较单一的城市功能，即对外贸易水路运输功能，使产业结构越来越合理。

（二）通过产业转移促进产业升级

如上所述，波及效应作用下的产业集聚能够产生规模经济，并推动周围地区产业结构趋向合理化，实现区域产业结构的优化。而某些产业集聚到一定程度时，就会出现一些弊端，需要通过产业转移来化解，进而实现经济的持续发展和产业结构进一步优化。而产业转移的前提主要体现在以下两方面：一方面核心城市高度密集的产业在产生规模经济的同时，其发展也越来越受到资源环境的约束；另一方面周边地区拥有的比较优势强烈吸引着东京地区的产业转移，因为拥有丰富的土地资源，土地使用成本就变得比较低，而完善的交通设施使得出行以及运输都比较方便。核心城市需要转移非首都功能的不具有优势的产业，比如东京的制造业，尤其是低端制造。周边地区通过发展自身经济，更好地承接核心城市转移的产业，以此形成合理的产业布局。产业的转移不仅使核心城市的产业结构得到优化，也使承接地自身产业结构更合理。

日本政府工作考核并不仅仅依赖 GDP 指标，这就给予企业更大的区位选择自由，企业按照成本收益原则更多地受市场主导。东京都市圈聚集了对地价要求不同的产业，随着企业不断涌入，在供求定理的作用下，东京地价和劳动力成本随之上涨，那些劳动密集型产业开始向周边劳动成本低的地区转移。东京都市圈经济发展的支柱产业——第三产业，向知识密集型方向发展，且越来越多样化，其中信息通信行业成为众多产业中的佼佼者。2013 年，东京信息通信行业营业收入为 58.5 万亿日元，有 25.7 万家营业机构，约占全国总数量的 1/3；从业人员高达 85.3 万人，接近该领域全国总从业人数的 1/2（常艳，2014）。对于该产业的内部划分，都市圈内各城市进行了合理的分工，巩固了东京都市圈在日本政治经济文化中的核心地位，在很大程度上缓解了东京人口面临的就业压力。核心城市走高精尖的产业发展道路有效地提高了城市土地利用的效率，缓解了城市建设用地紧张的局面。近些年来，东京地区同时发生了产业转移和产业集聚现象，批发零售和商品流通等传统服务业不断向外疏解，而金融保险业等生产性服务业一直向东京的核心地区聚集。

东京第二产业向周边地区转移充分体现了东京都市圈早期"核心—外围辐射区"布局模式。周边三县承接了东京许多的非首都功能，部分工业职能转移到神奈川县和千叶县，居住和政府部门功能疏解到琦玉县（乌兰图雅，2015）。并且三个县均吸收了东京的很多制造业企业，彼此间的合作也进一步加强，第二产业对各县总产值的贡献均达到 22%以上，高于第二产业产值对东京总产值的贡献率。随着东京都市圈的不断发展，一些重工业部门开始向更远的地区转移，如有色金属、石化工业等，东京第二产业向外转移，改变了外围地区第二产业原先存在的部门虽多但规模较小的局面，形成了产业规模庞大并且专业化程度高的新局面，逐渐形成以控制、细微加工、光学、航空部件、医疗设备等部门为主的产业结构。东京都市圈内形成的高新技术产业群，不仅为圈域范围内的产业发展提供动力，还在全国范围内为制造业创造强大的竞争力。

外围地区在分析东京产业发展趋势和对自身准确定位的基础上，抓住机会积极承接东京转移的产业，不但化解了东京产业发展所面临的困境，还促进了本地区产业结构的优化，建立了贯穿东京、川崎、横滨等地的京滨工业带。神奈川县的横滨市在东京湾沿岸大规模填海，置换出大量可利用的工业用地，并凭借自身良好的工业基础以及极具吸引力的招商引资优惠政策，获得了大量来自东京的投资，许多东京的工厂也都转移到这里，临海工业带就是这样产生的。与此同时，67个内陆工业园区在横滨市相继建立，入园企业有2000多家，其中1000多家企业是从东京地区转移过来的（高峥，2016）。琦玉县利用其与东京接壤最多的区位特点，承担了一部分政府职能，丰富了本地区的城市职能，使得该地多元功能——政治、商务和生活，共同发展。琦玉县的浦和市由于土地使用成本较低，最早成为东京的"卧城"，承载了大部分东京人口流量，人口的流入催生了区域服务业的快速发展。过去的千叶县经济发展缓慢，产业结构水平很低，但在承接国际空港、港湾和工业职能后，发生了前所未有的变化，第三产业的发展进入快车道。其中最典型的部门就是旅游业，其发展颇有活力。由此县内产业结构水平提高了多个层次。

（三）以高级化促进产业结构优化升级

二战后，日本大力发展原材料产业，特别注重基础设施的建设。但在受到石油危机影响后，日本国内投资转向耗能较低的产业。而资源密集型产业因其自身消耗资源率过高的特征，遭遇发展寒冬，其主导地位被节省资源能源的技术密集型产业所取代，因此高耗能产业在产业结构中的比重不断下降。侧重发展第三产业则是在国际环境下做出的选择，是大势所趋。东京都市圈的产业结构在服务业强劲发展下，实现了升级，其中生产性服务业的推动作用十分显著。在区域发展当中，东京重点发展金融保险业、高端制造业、出版印刷业；周边地区则承担起商品零售、高新技术、物流、轻纺工业等职能，可见东京都市圈产业结构服务化、信息化以及高技术特征明显（卢明华、李国平，2003）。东京周边地区劳动工资低，在交通畅通的条件下，劳动力会自发流向东京，而周边地区土地成本低，东京的主导产业在关联效应的作用下不断向外转移，促进周边地区实现工业化，最后向服务业转变。

东京都市圈产业结构优化升级的形式和经验具体如下：

核心城市东京通过疏解非首都功能来实现产业结构的优化升级。人口激增给东京带来劳动力资源，同时也使东京面临巨大的人口压力。产业集聚产生规模经济的同时也暴露出弊端，重工业发展使得环境恶化，城市建设用地愈发紧张。面对发展困境，东京采取产业转移的方式，将不再具有比较优势的产业，比如将低端制造业，以钢铁化工为代表的重工业，以及一些传统服务业疏解到周边地区，并以第三产业为支柱产业，注重科技创新，发展高端产业，推动产业结构不断优化。

神奈川县在发挥自身国际港口优势的基础上，通过对接东京的工业职能实现产业结构高级化。该地承接东京转移的国际交流、居住、商业和研发等方面的职能。这里有日本最重要的对外贸易港——横滨市，该市兼具海陆运输优势，吸引大批知名企业在此设立总部，并且一部分国家政府机构也选择建在这里。除横滨外，川崎港面向大企业为其提供运输服务，再加上川崎市深化与东京在研发和制造领域的产业合作，这都为其吸收东京的企业奠定了良好的基础，促进区域产业结构升级。20世纪70年代，在公海问题以及制造业持续外迁的影响下，川崎市开始对环境给予高度重视，提出发展对环境影响较小的高附加值和富含知识的新型产业。川崎市从政策上着手，通过制定有利政策吸引东京的创新性企业，同时对本地中小型企业也给予一定的政策支持，推动技术创新型产业集群的形成与发展。在高新技术产业迅速发展的同时，通过创建医疗、教育、娱乐、体育等产业的联合发展，川崎市产业结构不断优化。

琦玉县通过承接东京以政府职能为代表的一系列产业的转移实现产业结构的高级化，一部分国家政府机构在该地设立，因此在某种程度上可将其称为次于东京的"副都"。由于生活成本低且交通便利，再加上与首都东京距离比较近，琦玉县承担了东京的生活、商务等非首都功能。此外，该县的浦和市承载着东京地区的人口流量，推动了该市服务业发展。

千叶县利用区位和资源优势，通过承接东京产业的转移，推动产业结构迈向更高的水平。该地发挥国际空港、港湾的优势，承接了东京地区疏解出来的一部分工业企业，尤其是跟国际交流和合作密切相关的产业。此外，千叶县还有比较丰富旅游资源，通过打开东京都市圈这个具有极大潜力的市场，使得该地旅游业迎来更大的发展空间，不断优化产业结构。该县有日本最大的原料输入港——千叶市，作为千叶县的中心城市，它主要发挥国际商务职能，市内物流业比较发达。

第三节　长三角产业结构优化升级的经验分析

长三角地区，指上海、江苏和浙江两省一市，位于我国东部沿海地区，区位优势显著。其区域面积 21.07 万平方公里，占全国面积的 2.19%，2017 年长三角三次产业产值总额为 168271.01 亿元，占全国总产值的 20.4%，区域整体发展水平位居全国首列①。在拉动我国经济增长方面，长三角扮演着不可替代的角色，是我国第一大经济增长极。长三角在发展过程中形成了以上海为核心、江浙为两翼的发展格局，其中该区域各城市所构成长三角城市群被法国城市地理学家简·戈特曼划为世界"第六大都市圈"（张文伟，2007）。

---

① 资料来源：2018 年汇浙沪各地统计年鉴。

一、长三角产业结构变动

改革开放初期,长三角地区工业基础良好,第二产业发展比较突出,产值高于第一、第三产业总额,产业构成中第一、第三产业所占比重较小。在长三角此后的发展中,工业扮演了拉动地区经济增长的重要角色,1978～2000年,第二产业比重都高于50%。第一产业比重稳步下降,第三产业比重小幅上升,在1985年第三产业比重首次超过第一产业,产业结构特征也发生变化,由长期存在的"二一三"型转变为"二三一"型①。此后,第一、第二产业比重稳步下降,第三产业明显上升。在1998年至2017年间,长三角地区以及全国三次产业结构发生的具体变化如表6-2所示。

表6-2　　　　　　　长三角地区与全国三次产业产值结构　　　　单位:%

年份	长三角			全国		
	第一产业	第二产业	第三产业	第一产业	第二产业	第三产业
1998	10.78	51.57	37.65	17.2	45.8	37
1999	9.91	51.24	38.85	16.1	45.4	38.6
2000	9.02	50.95	40.03	14.7	45.5	39.8
2001	8.50	50.47	41.04	14.0	44.8	41.2
2002	7.70	50.58	41.72	13.3	44.5	42.2
2003	6.80	52.33	40.87	12.3	45.6	42.0
2004	6.52	53.51	39.97	12.9	45.9	41.2
2005	5.92	53.49	40.59	11.6	47.0	41.3
2006	5.34	53.64	41.02	10.6	47.6	41.8
2007	5.07	52.73	42.20	10.2	46.9	42.9
2008	4.97	52.09	42.94	10.2	47.0	42.9
2009	4.88	50.32	44.80	9.6	46.0	44.4

①　资料来源:苏浙沪各地1978～2000年统计年鉴。

年份	长三角			全国		
	第一产业	第二产业	第三产业	第一产业	第二产业	第三产业
2010	4.65	50.13	45.22	9.3	46.5	44.2
2011	4.74	49.38	45.88	9.2	46.5	44.3
2012	4.79	48.02	47.20	9.1	45.4	45.5
2013	4.70	46.96	48.34	8.9	44.2	46.9
2014	4.25	45.52	50.23	8.7	43.3	48
2015	4.25	43.62	52.13	8.4	41.1	50.5
2016	4.03	42.02	53.95	8.1	40.1	51.8
2017	3.64	41.72	54.64	7.6	40.5	51.9

资料来源：根据2018年长三角两省一市以及国家统计年鉴整理得出。

从图6-1可以看出，在1998年至2017年这20年间，长三角地区三次产业结构变化表现出"退一减二增三"趋势，根据国际标准（见表6-3），长三角三次产业结构当前处于中上等收入水平，三次产业结构就业人员构成接近于发达国家水平，而从全国平均来看，我国则处于中等收入国家水平。

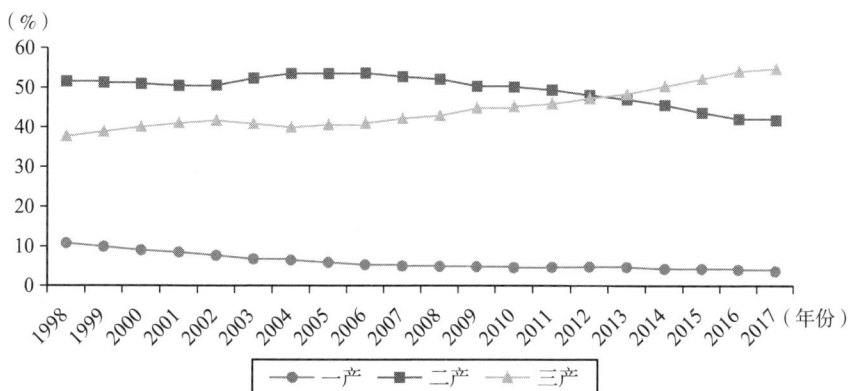

图6-1　长三角三次产业占比变化

资料来源：根据表6-1整理绘制。

表6-3 不同发展阶段产业结构国际标准

指标		低收入水平	中下等收入水平	中等收入水平	中上等收入水平	发达国家
人均GDP（美元）		430	1670	2390	4260	24930
增加值构成（%）	第一产业	25	13	11	9	2
	第二产业	38	36	35	37	32
	第三产业	35	49	52	53	66
从业人员构成（%）	第一产业	73	54	44	30	6
	第二产业	13	17	22	28	38
	第三产业	15	29	34	42	56

资料来源：世界银行发展报告（1997）。

从区域整体来看，近20年来，长三角地区第一产业比重下降趋势比较平稳，相比之下，第二、第三产业的变化不够平稳，但大体来说长期趋势还是相对明显的。在2002年之后第二产业占比呈上升趋势，并且持续到2006年，在2007年开始下降，并在2008年下降幅度突然增大。与第二产业变化情况相反，第三产业比重在2002～2005年呈下降状态，2006年开始上升，并于2013年超过第二产业比重，实现产业结构由"二三一"向"三二一"型的转变，但这一时期，第二产业依然占据区域经济发展重要地位。截至2017年，第一产业比重降低到3.64%，第二、三产业比重分别增加到41.72%和54.64%。第一产业在最近20年间下降了7个百分点，第二产业下降将近10个百分点，第三产业上升17个百分点，说明长三角产业结构优化升级效果十分显著。

长三角三次产业就业人口构成变化如图6-2所示。第一产业从业人员比重逐年稳步下降且幅度很大，由1998年的40.86%下降到2017年的15.07%，20年内下降了25.79%；第二、三产业从业人员所占比重几乎是同步上升的，上升幅度大体相同，但在2015年出现短暂下降后，2016年又迅速上升，且第三产业从业人口比重上涨幅度大于第二产业，并实现了超越。在2017年第二产业就业人口比重又开始下降，而第三产业从业人口比重保持上升态势，三次产业从业人口构成也呈

"三二一"型。

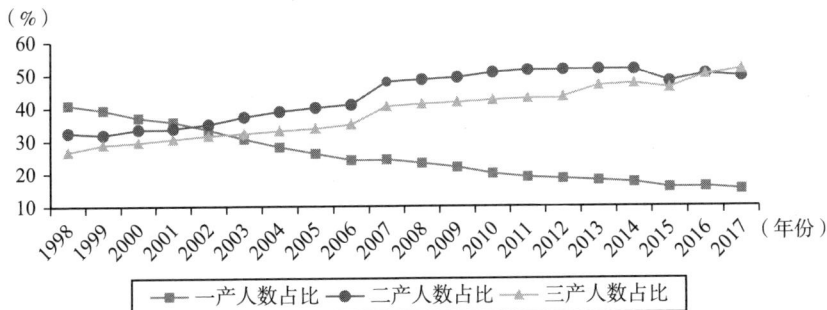

图6-2　长三角三次产业就业人口构成变化

资料来源：根据2018年长三角两省一市统计年鉴整理得出。

如图6-3所示，从长三角区域内部来看，上海市的产业结构水平是最高的。第一产业占比微小，第二、三产业占比较大，1998年三次产业构成为1.9∶49.3∶48.8，呈现出"二三一"结构特点。而后一年，第三产业产值增长加快，实现了对第二产业的超越，从而一跃成为上海的主导产业，产业结构类型也发生相应的变化，转变为"三二一"型。2010年之后，第三产业比重上升趋势明显，第二产业比重下降明显加快。2017年三次产业结构比为0.3∶30.5∶69.2，第二、三产业比重差距悬殊，大约相差40个百分点，表现出极强的服务经济主导的"三二一"型产业结构。

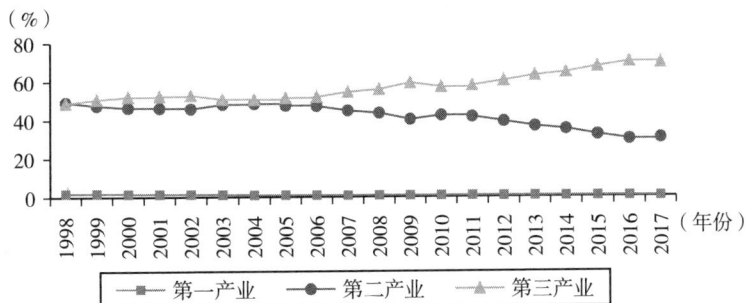

图6-3　上海市三次产业占比变化

资料来源：2018年《上海统计年鉴》。

如图 6-4 所示，江苏省的第一产业比重在长三角三省市中是最高的，1998 年第一产业比重为 14.5%，2017 年下降到 4.7%，最近 20 年内缩减了近 10 个百分点。江苏三次产业比重变化情况与长三角地区大致相同。在 2015 年第三产业实现了对第二产业的赶超，产业结构由长期保持的"二、三、一"转变为"三、二、一"类型。2017 年三次产业结构比为 4.7∶45∶50.3，可以看出第二产业占比依然是很高的，呈现服务业和工业基本并重的产业发展结构。

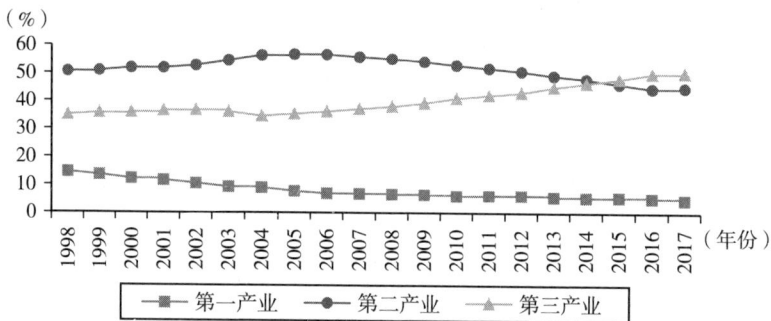

图 6-4　江苏三次产业占比变化

资料来源：2018 年《江苏省统计年鉴》。

浙江产业结构变化趋势也与长三角地区大体类似，见图 6-5。第一产业占比在 20 年间稳步下降，由 1998 年 12.1% 减少到 2017 年 3.7%，

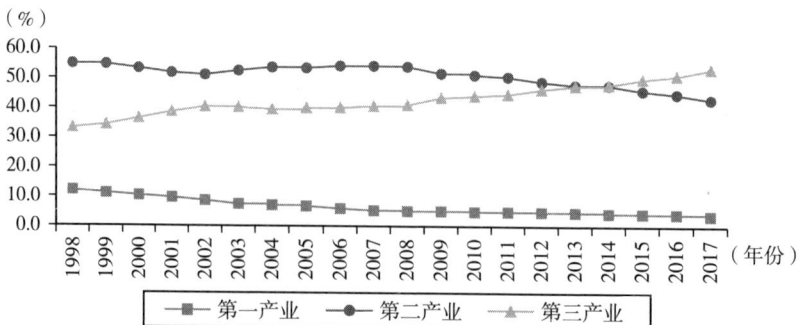

图 6-5　浙江省三次产业占比变化

资料来源：2018 年《浙江省统计年鉴》。

缩减了 8.4%，第二产业比重由 1998 年 54.8% 降到 2017 年的 43%，下降近 12 个百分点，2017 年第三产业比重为 53.3%，上升 20 个百分点，第三产业增长速度居长三角之首。

二、长三角产业结构优化升级路径

（一）长三角注重发展高技术产业

在全国掀起建设高新技术开发区的浪潮时，上海市也顺应潮流，建立了本市第一个高技术开发区——漕河径新兴技术开发区。通过吸引外资、引进国外先进技术为高技术产业发展带来技术和资金上的支持，并通过该产业的兴起促进上海产业升级。江苏省通过制定火炬计划，建设苏锡常"火炬带"和高新技术开发区，重点发展微电子信息、机电、生物技术、新材料等。高技术产业，推动省内产业结构调整。浙江同一时期的高技术发展落后于苏、沪两地。长三角地区凭借雄厚的工业基础和较高的经济实力，利用对外开放机会吸引了一大批国外的高技术企业和相关的科技人才，在承接来自发达国家产业转移中，初步形成了一定规模的高技术产业集群。在国外资本和全球信息产业向长三角地区转移的大背景下，江苏形成了沿江高技术产业聚集带，即以江苏软件园为龙头，南京、常州、无锡、苏州软件园与之呼应的沿江软件产业密集带。上海浦东的开发和江苏沿江高技术产业聚集带的形成作为两大动力源，推动长三角地区发展并成为我国高技术产业的重要基地。

进入 21 世纪，上海积极响应国家战略，把发展重心放在关键领域，推动战略新兴产业高效集聚发展。江苏为发展新兴产业，鼓励自主创新，并采取突破核心技术的方式，积极开发拥有自主知识产权的新产品（刘洋等，2012）。2006 年江苏省率先提出发展新能源、新医药、新材料和生物四大新兴产业，"十二五"规划又将当时的 6 个新兴产业部门增加到 10 个，新增的 4 个部门分别是海洋工程装备、智能电网、云计算和高端装备制造。浙江省为推动高技术产业集聚发展，加大力度培育一批战略性新兴产业示范基地。因浙江省民营经济比较活跃，政府还大力支持民营企业参与新兴产业发展，为高技术产业崛起贡献力量。2001年长三角地区的高新技术产业产出总值达到3249.24亿元，在2013年就已经增长了10倍多，最近20年里专利授权数和发明专利授权数增长速度加快（周荣荣，2012），技术进步和技术产业化推动产业结构迈向高级化。

（二）长三角各地协调合作

从1982年提出"以上海为中心建立长三角经济圈"开始，长三角区域一体化发展日渐加强。1997年"长三角城市经济协调会"成立，长三角地区之间的合作继续深化。2018年长三角区域一体化发展上升为国家战略，进一步强调跨区域协调合作。由此可见区域协调一体发展是十分重要的。

在长三角地区高技术发展过程中，企业通过跨地区投资经营和异地设厂，进行产业合作。上海作为长三角地区的核心，其强大的辐射功能带动周边地区产业转型升级，并在波及效应的作用下推动产业链分工协作。上海为了将尽可能多的发展空间提供给空间技术、通信技术、新材料、微电子等高科技产业，选择将一部分劳动密集型产业向苏南地区转移，而这些迁出的产业就发展成为了转入地的主导产业。上海将部分失去优势的产业或者发展受限的产业外迁，使自身产业结构更加合理，同时周边地区通过承接上海产业的转移和吸收上海高技术，实现了产业结构升级，诸如苏州、无锡、常州、昆山高技术园区的建设就推动了产业集群发展。

20世纪90年代中期，浙江省采取主动与上海企业合作的方式，提升本地企业科技创新能力。2000年上海实行的"走出去"发展战略与江浙地区实行的"引进来"战略完美契合。上海制造业向江浙两地转移，高技术产业实现在区域内的调整，通过技术扩散带动地区整体的产业结构升级。长三角在"统一大市场建设、构建区域大交通体系、信息资源共享、人力资源开发与共享"等方面开展了专题式合作（司桂霞，

2015），为地区产业结构优化升级创造有利条件。长三角通过这些合作加强创新，进而推动高技术产业、新兴战略产业的发展。

　　长三角两省一市依据自身定位，发展适合本地区的产业。上海致力于打造现代化国际大都市，把发展重心放在国际金融、航运和贸易等现代服务业以强化其全国经济中心的功能，其次发展高端制造业、高新技术产业，并将那些与都市发展不相适应的低端制造业以及劳动密集型产业向外迁出，推动制造业向着高端化发展。江苏是农业大省，相比长三角其他省市具有农业优势，成为区域内绿色农产品生产基地。虽然目前江苏省三次产业结构中第三产业占比最高，但作为全国工业第一大省，江苏的第二产业比重自然不会太低，依然是经济发展的重要拉动力。从产业内部来看，江苏的制造业趋向高端化，注重在技术、人才、资本聚集地区发展电子、集成电路、生物医药等高技术制造业。浙江把高技术产业、现代服务业放在优先发展产业行列，其次是临港工业以及一些传统优势产业。长三角各地区利用区域优势、要素优势、合理的产业布局，形成一系列产业带，推动产业集群发展，使得地区产业结构不断升级优化。

（三）长三角产业集群发展

　　（1）长三角区域整体产业集群。近些年长三角地区加大力度发展新兴产业，产业集群规模不断扩大。2011年"泛长江三角洲新材料产业发展战略联盟"成立，使得新材料产业集聚区的孵化功能、辐射效应发挥得更充分，进而加快了新材料产业的升级。长三角为打造世界级先进制造业集群集聚区，建设了G60科创走廊，以人工智能、集成电路、生物医药等7大先进制造业为焦点。为实现生物医药跨区域发展、推进长三角生物医药产业融合、发展高质量产业集群，江、浙、沪三地共同发布了《江浙沪药品上市许可持有人跨省委托监管规定》。

　　（2）长三角区域内部产业集群。上海致力于将该市打造成现代化国际大都市，为优化空间布局，近些年加快了制造业向外部迁移的速度，逐步形成了东部微电子、西部汽车、南部化工、北部钢铁4大产业基地和 9 大工业园区。浙江民营经济比较发达，所以产业集群发展是由民营企业来主导的，产业专业化分工程度比较高，采取的是市场主导的内生型发展模式，由微观主体自发活动形成。得益于劳动力数量充足且成本低的特点，浙江省地方性的产业集群大多都是劳动密集型产业。而江苏省产业集群发展主要有自发成长型、企业扩展型、市场带动型、科技驱动型、外资带动型 5 大类。省会城市南京依托区位优势及雄厚的工业基础，吸引并发展了装备制造业，形成了以交通、汽车零件、新型电力装备为特色的高端装备产业集群。

三、长三角产业结构优化升级经验

（一）强化区域产业分工协作

1. 合理定位，强化产业分工。从区域内部出发，根据各地资源禀赋特点和比较优势，准确进行功能定位是产业分工合理的有效保证。对区域整体功能的准确定位能够有效促进该区域产业结构的升级转型，实现产业结构的优化。2010 年出台的《长江三角洲地区区域规划》将长三角功能定位为"亚太地区重要的国际门户、全球重要的现代服务业和先进制造业中心、具有较强国际竞争力的世界级城市群"（司桂霞，2015）。近年来，长三角地区实行以农业为基础、高新技术产业为先导、基础产业和制造业为支撑、全面发展服务业的发展战略。

作为长三角地区的核心，上海从现代化国际大都市的定位出发，提出要以优化空间布局为手段，加快发展与其城市定位相一致的现代产业体系，着重发展国际金融、航运和贸易的现代服务业，巩固上海作为全国经济中心的地位。而江浙两地土地、矿产等自然资源以及人力资源丰富，吸引了大批上海企业在此投资，设立工厂。在上海制造业外迁过程中，江浙两地抓住机会很好地承接了上海产业的转移。江苏是农业大省，第一产业发展良好，为其他地区输送农产品，尤其是特色农产品。在各种区域规划的指引下，长三角地区的产业分工体系日趋完善，上海、南京、杭州以服务经济为主，高技术产业沿沪宁杭沿线地区布局，重型工业着重布局在航运和水资源便利的沿长江和沿海发展带，宁杭发展带、江苏江淮及大运河发展带则以生态经济及文旅产业为主（陈雯，2019）。

2. 产业集群协作。产业集群是指在某一特定区域中（通常以一个主导产业为核心），大量产业联系密切的企业以及相关支撑机构在空间上的聚集，并形成强劲持续竞争优势的现象（任寿根，2004）。产业集群会使得产业内部生产要素集中、降低相关成本并由此产生规模效应，此外产业集聚还会推动整个产业链的发展（徐泰玲，2010）。产业集群协作发展体现在两个方面：一方面是地区间的产业协作，即长三角各地间建立产业联盟；另一方面是产业结构内部的合作，即长三角地区制造业、旅游、文化、金融、科技等领域的产业合作。

长三角产业集聚建立在自身优势基础上，利用作为对外开放窗口的优势，吸引外资进入，将经济发展类型转为外向型。江苏地区形成的新"苏南模式"，以引进国外资本和先进技术来培育特色优势产业，推进优势制造业产业集群的形成，实现产业结构的升级。上海近些年也在积极引进外资，以促进更多、更大规模产业集群的形成。通过吸引外资，长三角逐渐形成了外向型加工制造业产业集群，优化了该区域的产业结构（高颖飞，2012）。

（二）以市场为主导，政府发挥引导作用

长三角产业结构优化升级过程当中，主要以企业微观主体自发性活动为主导力量，而政府则是起到积极的引导作用。上海作为区域核心城市，面临着巨大的环境、人口压力，所以一部分制造业企业在成本收益驱动下，选择迁往劳动力、土地成本低的江、浙等周边地区。为实现产业转移的有序、规模进行以及产业转移能被顺利承接，转移地和承接地政府分别制定相关政策加以引导。

长三角地区制造业发达，但劳动密集型、低附加值产品占比较大，为解决某些产业发展带来的环境污染严重，能源消耗大的问题，政府需

要参与其中。企业自身为减少生产成本、增加收益，通过改进技术、创新发展来推动产业升级。政府为减少负的外部性，对低耗能环保企业实施税收优惠政策，激励企业升级改造；对一些负外部性较强的非重点产业则采取强制退出机制。在市场和政府的联合作用下，长三角地区第二产业转型升级速度得到进一步加快，向高附加值产业发展。可见政府的倾斜政策为产业结构朝着合理化方向发展提供了政策保障。

政府在产业集聚方面也发挥积极作用。以浙江产业集群发展为例，该地采取市场为主导的内生型产业集群发展模式，微观主体自发性活动主导着产业集群的形成，政府主要发挥辅助作用。对于产业整合和产业集群这类经济问题，需要企业自己解决，政府只能给予一定的支持。而政府主要负责解决公共产品的协调问题，如基础设施和环保等（高颖飞，2012）。这些公共产品能够对产业集群发展产生重要的影响，公共产品的协调可以推动产业集群的形成。由于市场在公共产品问题上是失灵的，这些问题也只能由政府来解决。

此外在推动要素自由流动方面，政府和市场也是密切配合的。在市场机制的作用下，各类要素自发流向那些效益较高的地区，但由于长三角地区不是一个行政区，要素流动在一定程度上会受到地区体制机制阻碍，而破除体制机制障碍则需要政府来完成。长三角在打破各地为政局面、推进地区协同发展方面，对国内其他地区很具借鉴意义。三地政府从20世纪80年代以来就不断出台各种规划，旨在建立统一的市场和交通体系，以及实现信息、人力资源的共享，以此促进各类要素自由流动，加强产业协作。

（三）以高新技术产业为推动力

高技术产业在当前及未来的产业结构优化升级中起到重要的推动作用。长三角地区具有高层次对外开放水平，在利用其区位优势基础上，积极引进国外先进技术和资本，大力发展高技术产业，上海尤其要做到这一点。上海地区社会资源丰富，聚集了大量的高端人才，拥有强大的科技支撑，资本雄厚。在相关政策的指引下，上海利用这些优势，发展成为长三角高技术产业核心地区。江浙两地高技术产业在通过自主创新进行自我发展的同时，也受到上海高技术辐射带动，从而加快发展速度。苏浙沪三地通过跨区域合作发展高新技术产业，使得区域间的资源得到合理高效的利用，使产业结构更趋合理。

截至 2018 年，长三角两省一市共有国家级高新区 26 个，其中江苏省有 15 个，浙江省有 8 个，上海市有 3 个。作为产业发展增长极的高新技术开发区，通过技术溢出带动周边地区高技术产业发展，并通过前、后向关联推动相关产业的升级。再加上长三角地区交通便利，信息发达，其扩散和波及效应能够发挥得更加充分。利用高技术产业对传统产业和基础产业进行改造，可使产业结构升级速度加快。江苏是农业大省，其第一产业比重在长三角两省一市中是最高的。江苏利用高技术制造业来推动农业生产机械化、智能化，促进传统生产方式的转变，最终实现农业现代化，促使第一产业结构日益高效化。

第四节　京津冀产业结构优化升级的经验分析

京津冀地区是指北京市、天津市和河北省，位于我国环渤海中心地带，地理位置十分优越。京津冀是我国的政治、文化中心，也曾是近代中国经济中心。同时京津冀也是我国重化工业、装备制造业和高新技术产业基地，是我国参与国际经济交流和合作的重要门户，其日益密集的交通网络推动着该地区以及周边区域的发展。京津冀两市一省总面积为 21.6 万平方千米，占全国总面积的 2.3%。2017 年京津冀两市一省的三次产业总产值为 80580.41 亿元，占全国总产值的 9.82%，京津冀已经成为拉动我国区域经济发展的"第三驾马车"①。

---

① 资料来源：2018 年京津冀两市一省统计年鉴。

一、京津冀产业结构变动

改革开放以来，随着经济的发展，京津冀地区产业结构也在不断地调整。表 6 – 4 选取 1998 ~ 2017 年的数据来研究近 20 年京津冀地区产业结构优化升级情况。

表 6 – 4　　　　　　　　1998 ~ 2017 年京津冀三次产业占比　　　　　　　单位：%

年份	京津冀地区			全国		
	第一产业	第二产业	第三产业	第一产业	第二产业	第三产业
1998	11.73	45.13	43.14	17.2	45.8	37.0
1999	10.95	44.21	44.84	16.1	45.4	38.6
2000	9.82	44.38	45.80	14.7	45.5	39.8
2001	9.58	42.86	47.56	14.0	44.8	41.2
2002	8.94	41.70	49.36	13.3	44.5	42.2
2003	8.48	42.82	48.70	12.3	45.6	42.0
2004	8.76	44.35	46.89	12.9	45.9	41.2
2005	7.57	45.00	47.43	11.6	47.0	41.3
2006	6.79	44.62	48.59	10.6	47.6	47.0
2007	6.92	43.79	49.29	10.2	46.9	42.9
2008	6.60	44.27	49.13	10.2	47.0	42.9
2009	6.54	42.69	50.77	9.6	46.0	44.4
2010	6.36	43.16	50.48	9.3	46.5	44.2
2011	5.85	43.78	50.37	9.2	46.5	44.3
2012	5.72	43.14	51.14	9.1	45.4	45.5
2013	5.45	42.27	52.28	8.9	44.2	46.9

续表

年份	京津冀地区			全国		
	第一产业	第二产业	第三产业	第一产业	第二产业	第三产业
2014	5.18	41.31	53.51	8.7	43.3	48.0
2015	4.85	38.69	56.46	8.4	41.1	50.5
2016	4.50	36.95	58.55	8.1	40.1	51.8
2017	4.24	35.70	60.06	7.6	40.5	51.9

从图6-6中可以看出，在1998年至2017年这20年间，京津冀地区三次产业结构变化同样表现出"退一减二增三"趋势，根据国际标准（见表6-3），2017年京津冀三次产业结构处于中上等收入国家水平，而三次产业结构就业人员构成正接近于中上等收入国家水平，均高于我国平均水平（见图6-7）。

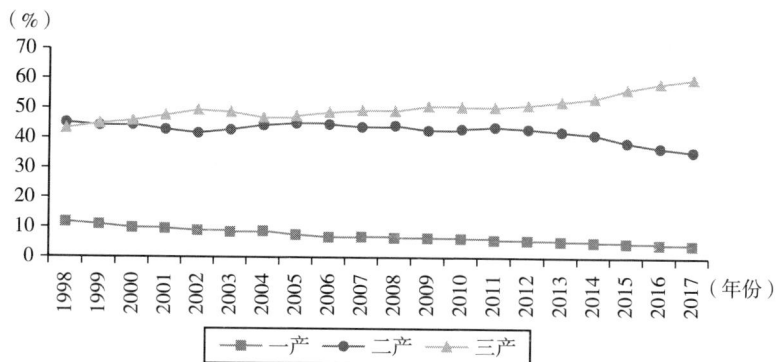

图6-6　京津冀三次产业结构变化

从区域整体来看，近20年京津冀两市一省三次产业占比变化情况如下：京津冀地区第一产业占比逐年稳步下降，由1998年的11.73%下降至2017年的4.24%；在2003年至2011年间，第二产业占比表现出上下波动状态，但在2013年开始呈现明显的下降趋势，由2013年的42.27%减至2017年的35.70%，五年期间下降了6.57%；除在2003~

2004 年第三产业占比有短暂下降外，长期来看整体呈现出明显增长趋势，由 1998 年的 43.14% 增加至 2017 年的 60.06%，上升了将近 17 个百分点。在 1999 年，第三产业占比 44.84%，以 0.6% 之差超越第二产业，使改革开放以来一直保持的"二三一"产业结构转变为"三二一"发展结构，并且优于全国平均水平，由此可见京津冀地区三次产业转型态势明显。

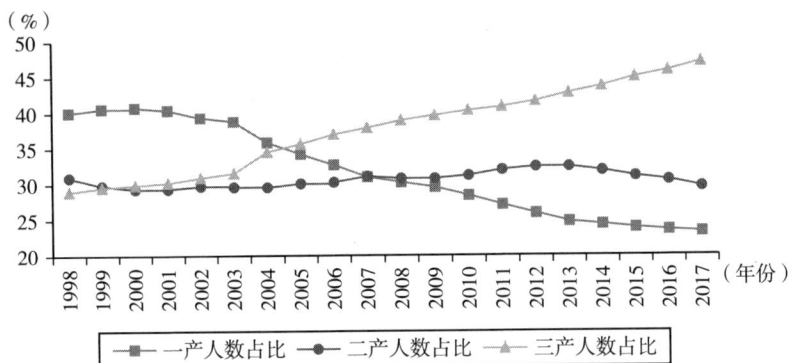

图 6-7 京津冀三次产业就业人口构成变化

资料来源：由京津冀两市一省统计年鉴整理得出。

京津冀三次产业就业人员构成变化如图 6-7 所示，近 20 年，第一和第三产业就业人口比重变化幅度大体相当：第一产业就业人口比重 20 年间下降了 16.8%，第三产业就业人口比重上涨了 18.1%。第二产业就业人口总体变化不大，但近几年具有明显的下降趋势。在 2000 年第三产业就业人数开始高于第二产业，三次产业就业人口结构为"一三二"型，在 2008 年第一产业就业人数开始低于第二产业，三次产业就业人口结构转变为"三二一"型。

从区域内部看，两市一省各地的产业结构都获得了优化，向着高级化的方向发展，但发展速度及发展过程存在明显不同。如图 6-8 所示，北京的三次产业结构转型升级较快且幅度较大，早在 1994 年第三产业所占比重就超过了第二产业，产业结构由"二三一"型转变为"三二一"型①。1998 年三次产业结构比例为 3.2∶35.1∶61.7，2017 年第二产业占比下降为 19%，第三产业占比上升到 80.6%。根据产业结构的国际标准，北京当前处于与发达国家相当的产业结构水平，是京津冀地区产业结构水平最高的。如图 6-9 所示在 2015 年，天津市第三产业以51.89%的比重高于第二产业约 5 个百分点，实现"三二一"的产业结构状态，但第二产业所占比重仍然较大，2017 年第二产业比例高达40.94%。与两市相较而言，河北省产业结构优化升级效果不够突出

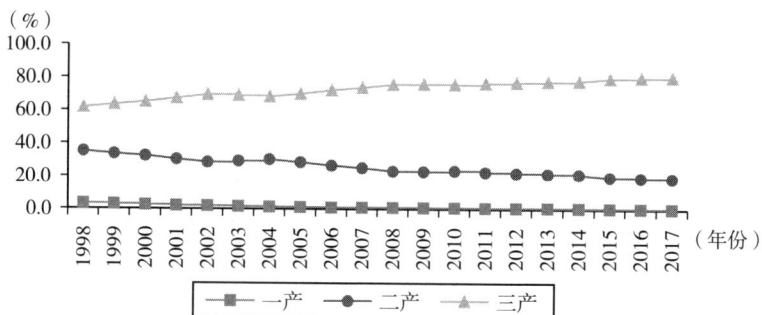

图 6-8　北京市三次产业占比变化

资料来源：2018 年《北京统计年鉴》。

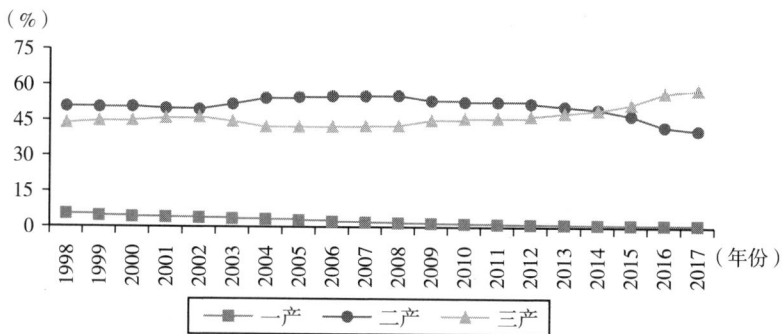

图 6-9　天津市三次产业占比变化

资料来源：2018 年《天津统计年鉴》。

---

① 资料来源：1995 年《北京统计年鉴》。

（见图6-10）。在2014年之前，第二、第三产业比重波动幅度小，但近5年，第二产业比重下降趋势比较明显，第三产业比重上升幅度增大，由2014年的37.46%提高到2017年的44.21%。但2017年第二产业比重在三次产业中仍然最高，高于第三产业约2个百分点，河北省整体产业结构依旧是"二三一"状态。

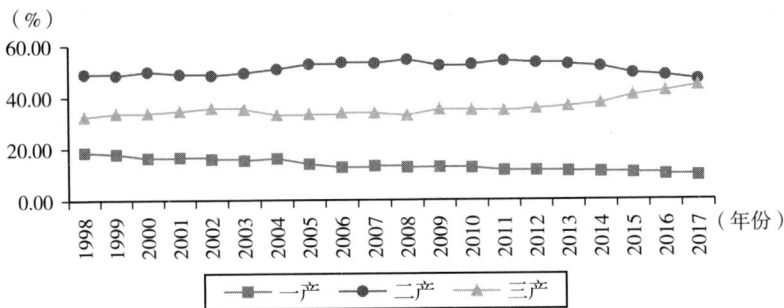

图6-10 河北三次产业占比变化

数据来源：2018年《河北统计年鉴》。

二、京津冀产业结构优化升级路径

（一）京津冀三次产业分工与合作

改革开放之前，京津冀三地各自为政，区域合作意识淡薄，缺乏区域经济合作。改革开放后，京津冀站在区域整体的高度来规划各地政府职能和确定各地发展定位，区域的产业合作和分工得到加强，区域产业结构不断优化。天津和北京城市化水平较高，并且由于土地资源的限制，农业朝着都市型农业方向发展，所占产业比重越来越小。而河北是我国华北地区农业大省，第一产业发展基础较好。京津两市利用河北的农业优势，与其展开深入合作。天津和北京地区的一大批相关食品企业都选择在该地设立工厂，建立农产品深加工生产基地。京津冀三地农业合作不仅使河北省第一产业得到高效发展，也在京津两市的第二、第三产业发展方面起到了物资保障作用。

最初，在国家优先发展重工业的发展战略指导下，北京成为仅次于沈阳的全国第二大重化工业生产基地（史利国，2007）。重工业发展带动经济增长的同时，也带来了环境污染、资源紧缺等一系列日益突出的问题，这与北京首都功能相矛盾。1983年制定的《北京城市建设总体规划方案》要求北京各项事业发展都必须服从和体现北京作为首都的城市性质——全国政治、文化中心（葛本中，1996）。自此，北京开始将第二产业向天津和河北两地转移，尤其是部分高能耗、高污染的制造业，与此同时，加大力度发展高端制造业以及第三产业。同时，天津的一些产业也向河北地区转移。区域内发达地区的过剩产能被周围地区消化吸收，使产业结构得到优化，而相对落后地区的第二产业在承接产业转移过程中也能得到发展。

在《北京城市总体规划（1991~2010年）》指引下，北京经济结构进行战略性重组。在此期间，北京化工、冶金等重化工业比重大幅下降，而高端制造业、高新技术产业以及第三产业蓬勃发展。在1994年，北京市第三产业比重超过第二产业，打破了持续多年的"二三一"产业结构，第三产业取代第二产业成为主导产业，同时北京城市类型也发生相应转变，从原先的工业型升级为服务型。而天津和河北两地服务业水平低于北京，尤其是河北省，目前还是第二产业占主导地位。最近几年，京津冀地区通过整合服务业各类要素，使得京津两市金融业协同发展，物流网络也越来越完善。

（二）京津冀区域内产业发展战略

北京和天津依据自身功能定位，把当前和未来一段时间重点发展的产业定位为高端装备制造业、现代生产性服务业，以促进产业结构的优化升级。现阶段，北京市为发展与首都功能相适应的产业，采取"退二进三"的产业发展战略，侧重发展信息产业、现代服务业。而河北是京津冀三地产业结构水平最低的地区，目前还是第二产业占据主导地位。因此，河北在京津冀地区产业转移当中充当转入方的角色，通过承接京津两市转移出的一部分劳动力密集型产业和资本密集型产业，学习利用其相对先进的生产技术，来改造提升河北本地落后的传统产业，以此推动该地产业结构的优化升级。

《北京城市总体规划（2004~2020年）》将三次产业结构内部优化提上日程。在该规划的指导下，北京市产业转移规模有序进行。像焦化厂、首钢等这样一类高污染、高能耗、高水耗的制造业企业整体搬迁至河北。《北京市"十一五"时期产业发展与空间布局调整规划》强调培育产业集群，发展与北京首都功能相符的产业，即具有高端、高效、高辐射力特征的产业。把现代服务业放在首位，其次是以电子信息、生物医药为主的高新技术制造业以及现代制造业，北京2009年的工业产值中，现代制造业所占比例高达39%①。同时第三产业内部也发生了重要变化，现代服务业已经取代传统服务业，占据主导地位，且服务业结构越来越高级化。2012年北京市已经拥有三个现代制造业集群，这些集群不仅规模庞大，还具有明显的区域专业化优势。

《天津市服务业发展"十二五"规划》提出"两核、两轴、两带"的产业布局规划，以服务业与制造业联动发展为动力，推动经济增长。将第三产业和第二产业融合发展，以交通运输、金融保险、商贸物流和信息技术为代表的生产性服务业为切入点。天津市第二产业偏重，重化工业占据主导地位。机械、电子、化学、冶金等部门具有很强的波及效应，能够带动其他相关产业部门的发展。但这些重工业部门存在高能耗，效率低下等问题，在这种情况下，天津利用北京先进技术扩散效应并加强自主创新，使重工业效率得到提升，并且淘汰落后产能，推动产业内部结构进一步优化。

"十一五"期间，河北的战略产业为石油化工业和钢铁产业。在先前的优先发展重工业的战略指导下，河北形成了以煤炭、电力、冶金、机械、化工等产业为主的工业体系。河北也因此成为我国重要的原料、能源供应基地和重化工业生产基地。近些年随着北京和天津产业的不断

---

① 资料来源：2010年《北京统计年鉴》。

外迁，河北积极承接医药以及汽车制造业、铁路运输等产业，充分利用两市的技术扩散和产业转移，加快第二产业转型升级。河北也重视发展与北京地区高端制造业、现代服务业相关联的产业，在关联效应作用下，推动河北省产业结构迈向价值链高端。

三、京津冀产业结构优化升级经验

（一）根据各地资源禀赋确定产业发展定位

在区域协调发展的战略背景下，京津冀各地依据自身的资源优势，对本地的产业发展进行准确定位，为区域产业结构优化升级奠定了基础。

作为中国的首都，北京是全国政治中心，具有独特的政策优势。此外，北京有众多国内知名高校和科研院所，为其提供大量高素质人才和强大的科技支撑。因此在社会资源方面，北京远超津冀两地。但北京的自然资源条件并不优越，可利用土地资源匮乏，这严重制约着农业和重工业的发展，也决定了北京比较适合发展第三产业，所以北京的第三产业在产业结构中占有绝对优势。北京发展定位是全国政治中心、文化中心、国际交往中心、科技创新中心，这也决定了其产业发展重点应放在高端制造业、现代服务业以及战略新兴产业（刘璐宁，2016）。

天津地处环渤海地区，地理位置优越，拥有华北地区最大的综合性贸易港口——天津港、最大的货运中心——天津滨海机场。天津有着丰富的矿产资源，石油化工产业成为天津经济最有力的支撑之一。天津在产业发展过程兼顾了第二产业和第三产业同步发展，但是第二产业中传统工业占比过大，传统产业需要升级。天津新的发展定位是"全国先进制造研发基地、北方国际航运核心区、金融创新运营示范区、改革开放先行区"（曾穗平等，2017）。这一新定位旨在实现天津工业高端化和智能化，以及推动天津第二产业工业与第三产业服务业的深度融合，从政策上支持天津产业结构升级和优化。

河北有着丰富的自然资源，按照《京津冀都市圈区域规划》，京津冀都市圈中84%的国土面积，66%的人口，76%的水资源、91%的煤炭储量，77%的石油储量，以及93%的铁矿石储量都集中在河北，由此可见河北在土地资源、劳动力资源、水资源以及矿产资源方面占据明显优势（张为杰、张景，2012）。土地面积大且地势平坦、矿产资源丰富，为河北农业和工业的发展提供了有利条件，但河北省第三产业发展就相对缓慢。河北的发展定位是"全国现代商贸物流重要基地、产业转型升级试验区、京津冀生态环境支撑区"（魏婉怡等，2017）。可见河北依托京津发展自身的同时，也承担着保护首都生态环境和水资源的特殊使命。

（二）加强区域产业分工和协同合作

1. 产业合理分工。北京走"高精尖"发展路线，主要发展现代服务业以及适度发展高端制造业，探索发展都市型农业。加快产业转型，产业由资本密集型向技术知识密集型转变。鼓励自主创新，着重发展以软件研发、信息服务为核心的高科技产业，和以生物科技为主的高新产业，尽早研发出拥有自主知识产权的标志性产品。

天津产业定位是创建拥有知识产权的现代化制造业基地，着重发展电子信息、石油化工、用于出口的中高档轿车以及环保节能车等。制造业的发展离不开中间行业，即生产性服务业。与制造业相配套的生产性服务业，比如物流业能够为现代制造业发展提供强大的支撑。为加快会展经济的建立，物流公司要朝着多功能性发展，形成物流集散网络体系。此外，天津应不断优化现代金融服务体系，培养形成更多的区域性金融市场，发挥金融行业在区域产业升级优化过程中的价值。

河北在发展自身优势产业的同时，应利用北京产业溢出效应，积极发展适合现阶段的生产性服务业，增加第三产业中服务业的比重。河北基础制造业实力雄厚，再加上与京津冀其他地区互联互通，使河北能更好地借助北京强大的科技创新资源，成为北京产业科技创新成果的孵化基地。通过加强地区间的合作，为本地区传统制造业升级提供技术支持；积极推动高新技术产业、高端装备制造业等高附加值产业发展，实现产业结构的优化升级。

2. 产业的转移和承接。过去的经济发展方式使北京不仅承受巨大的人口压力，还面临资源紧缺、环境污染等问题，所以为实现经济可持续、高质量发展，北京使传统工业大量退出，并将原先集聚的不合理的产业、非首都功能的产业向外围城市疏解。在"十二五"期间，传统制造业、区域型物流基地和区域型批发市场由北京转移到了天津或者河北。作为北京的外围城市，天津市和河北省由于产业结构水平低于北京，可承接北京的产业转移。在北京强大的研发创新辐射下，天津发展高端制造业并承接北京的部分产业转移，促进传统产业的优化升级，同时又利用河北土地和劳动力成本低的优势，将部分产业转移到河北并延伸产业链，从而促进区域内产业结构的协同与优化。河北对有特色的产业进行双向转移，向京津地区输出本地特色农产品，同时依赖自身的比较优势，积极承接京津地区转移过来的劳动密集型、资本密集型以及一部分技术密集型产业。

（三）积极发挥政府作用

在京津冀区域产业结构优化升级过程中，政府扮演着不可或缺的角色。我国社会主义市场经济要求市场决定资源的配置，而市场作用的发挥是建立在一定条件上的，政府恰好能为之创造这些条件。按照《京津冀协同发展规划纲要》的要求，京津冀各地政府从区域全局出发，联合行动，合力摧毁存在已久的行政壁垒，为市场提供良好的体制机制环境，以推动要素自由流动，加快形成高、中、低相协调，研发、生产、销售一体化的产业合作机制。以医药行业为例，药品生产具有特殊性，实行属地管理。这一体制阻碍了北京医药生产企业向河北的转移。为打破旧体制机制给产业转移造成的阻碍，2016 年京津冀政府开始探索新的体制，实行医药产业转移异地延伸监管，形成了有利于区域产业发展的跨区域管理体制，即生产基地在河北，监管机构在北京。在新的管理体制下，河北沧州基于自身优势，吸引了来自北京和天津的一大批医药企业，形成规模庞大且实力雄厚的沧州渤海新区生物医药产业园，推动医药产业集群发展。一方面，北京药企生产所受的土地环境约束得到缓解；另一方面，也带动了河北地区医药产业的发展。

政府发挥统筹作用，推动要素市场一体化。2015年北京通州、天津武清和河北廊坊签订"通武廊"人才合作框架协议，利用两年时间形成运转协调的区域人才沟通机制，推进区域人才信息共享，加强人才交流合作以及联合培养，面向京津冀高层次人才发放"绿卡"，拥有绿卡者可以根据一些诸如学历、职称等通用标准在通武廊三地获得等同的认可，均能享受各地相应的人才政策。通武廊人才合作机制破除了地域对人力资源流动的限制，为实现人力资本在地区间自由流动创造了有利条件，对于加快形成统一开放的京津冀人才要素市场发挥先行示范作用。

在京津冀区域产业协作当中，政府发挥积极引导作用。北京、天津和河北的"十二五"规划都将电子信息、新能源、新材料、生物医药、高端装备、节能环保6大产业作为各自重点产业；而北京周边的一些市、区所制定的"十二五"规划提出，要依据自身优势，并结合区域内核心城市的需求和产业发展趋势，来规划重点发展的产业，进而推动京津冀区域产业协作体系的构建（刁琳琳，2016）。

此外，在产业转移过程当中，政府制定相关政策给予指导，使产业转移合理有序进行。微观主体自发活动存在弊端，那些高污染但又高利润的、具有负外部性的制造产业继续留在北京，会阻碍北京产业结构的升级，政府政策的实施可以弥补这一缺陷，为产业结构优化升级提供政策支持。

第五节　外部经验对东北老工业基地产业结构优化升级的启示

一、政府与市场职能适度发挥

由于国内外各区域的发展情况不同，各区域政府在产业结构优化升级过程中发挥的作用也不一样。东京都市圈产业结构优化升级过程中，日本政府主要发挥较强的引导作用，通过制定有关产业发展的规划，对东京都市圈产业布局产生了重大影响。相继进行的 6 次规划是依据当时产业及市场变化所作的调整，日本政府在对产业宏观调控时也非常注重相机抉择。而美国由于市场经济比较成熟，市场机制在纽约都市圈产业结构优化升级过程当中起主导作用，政府实施的干预相对较弱。政府只是出台相关地方法规，对产业结构升级发挥引导作用。纽约都市圈更多的是借助于微观经济活动，实现纽约都市圈合理的产业分工，实现产业结构优化升级。我国是社会主义市场经济，长三角地区民营经济尤其活跃，市场经济水平较国内其他地区高，产业升级受市场机制主导，政府主要通过制定规划起引导作用，而京津冀地区国有经济比重相对较高，并且是我国政治中心所在地，在产业优化过程当中政府宏观政策调控发挥关键作用。

从发达国家和我国发达地区经验来看，政府和市场的协调配合为区域产业结构优化升级的顺利进行提供有力保障。而政府和市场各自发挥什么作用则是配合的关键所在，需要根据地区实际情况来确定。我国是社会主义市场经济，具有中国特色，并且就东北老工业基地而言，国有经济所占比重还比较大。因此，政府和市场扮演好各自的角色，对于东北老工业基地产业结构优化升级具有重大意义。

在东北老工业基地产业结构优化升级当中，政府与市场首先要根据实际情况对自己准确定位，扮演好自己作为引导者的角色；其次还要做到政府与市场积极协作，政府要弥补市场本身自发性和盲目性的弊端，二者密切配合以此产生良性的交互影响。通过对东北市场特点的深入分析，以政府职能弥补市场缺陷，形成市场与政府良性互动，为区域产业向着高级化和合理化方向发展提供双重保障，实现区域产业结构不断优化。

二、明确产业分工实现区域产业一体化协调发展

区域内各地产业分工明确是区域产业结构优化升级的保障。明确的

产业分工可从两方面推动区域产业结构优化升级：一是充分发挥各地比较优势，各地产业在差异化发展当中实现专门化；二是协调区域间的产业发展，避免产业同构而引发的不良竞争，使资源得到有效配置，推动产业向着高效化发展。

不论是东京都市圈还是纽约都市圈，其圈内各城市都依据自身特色，着重发展各自的优势产业，实行错位发展。对都市圈整体来说，这使得圈内产业功能完备，并且使得圈内资源得到合理高效配置，避免了产业结构趋同引发的恶性竞争和进而导致的产能过剩；对圈内各地区来说，这促进了各城市之间的产业联系。各城市间不同产业的协同发展推动都市圈整体的产业结构转型升级。同样，我国长三角地区和京津冀地区在产业结构优化升级过程中也十分重视产业分工，根据自身独特的有利条件和发展定位，发展与本地相适应的产业，实现区域内产业协同发展。

在对区域内各地区产业职能进行定位时，东京都市圈和纽约都市圈都是从两个角度来考虑：一是产业市场发展的实际情况；二是政府的宏观目标。而我国的长三角和京津冀地区也是从两个方面来考虑：一是各地的产业发展情况；二是政府所制定的城市功能定位。国内外四个区域都是在考虑各地具体发展的基础上，站在区域全局的高度来规划产业。因此，东北老工业基地在进行产业定位时，要根据各个地区的资源禀赋、比较优势，站在辽吉黑区域经济一体化的高度来对三省进行合理的功能定位，并以此促进产业合理分工。

三、完善通达的交通网络

在区域发展中，地区发展不平衡是无法避免的，而交通的通达性在解决该问题上发挥了重要作用。在日本实施的几次首都圈规划中，其中第五次就强调了完善交通体系和基础设施建设的重要性，日本首都圈借助于发达的交通网使东京与外围地区产业资源自由地流动，缩短了取代先前的"一极集中"模式的时间，加快日本东京圈"分散型网络结构"

发展模式的形成。纽约都市圈便捷的交通网使各城市间联系更密切，保证制造业顺利向周边地区转移，实现都市圈产业结构合理化。长三角地区水陆空交通都十分完善，并且为进一步加强地区间的合作，上海和江浙两省还在不断地开通新城际铁路线，打通省际"断头路"。区域内的沿江城市群城际轨道交通网和都市圈城际铁路网推动产业带的形成，实现技术、资本和人才等要素自由流动。长三角密集的交通网推动技术扩散，使得地区高技术产业迅速发展。在过去，京津冀三地各自为政，缺乏统筹全局的意识，没有形成高度互联互通的交通网，导致产业合作和产业转移受到一定程度的制约。近些年随着京津冀一体化进程的推进，区域内的交通建设不断加强，日益健全的交通体系对疏解北京非首都功能、京津两市产业的转移、河北过剩产能的输出提供了有利条件。

从国内外发达地区来看，完善的交通网络为人才、资本、技术等要素的自由流动提供有利条件，促进资源在空间配置上的合理性，并且核心地区产业的转移和扩散都依赖于发达的交通，以此实现区域间产业的合理分工。此外交通运输属于服务业，大力完善交通设施，必定对交通服务业产生巨大的影响，其影响还会辐射到相关产业，推动产业结构进一步升级。

考虑到东北地区发展还比较落后，区域内的交通网络还不够完善，在区域产业优化当中，应该加大公共交通设施的建设。东北老工业基地在借鉴上述经验的同时，要考虑本地区的情况，有针对性地强化地区内交通网络，实现区域交通互联互通。为实现这一目标，首先要选择核心地区，在此基础上布局核心地区与周围地区交通网，使区域内核心城市与周边地区建立良好的交通网络，以实现产业转移和承接。其次，依据非核心地区彼此之间的产业联系，加大力度完善交通，强化产业合作，推动地区整体产业结构的升级。

四、发展高技术产业

高技术产业的发展能够为推动产业结构升级提供强大动力。在东京都市圈的发展当中，核心城市东京将传统制造业转移至周边地区，同时自身发展技术密集型产业，使得东京内部产业结构得到优化，而周围地区通过高技术产业的辐射作用，其产业结构也相应地得到优化。在制造业不景气时期，纽约都市圈充分利用其拥有的高水平人才，加大力度发展高技术产业，使高技术产业成为波士顿支柱产业。我国长三角地区，尤其上海地区，利用对外开放的优势，引进外资和先进技术发展高技术产业。长三角地区人才集聚、资本雄厚，这为自主创新提供人力、物力保障。高技术产业的兴起对传统产业也会产生有利影响，强大的技术支持为其改造升级提供动力，也使得长三角第一产业向着现代化方向发展。京津冀地区在近些年都比较重视高技术产业发展。北京市聚集多所国内知名高校以及科研院所，不断输送高水平人才和科研成果，而这些作为核心动力，推动高技术产业迅猛发展。除此之外，北京通过疏解非首都功能产业，腾出更多的发展空间来支持高技术产业，通过产业关联带动其他产业发展，从而使北京产业越来越高端化和现代化，产业结构优化升级效果日益增强。天津和河北两地一方面采取自主创新的方式发展高技术，另一方面作为产业转移的转入方，通过吸收相应的技术和人才，使高技术产业发展速度加快，两地的传统制造业以及重工业由于技术进步，产业效率不断提升，这又使得两省市产业结构不断优化，最终促进京津冀地区产业结构优化升级。

高技术产业强大的关联效应能够为前向、后向相关产业部门发展提供极大的推动力，促进关联产业升级。根据以上四个区域高新技术产业发展的经验，东北老工业基地发展高技术产业需要考虑区域内人才资源和科技资源分布情况。在高校云集、高水平人才集聚的地方优先发展高技术产业，在引入市场资本的同时，政府也应当给予适量的科研经费支持。通过高技术产业核心区的辐射作用，提高周围地区高技术水平，进而使前后向产业升级转型，最终加快东北老工业基地产业结构的优化。

第七章

新时代东北地区产业结构
优化升级的路径选择

新时代，东北地区产业结构仍处于一种亟待优化的状态。目前，东北地区产业结构优化升级需要从宏观、中观、微观三个层面展开。

第一节　宏观层面的路径

宏观层面需要建立和完善政策制度框架，国家战略应与东北发展相适应。具体包括以下五个方面：深化供给侧结构性改革，增强经济活力；借助"一带一路"机遇推动产业结构优化升级；坚持建设创新型国家，创新引领东北老工业基地振兴；深入推进乡村振兴战略和新型城镇化规划；落实全面减税降费改革。

一、深化供给侧结构性改革，增强经济活力

2015 年的中央经济工作会议提出，"今后一个时期，要在适度扩大总需求的同时，着力加强供给侧结构性改革"。供给侧结构性改革是新常态经济下引领经济高质量发展的重大创新和政策回应，将是今后我国解决总供给和总需求不匹配的主体改革路线，也是有关东北地区经济增

长动力和经济增长点的顶层设计与制度创新。东北处在由经济高速增长向经济高质量发展过渡的关键阶段，是我国结构性矛盾最为突出的地区之一，面临着传统问题和新生问题的多重叠加。东北地区当前的供给不能适应需求的变化，面对经济下行压力，必须改变以往通过扩大需求解决需求侧矛盾的方式，应转向优化供给的供给侧解决阶段，改变产业结构低级、产能过剩、市场化程度偏低、创新意识不足的诸多问题，必须通过加大改革力度来破除产业结构优化升级的障碍，实现资源有效配置。"三去一降一补"只是东北地区改革的阶段性任务，而总体目的是要实现经济转型升级和结构优化，推动东北经济实现振兴与繁荣，因此结构性改革是目前直击东北经济下行痛点与难点的最主要顶层设计，所以要坚持供给侧结构性改革的发展思路。

（一）积极推进农业供给侧结构性改革

东北老工业基地是全国有名的粮食基地，农业在未来的东北经济发展中仍扮演着不可或缺的角色，而从整个东北的经济发展来看，农业滞后于工业发展的问题相当突出，因此，可以说农业农村农民的发展是供给侧结构性改革的重点。要积极推进现代农业的发展，应促进农业的信息化和技术化，实现农产品从小规模粗加工向规模化精加工的合理转变（王筱迪，2017），推进农业生产经营市场化、现代化和品牌化；创造新型农业的生产和经营模式，形成各经营主体高效合作和有效竞争的农业合作生态；推进农村一二三产业融合发展，以制度创新和技术创新助力生产要素的周转流通；以绿色方式发展有机农业，推动农业发展方式向可持续发展方式的转变。东北地区要将先天的农业资源优势和后天的农业改革优化有机结合起来，使整个产业结构朝有利方向发展，发挥农业供给侧结构性改革的示范作用。

（二）在东北地区落实好"三去一降一补"

一方面，去产能要求东北地区改变传统重化工业的资源式发展，应依托国内和国外市场转移处理资源型工业的低端过剩产能，对普遍产能过剩的传统制造业，实行兼并重组和破产清算的双重举措；去库存要求减少房地产、钢铁等库存，减少资金由实体经济向虚拟经济的畸形转移，保证实体经济在我国国民经济运行中占据绝对主导地位，在此基础上着力实现金融业、房地产业、体育经济等虚拟经济行业的健康发展；去杠杆要求减少利用金融手段拉动投资以发展经济的手段，杠杆率过高的企业应当尝试通过债务金融工具的创新来调整债务结构并优化资本比重，政府要学会利用市场的力量保障和引导企业降低杠杆率和融资成本；降成本要求政府落实减税降费的税制改革政策，以减轻企业生产成本和经营负担，降低基础设施服务和交通运输服务的价格。另一方面，要通过技术手段减少生产成本并提高产品质量和档次，增加东北地区产品和服务的国内和国际竞争力；补短板要求补基础设施建设和公共服务供给的短板，补技术创新意识和能力不足的短板，补过度追求经济总量增长政策的短板。供给侧结构性改革在东北地区的落实推进关乎东北产业结构转型的方向和质量，要高效完成"三去一降一补"的总任务，实现经济中长期稳定、可持续发展，迈向产业中高端的愿景。

（三）进一步深化国有企业改革，大力发展民营经济

东北的国有企业占据了大部分的发展资源，其发展模式一般为传统的劳动密集型企业，这种模式挤压掠夺了民营经济发展的资本和劳动资源，造成行业垄断和市场竞争活力下降，导致非公有制经济难以形成有效的规模和质量，无法在国有企业亏损时成为支撑东北经济发展的支柱。深化供给侧结构性改革一方面要进一步深化国有企业改革，克服阻碍，探索实行混合所有制改革，政府在进行相关改革时要进行适当干预，积极推进国有企业的兼并重组甚至破产清算，同时可以通过 PPP 模式由政府来帮助国有企业分离职能并引入民营资本，使民营资本能有效合法进入垄断行业，实现资本和资源的优化配置。另一方面要大力发展民营经济，要在思想上把握民营经济在社会主义市场经济中发挥的重要作用，放开对于民营企业的投资限制和行政限制，施行相比国内其他地区更大程度的简政放权和放管结合，充分利用可以利用的资源培养政府

的服务职能，发挥市场机制在资源配置中的基础作用，促进民营企业在生产经营、技术研发、社会服务等方面取得更大成绩。东北经济不能只依赖处于困境中的国有企业，民营企业相比国有企业有着更广阔的发展空间，其在发展速度和发展潜力上都远远超过国有企业，未来将会成为东北老工业基地振兴的关键动力，因此，在将国有企业做大做优做强的同时，一定要充分发挥民营经济的作用，中小企业的活力迸发将使东北经济重放光彩。

二、借助"一带一路"机遇推动产业结构优化升级

2013 年习近平总书记分别提出建设"新丝绸之路经济带"和"21世纪海上丝绸之路经济带"，依靠中国与有关国家的双边与多边合作机制，借助既有的区域合作体系，积极发展和沿线国家的政治经济合作。"一带一路"是我国当前实行对外开放的逻辑主线，也是国内各地区开展对外经济合作的战略机遇和重要平台。从东北地区所处的地理位置来看，黑龙江省与俄罗斯和蒙古国接壤，吉林省是"一带一路"北线经过的主要国内地区，辽宁省有着东北地区独有的沿海优势，与日本、韩国隔海相望，这些地缘优势是东北与相关国家和地区开展经济贸易合作的基础。从经济合作的动力来看，日本、韩国有着较为成熟的经济贸易机制和发达的资本技术条件，中国有着优质的廉价劳动力和巨大的市场潜力，俄罗斯、蒙古国和朝鲜有着尚未完全发掘的自然资源。东北老工业基地有着领先于国内其他地区的工业基础。这样看来，东北地区过剩产能的转移既有利于东北内部产业结构的优化，又能成为"一带一路"沿线欠发达国家和地区的战略发展机遇，东北地区融入"一带一路"建设及对接经济全球化是大势所趋。东北地区整体要加强对相关地区的经济合作，但更有效率的方式是发展以辽吉黑省域经济为主的对外开放带，形成支撑东北经济带与"一带一路"倡议对接的肢体。

（一）北部经济带

黑龙江省所在的北部经济带是中俄蒙三方合作的桥头堡，东部陆海丝绸之路经济已正式纳入国家规划，将是黑龙江省开展对外经济合作的主要战略依托点。俄罗斯和蒙古国的工业发展和技术水平相对落后，使其成为黑龙江省输出产能的首选目标，而俄蒙两国相关基础设施建设产生的工业产品巨大需求也将为黑龙江及整个东北地区的振兴提供发展机遇，所以要充分把握好政策红利，积极参与经济对话、贸易互通、文化交流等区域合作进程，稳固传统行业既有优势的同时，挖掘新兴行业的潜力优势，通过"走出去"把省内的传统优势转化为国际竞争优势。总之，应着力将黑龙江省打造为开展对外合作的有效支点和战略腹地，发挥其区域影响力提高经济发展水平。

（二）中部经济带

吉林省所在的中部经济带并未与其他国家大面积接壤，但却有着无可比拟的"出海"优势，有着"东北亚金三角"美誉的珲春市位于图们江的出海口，距离大海咫尺之遥，具有发展航海经济得天独厚的条件。一方面，吉林省可以借助俄罗斯在远东的重要贸易港口扎鲁比诺港和已取得暂时租用权的朝鲜罗津港实施"出海"战略，进入太平洋参与到北极航线的物流贸易中。另一方面要探索吉林省参与西线中蒙合作的巨大空间，目前中蒙铁路已成为中国参与东北亚区域经济合作的重点项目，吉林省位于东北亚地区的几何中心，是"一带一路"北线A经过的国内主要地区，将是中蒙铁路建设的重要交通枢纽，因此可以与黑龙江省和内蒙古自治区共同参与到中蒙经贸合作中，助推"一带一路"和东北老工业基地振兴的进程。

（三）南部经济带

辽宁省所在的南部经济带对内是东北老工业基地与京津冀地区的连接带，对外与朝鲜接壤、与日本和韩国隔海相望，南临环渤海经济圈，有着天然的对外开放发展条件。一方面，辽宁省应充分利用沿海地区的区位优势，发展现代化港口集群，促进大连港、丹东港、营口港、锦州港、盘锦港、葫芦岛港等港口一体化发展，逐步建设东北亚国际航运中心。另一方面要重视环渤海经济圈的城市群建设，在世界经济中心向亚太地区转移的大背景下，环渤海经济圈迎来建设世界级城市群的重要发展机遇，因此辽宁省要主动承担起南北贯通、东西连接的历史重任，与京津冀和山东半岛合作建设世界级城市群，届时东北老工业基地将通过辽宁省这一重要开放门户东连日韩、西接亚欧、北达俄罗斯、南至东南亚，在新一轮东北老工业基地全面振兴与"一带一路"建设中发挥更加积极的作用。

三、坚持建设创新型国家，创新引领东北老工业基地振兴

创新型国家是指将科技创新作为基本战略，大幅度提高科技创新能力，形成日益强大竞争优势的国家。党的十九大报告将"加快建设创新型国家"列为建设现代化经济体系的一个重要方面，我国已经进入建设创新型国家的决胜阶段，科学技术是第一生产力，创新能力成为实现一个地区经济高质量发展的保障。对于东北地区而言，计划经济时期的政策优先和投入倾斜使工业基础雄厚的东北地区拥有了较为发达的科技资源，东北地区的科研院所和研究机构数量居于全国前列，各类技术人员和科技人才也比比皆是，东北地区理应成为建设创新型国家的先锋区域。但事实是面临着日益激烈的市场竞争，东北地区并没有有效转变发展理念，甚至一度放弃了科技创新对于产业结构优化升级和经济增长的关键带动作用，这在一定程度上造就了如今东北产业结构落后的局面。新一轮的东北老工业基地振兴要充分利用东北地区现有的丰富科技资源和强劲的研发实力，重点培养顺应时代发展和迎合东北老工业基地振兴的科技创新意识，以科技创新能力作为东北经济高质量发展的不竭动力，通过创新型国家战略在东北地区的落地生根，不断巩固经济发展的持续性，以此推动东北老工业基地的产业结构优化升级。

（一）以科技创新引领传统产业升级改造

一方面要进行主导产业的优胜劣汰。东北老工业基地的装备制造业、石化工业、钢铁工业等传统产业已具备相当强的生产能力和竞争优势，其产业基础和发展程度居于全国前列，但这些产业处在产业生命周期的不同阶段，对于逐渐衰退的企业要敢于壮士断腕，逐渐淘汰不适应社会需要和发展、难以提高产品技术附加值的产业部门，并重点丰富产业发展潜力巨大、技术创新能有效促进生产的产业部门。另一方面要进行传统产业的技术改造，牢牢抓住当今世界的产业技术走向，对传统产业的升级改造进行深入的研究与创新，进而优化传统行业的生产能力和发展模式，这种将科技创新有效融入传统产业技术的举措将为传统产业结构优化升级创造有利条件。

（二）要以科技创新促进新兴产业发展

装备制造业、石化工业、钢铁工业等传统工业的市场潜力和技术优势有一定的局限范围，大多数是作为基础性工业来支撑整个国家和社会的发展，而新兴产业具有更加广阔的市场潜力和竞争优势，可以在传统产业升级改造的基础上带来额外的经济发展动力。具体来说，东北老工业基地的振兴在很大程度上取决于新兴产业的产生和发展，科技创新有能力催生出新的先进行业和部门，新技术、新工艺、新方法的运用将扩大社会分工的范围和效率，深化不同产业之间的成本和技术联系，使上下游产业互为产品创新和技术创新依托，通过发挥科技创新的优势实现新兴产业的出现和崛起，提高东北老工业基地的整体发展水平。

四、深入推进乡村振兴战略和新型城镇化规划

农业农村农民问题是关系国计民生的根本性问题，解决好"三农"问题也是我国实现共同富裕的重中之重。因此既要深入推进乡村振兴战略，坚持农业农村优先发展，又要贯彻落实新型城镇化规划，实现农村

农业剩余劳动力的有效转移。就东北地区而言，第一产业发展大而不强，以农业产品初级加工为主，在使用大量资源的同时，却无法实现相应程度的农业发展，在这种情况下，当前的东北地区要在减少农业增加值占比的同时提高农业效益，减少资本等生产要素与产业结构失衡的状况，要提高农业等第一产业生产的数量与质量，也要促进剩余劳动力向第二、三产业进行有规律、有目的的转移（孙巍、刘智超，2018），从而推动东北地区整体产业结构的优化，为此需要依托乡村振兴战略和新型城镇化规划来实现资源的优化配置。

（一）深入推进乡村振兴战略

加快推进农村承包地和宅基地制度改革，建立健全完备的产权约束体系，由政府出面参与引导土地的市场流通和自愿转让，保障广大农民的基本土地权益。加快完善现代农业经营体系，引导农业产品与服务的现代化、市场化和品牌化，完善社会服务体系以保障农村经济的健康运行，必须保证财税、金融等各方面改革在农村社会落实到位，助力农村经营与时俱进。促进一二三产业融合发展，既要将农业放在基础地位来看待，也要兼顾挖掘农村地区二、三产业的发展潜力，延长产业链以提高产业经营效益与效率，同时学会利用电商平台等互联网技术进行农业的创新性流通与销售，可以借鉴拓展在农业现代化进程中颇具成效的社员网模式，以"互联网＋精准扶贫＋农产品上行"为切入点对接农产品上行，促进种植大户、家庭农场及合作社等新兴农业主体发展，通过依托社员网络与利用互联网大数据等技术提供惠及农民的加工、销售、物流等社会化服务，带动农民脱贫致富。

（二）贯彻落实新型城镇化规划

要以人的发展作为第一要义，加快农民工等边缘群体的人口转移。农民工是我国城乡二元经济结构的特殊产物，政府要改善这一群体的生活水平和创造更多的就业机会，推动其融入城市和建设城市的进程。另外，要注重城乡统筹发展，不能以牺牲"三农"的利益来推进城镇化进程，要加快弥补城乡生活水平和生产条件的差距，完善"三农"发展相关的政策环境和体系制度，着力消除城乡二元经济结构，保障国民经济社会的健康平稳运行。另外，要兼顾大中小城市和小城镇的协同发展，既要提高大城市的建设质量，改善交通拥挤、环境污染等大城市的通病，又要充分发挥中小城市和小城镇对农村劳动力的有效吸纳能力，建设经济实力较强、生活质量较高的城镇体系。总体而言，东北地区的城镇化要以人的城镇化为核心，以提升城市的综合承载力和辐射带动力为重点，实现城镇化与新型工业化、现代农业化和信息化服务相融合（徐卓顺，2018），推进城镇就业结构调整，推动产业结构优化升级。发挥沈阳、长春、哈尔滨、大连等大城市的轴心影响力，形成以中部纵向城市群为主，以沿海城镇带和辽西北城镇带为翼的现代城镇化新格局，将东北地区产业结构优化升级和城镇化建设有机结合起来，加快城市之间及城市内部产业的协调和特色发展。

五、落实全面减税降费改革

我国在改革开放后长期处于经济高速增长的阶段，GDP 增长速度远远高于世界上其他国家，但 2012 年之后增长速度开始逐渐放缓，这是经济高速增长向经济高质量发展转换的重要标志。我国经济进入转型发展时期，减税降费作为有效支撑经济转型发展的政策选择，成为一项中央站在全局高度的统一部署。在新的经济发展时期，我国面临"中等收入陷阱"和最大发展中国家跨越二元经济走向共同富裕的历史考验，这要求政府实行合理有效的经济政策来稳定经济波动因子，促进个人、企业等市场主体的消费和投资行为，实现经济发展与体制改革的双重目标。就东北地区而言，政府在东北经济发展过程中，干预力度过重而效果不佳，地方性政策和相应服务供给存在滞后现象，政府越位与缺位现象同时存在，而减税降费能通过税收政策这一政策工具为市场主体提供宽松的转型环境，一方面从供给端入手，通过系统有针对性的税费减免政策，激发生产创新活力、优化产出结构并且在提高全要素生产率方面调整供给结构。另一方面从需求端入手，通过优化消费需求、投资需求、进出口需求方面的需求管理，引导需求结构变化来助力经济转型发展。减税降费带来的企业成本减少和利润增加可以使东北地区在市场和资本的竞争中居于优势地位，促进经济和税收的良性循环。通过间接提高企业的市场参与度和竞争优势，企业减税会提高供给质量和数量，优化投资和消费，最终推动东北地区实体经济的良性循环。

（一）坚持总量减免和结构优化并举

要充分发挥减税降费对于消费和投资需求的刺激作用，继续通过大规模减税降费来释放政策红利，具体可通过综合权衡东北地区区域发展降低增值税、企业所得税等一些关键税种的税率，适当采取税收回返等创新措施，确保行业税负的下降能满足东北老工业基地振兴的需要，同时通过优化税费结构来降低市场主体的"税感"和"费感"。减税方面要直击当前流转税为主体的税制结构，提高直接税的比重而降低间接税的比重，优化我国税制的自我调节功能和稳定性。降费方面有必要保持对各类收费项目的规范和监管力度，处理好政府与市场、中央与地方之间的关系，具体途径包括统一管理政府费用收支、规范行政收费等，将降费纳入结构性优化以降低宏观税负水平。

可以考虑赋予税收支持东北产业转型升级的"先行先试"权，下调东北地区国有企业的税收上缴比例，通过比照计划经济时期的经济贡献，适当返还历史税收以支持国有企业的转型升级；给予创业企业大力度的税收优惠，推进税收对民营资本的扶持力度，提高民营企业的生存能力和发展速度；大力发展具有巨大市场潜力和竞争优势的新兴技术性企业，减免专利成果转化的所得税，采取相较传统产业更大幅度的税收优惠来支持知识、技术密集型产业的长远发展；减税调节对外贸易，对于重大战略产品可以推进增值税和关税先征后返，大力建设发展保税区、报税物流园区和口岸免税店等。

（二）要落实税费法定原则

落实税收法定原则要做到以下几个方面：首先要明确法定税种、税基等基本要素，任何总量减税政策和结构性减税政策都不应随意更改基本要素的设定，应确保基本要素税收法定明确了市场主体的纳税权利与义务。其次要严格规定省级、地级、县级等不同等级的地方政府对税收的执行方式和执行权力，避免地方政府在征税过程中的随意征税、歧视性征税等，要通过立法规定地方政府的征税权限。最后要加强相关税法体系的法制建设，创造法制化、公平化的营商环境，通过简化征税程序等方式进一步降低企业生产经营成本，激发经济主体的活力与创造力。总之，落实收费法要完善和规范政府收费的法律依据，政府收费的名目、征收依据、征收对象都要遵循法定原则，这样才能确保降费效果的长期性。

（三）优化政府支出结构和转变政府职能

优化政府支出结构要求改变地方政府在经济发展中充当的"增长型政府"的角色，逐步脱离我国经济对于政府投资的过度依赖。东北地方政府过去的政府治理举措比较倾向于管制而不是调控，政府在东北经济发展过程中干预力度过重而效果不佳，使经济形成了对政府投资的过度依赖，而且地方性政策和相应服务供给存在滞后现象，政府越位与缺位现象同时存在。为解决这个问题，一方面要防止政府主导的大规模投资，探索实行由政府引导民间资本参与经济投资，让企业等市场主体在经济发展中占据更自由的主动权，着力推进政府投资结构的优化。另一方面要改变在长期实践中形成的以 GDP 增长率为核心的政绩考核机制，减少政府官员为 GDP 增长而投资的政府支出行为，要在考核体系中降低对于 GDP 增长率的重视程度，强化综合服务改善、生态文明建设及人民幸福感等指标的重要性。

转变政府职能是发挥减税降费长效机制的关键，这与政府推行的放管服改革在根本理念上是一致的，即政府放权于市场，充分发挥减税降费的政策效应，要正确处理政府和市场之间的关系，遵循市场化的改革总基调。政府要多做保障市场竞争的举措，减少不必要的行政干预。一是要创造高质量、低成本、竞争合作的营商环境，在支持自主创新、优化产出结构和提高全要素生产率方面，调整供给结构，推动实体经济的良性循环；二是要加快金融、土地、社保方面的配套改革，降低企业在经营过程中的融资、土地和缴费成本，深化经济体制改革和行政管理体制改革。

第二节　中观层面的路径

中观层面需要从优化东北地区产业发展和推进区域经济一体化两个方面展开。具体说来，前者要从产业结构、产业组织、产业技术和产业布局4个方面提出东北产业发展优化对策；后者重在推进东北亚区域经济合作和东北区域经济一体化。

一、优化东北产业发展

中观层面的产业结构优化升级首先是对产业发展层面的优化，本书根据东北老工业基地产业发展的现状，从产业结构、产业组织、产业技术和产业布局四个方面提出东北产业发展优化对策（汤姚楠，2017）。

（一）产业结构优化升级对策

1. 第一产业。应改变落后于时代的传统农业生产模式，重点发展信息农业、生态农业、高端农业。一是农业科技化，提高东北农业科技的投资力度和创新投入，在基础比较好的农业园区由各农业高等院校、农业科研院所进行联合试点创办高新技术农业园区，并注重相关技术成果在品种改良、病虫防害、生产流通等各个环节的应用，同时利用东北装备制造业的比较优势开发能提高农业生产水平的生产设备，形成农业和工业相向而行的协调发展模式。二要农村现代化，要改变农林牧渔等第一产业的粗加工为主、产品附加值低、生产低效化等特点，培养农民的现代化建设意识，将农村地区打造成精细加工、科技引领、高效生产的现代化农业基地；各级政府要鼓励在农村地区创建工业企业，发挥工业化的高就业弹性对农村剩余劳动力产生的较大吸纳能力，为农业发展创造发展条件，使农业迈向现代化发展。三是农民知识化（张军涛，梁智勇，2005），包括东北地区在内的全国农民群众的综合素质远不能满足当代农业的发展需要，因此要减少不能识别现代社会符号和不能使用计算机进行学习、交流和管理的功能型文盲数量，政府要加大投资，发展农村义务教育、职业教育和成人教育，建设顺应现代化农业发展的高素质农民队伍。

2. 第二产业。一是主导产业的改造升级，对于传统重化工业。一方面要进行有计划的退出调整，推进保留企业的兼并重组以优化其经营模式，彻底摆脱高成本、高能耗的资源型生产方式，减少资源依赖型重工业的数量。另一方面要进行全面的技术升级，发展新能源、新材料、新技术等高端领域，以技术创新升级引导传统主导产业的结构升级；对于航空航天设备、仪器仪表制造、数控机床等优势装备制造业，弥补在自主研发、核心技术、高端加工等方面与世界顶尖水平之间的差距，着力研发具有高技术含量的新型装备业产品，而对于技术和知识需求低、劳动力需求高的企业，要适度缩减其规模。二是新兴产业的出现崛起，新兴工业具有更加广阔的市场潜力和竞争优势，可以在传统产业升级改造的基础上带来额外的经济发展动力，所以在继续扶持电子产品等现存新兴产业的基础上，应积极发展契合东北老工业基地振兴利益的新型材料、生物技术、环保产业等潜力新兴产业，催生新的工业部门与体系，通过新兴产业的出现和崛起来推动产业结构优化升级。

3. 第三产业。一是处理好国家资本和民间资本的关系，在不影响行业正常发展的前提下鼓励民营企业和民间资本的参与开发，在教育、医疗、养老等国有经济主导的产业领域引入市场竞争机制，提高产业发展质量，推动民间资本的再分配和再积累。二是处理好传统服务业与新兴服务业的关系，既要在保证餐饮、批发零售等具有优势的传统服务业继续发挥其经济增长贡献的基础上，扩大其规模和效益，也要重点发展金融、贸易、旅游等具有投资潜力和竞争优势的新兴服务业，加强其在整个东北产业结构优化升级过程中转移剩余劳动力的功能。三是处理好生产性服务业和生活性服务业的关系，首先要充分发挥生产性服务业对于产业分工和产业融合的带动作用，推动大数据、云计算、物联网等高端信息技术在第一、二产业的应用，打造高新技术产业园和工程技术中心，建设"互联网＋"等经济社会发展新形态。其次要鼓励生活性服务业向高端化、精致化发展，积极开发旅游业、养老服务业等具有巨大投资效益和社会回报的实体经济产业，适度合理发展房地产业、体育经济等具有不确定性的虚拟经济产业。

（二）产业组织优化对策

1. 深化垄断行业改革。应继续坚持市场在垄断行业资源配置中的基础性作用，同时更好发挥政府在引导资源流动、优化市场环境方面的保障功能，正确运用"看得见的手"和"看不见的手"。具体来说，一方面要打破行政性垄断壁垒，消除阻碍有效竞争的市场二元经济模式，推动生产要素在不同行业中的自然选择和有效流动，探索实行垄断行业混合所有制改革，可以通过PPP模式由政府来帮助垄断行业分离职能并引入民营资本，使民营资本能有效合法进入垄断行业，提高国有资本和资源的配置效率。另一方面由市场机制来进行产业结构的选择，政府由直接指定产业发展模式转向营造有利于产业自然选择的政策环境，引导资源在市场机制的调节下进行自然配置，通过充分的市场竞争和价格机制作用来弱化特定垄断行业的垄断性，实现产业结构的优化升级。

2. 营造有利于中小企业发展的营商环境。东北地区的中小企业政策应以保持市场活力为基本导向，从政策上大力扶持中小企业的发展。在金融方面，建立针对中小企业的特定金融机构和信用制度，实现银行信贷政策与政府产业政策在支持中小企业发展方面的有机统一，建立中小企业贷款担保体系；在税收方面，减低中小企业的税负，采取针对性的折旧制度和减税方案来支持中小企业的发展；在产业政策方面，对从事中小企业服务工作的社会团体下发财政补贴，对中小企业内部开展的重点技术创新、规模化生产、精细加工等项目给予专项资金支持。综上，要通过金融、税收、产业政策的协调作用实现中小企业生产资源的有效配置，通过政府、市场、企业、社会团体的共同合作为中小企业的健康发展营造有利的营商环境，充分释放中小企业良性发展带来的市场竞争活力。

3. 善用政府规制。政府在东北经济发展过程中，干预力度过重而效果不佳，因此我们一直强调要强化政府的服务功能而不是管制功能，但政府规制依然是保障经济正常运行不可缺少的一部分，能对市场机制存在的盲目性、滞后性等弊端进行有目的有计划的干预，实现公共物品的有效供给，因此政府必须善用政府规制，对市场进行有效引导。一是经济性规制，要在价格、产量、进入与退出方面对特定产业的企业决策实行强制性制约，通过价格水平规制、价格结构规制和进入规制等要实现促进市场竞争和防止恶性竞争的双重目标。目前既符合规制体制发展又切合东北区域发展的最优规制方式是激励规制，尽量减少对微观经济主体的直接管制，通过特许投标制度、区域间竞争、价格上限规制等手段实现稀缺资源的有效配置、保证企业发展效率和维持企业运营状况稳定。二是社会性规制，社会性规制具有比经济性规制更强的适用性和有效性，出于关注经济活动所产生的公共利益和社会影响的目的，政府要在社会民众安全、健康、卫生、环境保护等方面对产品与服务的相应方面制定一定标准，比如要严格规定重大国家自然资源和公共财产的占有、使用权利分配，规定其生产、生活、生态利用的具体标准等等。

（三）产业技术优化对策

1. 完善产业技术体系，建立自主创新的长效发展机制。以自主创新为核心，以实现现代产业和技术产业的发展为关键，以产业技术人才为支撑，实行促进东北地区产业结构转型升级的产业技术优化战略。具体来说，一要完善产业技术体系，建立鼓励创新发展的产业政策体系，促进产业由粗放型转为集约型、由低效型转为高效型、由数量型转为质量型发展模式，建立支撑创新发展的产业技术标准体系，积极制定并及时调整国家技术标准，使其与国际技术标准接轨，加强采用先进标准生产体系。二要建立自主创新的长效发展机制，支持东北老工业基地充分运用科研优势进行自主创新，鼓励对先进产业技术的引进吸收与本土化生产，通过完善传统产业改造升级和新兴产业培育崛起的制度框架和执行准则，鼓励企业与高等院校和科研院所进行广泛深度的合作，提高科技理论成果的应用化和产业化的转换效率，通过推动创新机制发挥作用，对产业结构优化升级施加正面影响。

2. 采用"互联网＋产业"模式带动产业结构优化。在信息化经济时代，要改变东北地区劳动密集型和资源消耗性的粗放型增长方式，应重点借助大数据、云计算、物联网等高端互联网信息技术发展"互联网＋产业"模式。"互联网＋产业"是一种新的经济形态，利用互联网技术与平台发挥其在生产要素配置中的资源和技术优势，通过建设电商交易平台、网络信贷平台、物流交付平台等应用模式，发挥对于传统产业转型升级日益重要的作用。一要在农业领域借助物联网技术，从根本上改变农业生产运作机制，建立适应东北及我国经济发展需要的生产经营模式，通过制造和运用先进的电子设备和传感技术构建智能化农业生产体系，通过建设电商平台实现农业产品的现代化流通与销售，加速实现农业的时代化发展。二要加速互联网向制造业的渗透融合，推动传统的研发、生产、加工、销售各环节向技术化和智能化过渡，形成新的制造业发展态势，不断发掘信息技术在传统制造业转型升级进程中的发展潜力，驱动制造业的结构与组织变革。三要在服务业领域实现更广泛的应用变革，诸如金融、旅游、房地产、医疗等第三产业是与新兴技术相关性最高的变革领域，网络平台的兴起能够实现提供产品与服务的全过程覆盖，所以要通过应用互联网技术推动行业供给与居民需求的有效对接，使"互联网＋产业"模式成为产业结构优化升级的高效支撑点。

（四）产业布局优化对策

1. 坚持以市场为基础、以效率为中心的产业布局原则。市场经济体制下，资源配置与生产决策以价格为基础，是消费者、生产者、劳动者、要素供给者等经济主体以自发意愿形成的，是产业布局最有效的配置机制（苏东水，2005）。以市场调节机制体现的产业效率高低来作为产业布局政策的依据，能够充分发挥不同行业的资源与技术优势，有助于我国总体经济实力和产品国际竞争力的提高。为正确处理政府和市场之间的关系，遵循市场化的改革总基调，政府要多做保障市场发展的举措，减少不必要的直接干预，打造现代化的治理体系和治理能力，以效率来决定政府重点扶持的产业类型与规模，为产业结构的优化升级保驾护航。

2. 完善东北老工业基地振兴进程中的地区分工。东北老工业基地的地区分工要与地区比较优势紧密结合，根据地缘优势进行社会经济资源空间配置的合理化，制定正确的产业政策和规划方案。一方面要积极参与国内市场的竞争，东北地区的资源优势和发展潜力还未得到充分发挥，国内发达地区的外向化发展会相应让出一部分国内市场，这为东北地区的产业发展提供了更大的市场空间和发展机会，因此政府应根据地区比较优势进行适度合理的产业引导和扶持，促进地区分工的不断完善以带来更大的市场价值。另一方面要增强对外开放的广度和深度，适应经济全球化对于地区分工的要求，目前真正做到走向世界的东北企业仍以国有企业为主，如并购了国际机床巨头希斯公司的沈阳机床，不少民营企业也在尝试境外投资但未成气候。东北地区的对外开放程度有待提高：一要有选择地增设开放口岸，尤其是位于东部边境经济带的沿海开放城市；二要扩大沈阳、大连、长春、哈尔滨等中心城市的对外开放，以大城市的外资吸纳能力和国际竞争能力实现与经济全球化的深入对接，示范和带动周边城市的对外发展；三要提升对外输出产品的层次与质量，提高产品的技术含量和附加价值，建立以品牌、技术、质量等要素为核心的国际竞争新优势。

二、推进区域经济一体化

推进区域经济一体化是东北地区经济发展的必然趋势，在东北亚区域经济合作和东北区域经济一体化两个层次上促进产业结构的优化。

（一）东北亚区域经济一体化

区域经济一体化是实现经济全球化的必然阶段，而作为世界上最重要的经济圈之一的东北亚地区，其经济一体化进程却基本处于停滞状态，为解决这一问题，东北亚地区正在增强对本区域各国之间开展深度合作的认识和探索，东北亚区域经济合作面临重大机遇。东北亚经济区的参与者包括中国、俄罗斯、日本、韩国、蒙古国、朝鲜等重要国家，在经济全球化和中国经济新常态发展的背景下，我国应当实现与东北亚地区经济合作和中国区域经济合作战略的有效对接。东北地区具有天然的地缘合作优势，更应该积极参与东北亚经济合作并充分挖掘其对于东北产业结构优化升级的带动作用。

从东北地区所处的地理位置来看，黑龙江省与俄罗斯和蒙古国接壤，吉林省是"一带一路"北线经过的主要国内地区，辽宁省有着东北地区独有的沿海优势，与日本、韩国隔海相望，这些地缘优势是东北地区与东北亚国家开展经济贸易合作的基础。从经济合作的动力来看，日本、韩国有着较为发达的技术水平和大量的对外投资资本，中国有着优质的廉价劳动力和广阔的市场，俄罗斯、蒙古国和朝鲜有着尚未完全发掘的丰富自然资源（付云鹏等，2016）。从东北的区域发展需要来看，东北应当主动融入东北亚经济合作，一方面贯彻"引进来"思路，引进先进技术、稀缺资源性产品、先进发展理念来推动产业发展进程；另一方面推动"走出去"发展，在生产出口产品的分工合作体系方面进行改善，支持钢铁、煤炭等产能过剩行业的产品出口，过剩产能的转移既有利于东北内部产业结构的优化，又能为欠发达国家和地区的战略发展创造机遇。总之，东北地区要力争成为中国参与东北亚区域经济一体化的优质代言人。

若想在东北亚区域经济一体化进程中充分发挥自身区位优势和资源优势，实践东北产业结构优化升级的国际思维，可以通过如下路径实现：一是克服与各国之间的合作障碍，中国处于东北亚地区的政治经济中心，是拉动地区经济增长和世界经济增长的主要动力，近年来"中国威胁论"甚嚣尘上，甚至作为中国坚定战略合作伙伴的俄罗斯也存有保留和警戒态度，而中国一直因历史渊源和文化芥蒂未能全面开展与日韩两国的信任合作，与蒙古国、朝鲜的经济合作也受制于国家发展水平和开放程度、一直处在较低的水平，所以当前要着力协调贸易摩擦和克服思想困难，组建经济自由贸易区，参加区域贸易协定，真正挖掘各国经济合作的潜力。二是东北地区要在东北亚区域合作中打造具有国际水平的产业发展模式，着力发展国际物流产业，借助东北地区发达的交通网络，将自身打造成东北亚地区的国际物流中心；支持引领时代发展的高新产业，大力发展以大数据、云计算、互联网等信息化技术为基础的现代高端产业基地。三是推进全方位、高层次、有重点的产业转移合作，破除产业转移合作的体制障碍，积极创新区域合作的产业模式，构建高水平的区域经济合作机制。

（二）东北区域经济一体化

1. 基于区域比较优势进行产业转移。由于东北地区长期发展计划经济，三省在资源条件和区域文化相似的基础上形成了相似的产业布局，甚至在改革开放之后，东北地区的政府也在过多干预市场经济的发展，使产业发展并没有摆脱原有的路径依赖。现阶段的东北产业结构趋同与分散严重，一方面产业结构的趋同性导致产品结构的同质性，比较优势不明显导致各产业缺乏市场合作的动力，辽吉黑三省无法发挥各自的差异化互补优势来进行产业分工与合作。另一方面各产业结构趋于分散化，缺少具有规模化优势的产业，在全国范围内的市场竞争中缺乏竞争优势，使产业结构升级缓慢陷入固化陷阱（刘德权、邢玉升，2016）。因此应当根据辽吉黑三省产业的专业化和效率水平确定产业发展的重点领域，实现整个东北优势资源的区域整合，凸显不同地区产品贸易的比较优势，通过消除体制环境与产业结构的负面影响，达到区域协调发展的目标，并推动产业结构优化升级，顺利实现东北区域经济由"孤岛经济"向"网络一体化经济"转变（宋冬林、齐文浩，2018）。

要实现各省的针对性产业优化配置，就要以专业化和效率水平作为判断产业转移和重点领域的基本标准（秦惠敏、徐卓顺，2016），专业化水平意味着产业的现有发展基础，效率水平意味着产业的未来发展潜力。将高专业化和高效率的产业作为本地重点集聚区，这类产业具有坚实的发展基础和巨大的竞争潜力，因此要加大招商引资力度提升产业竞争力，并针对此类行业组织制定规模适度、力度合理的产业扶持政策，将重点产业做大做优做强。将高专业化和低效率的产业作为结构优化与调整区，这类产业已经经历了行业成熟期，亟待通过发展模式的转变与创新加快行业向高端产业化发展，重点是要提高创新对于产业结构优化升级的带动作用，引进先进生产技术与管理经验，提高整个产业的效率水平。将低专业化和高效率水平的产业作为潜力发展区，这些产业是产出效率很高的行业，在提高专业化水平后很可能成为东北老工业基地振兴的主要依托点，所以要动态持续地对这类产业进行定向评估，最大限度地鼓励扶持优质产业的专业化发展，通过生产要素的引导集聚，实现产业专业化水平的提高。将低专业化和低效率的产业作为优先转移区，这类行业的产业集聚程度和发展潜力要远远低于其他地区的同类行业，因此要充分推进东北内部和国内的协调互动，引导产业合理有序转移，推动东北经济整体水平的提高。

产业转移需要以大型企业集团为依托（李笑华，2001），通过大型企业和集团建立新型的协调发展关系，示范和带动中小企业的产业转移，以下是具有较高可行性的大型企业集团联动方案：以鞍钢和东北特钢集团为中心，实现生产钢铁及其原料的行业联动；以沈阳装备制造业为中心，形成机床、重型机械、冶金装备等产业联动；以长春一汽为中心，组织辽吉黑各大汽车厂商形成东北汽车制造的产业联动；以大庆石油公司和吉化集团公司为中心，形成化工行业的产业联动；以沈阳飞机制造公司和哈尔滨飞机制造公司为中心，形成飞机制造业的产业联动。

2. 强化中心城市的核心带动作用，建设并扩大横向经济区。沈阳、哈尔滨、长春、大连具有雄厚的经济实力和发达的技术力量，以这些城市为中心继续开展沈阳经济区、哈大齐工业走廊、长吉图开发开放先导区、辽宁沿海经济带四个国家战略建设，通过发挥经济集聚辐射效应，示范和带动周边地区的经济建设，在东北区域经济一体化进程中发挥关键带动作用。

要充分发挥中心城市和相关城市群的辐射联动作用，提高中心城市的综合能力，使其成为体制改革、经济增长、社会安全、法制建设等方面的发展先行者，以推动中心城市产业结构率先实现转型升级；要充分发挥中心城市对于人才的集聚作用，东北地区并不缺少人才，众多的高等院校和科研院所使其在地区知识储备和劳动力质量等方面有着明显的优势，但一直以来东北地区的人才外流难以遏制，人力资源与产业结构失衡，因此要有效利用大城市的区位优势和发展环境，实行更大力度的人才引进与培养政策，将东北地区建成人才资源富集、人力投资充分、人才政策健全的人才基地；要发挥中心城市的创新带动作用，提高与发达地区相比相对落后的自主创新能力，以自主创新为核心，鼓励企业与高等院校和科研院所进行广泛深度的合作，提高科技理论成果的应用化和产业化转换效率，通过推动创新机制发挥作用，对产业结构优化升级施加正面影响。要重点开展长春新区、哈尔滨新区、金普新区三个国家级新区的建设，集合国内其他现行建设新区的有益经验，解决经济高度倚重工业生产、生产性服务业相对落后、信息化程度低、体制机制创新滞后等东北地区的共性建设问题，使各个新区在新一轮东北老工业基地振兴中能够明确自身定位和担当。要以中心城市为核心，统筹规划区域经济协调发展新局面，通过区域分工和市场竞争实现资源的优化配置，将东北地区打造成现代装备制造业基地、钢铁基地、汽车基地等现代化工业基地，实现区域经济的协调发展。

沈阳有着"共和国长子"和"东方鲁尔"的美誉，具有地理位置优越、自然和技术资源丰富、工业基础雄厚等优势，最有可能成为东北地区的第一个国家中心城市，具备引领东北地区发展的条件和能力。所以要以沈阳为中心，以鞍山、本溪、抚顺、辽阳、营口、铁岭等城市为节点，组建沈阳经济区，实现该城市群产业基础和发展优势的带动作用。一要建立以沈阳为中心的现代装备制造业基地，依据本身现有的装备类制造业基础优势，发展具有较强科技创新力和国际竞争力的现代装备制造业。二要做大做强石化、冶金等具有发展潜力的传统产业，推动传统工业由粗放型转为集约型、低效型转为高效型、数量型转为质量型发展。三要积极发展高新技术产业，以大数据、云计算、物联网等先进技术为渠道，加快沈北新区等高新区建设，实现高新技术领域的跨越性突破，培育推动东北产业结构优化升级新的增长点。

哈尔滨是面向东北亚地区的沿边开放中心城市，是国家重要的制造业基地，在中国工业发展过程中具有重要地位。以哈尔滨为中心联合大庆、齐齐哈尔组建的哈大齐工业走廊要以黑龙江省的传统产业转型为基础，以资源型城市的转型建设为补充，以技术进步为发展渠道，建设东北地区的新型工业园区。一要实现以哈尔滨、齐齐哈尔为发展主体的优势装备制造业集聚，建设装备制造业集群和现代化装备制造基地，以数字化技术为重点，加快大型企业的技术改造和体系优化，建设重型机械装备基地、军品生产基地等装备制造基地，建成具有一流水平的重大装备制造园区。二要实现以大庆为发展主体的石油化工产业集聚，大庆油田是我国最大的油田，即使在资源衰竭的时代背景下，也占据一定的资源优势，进入经济新常态，要加快传统生产方式的转变和科技体系的创新，加强与中石油等石油公司的产业链分工合作，将大庆建成国内顶尖、国际一流的石化产业基地。

长春位于东北亚经济圈的几何中心，是久负盛名的汽车工业基地和电影制作基地，长春与吉林市两个城市的国民生产总值占吉林省的3/4，图们江流域是我国重要的对外开放带，以长春为中心的长吉图开发开放先导区将是推动东北经济振兴的重要动力。一要加快发展汽车工业这一传统优势工业，以长春一汽为主体，整合现有的零散产业资源，形成具有国际竞争力的产业集聚，还要引进国外先进汽车制造业的技术与人才，促进优势零部件生产，形成专业化、规模化模式，建设现代化汽车工业基地。二要进一步发展长春电影产业，形成推动第三产业兴旺的动力，具体来讲，要综合建设影视基地，培育相关产业园区，塑造长春电影节品牌，全面增强长春城市文化软实力和国际影响力。三要加强以珲春作为节点的图们江出海口的利用，珲春市地处东北亚金三角，是中俄朝三国间的口岸港口链点，吉林省乃至整个东北地区可以实施"借港出海"战略参与到北极航线的贸易中当中，保持出海贸易长远的战略发展。

大连是东北地区经济总量最高的城市，扮演着沿海开放城市和老工业基地的双重角色，肩负着东北对外开放和率先实现东北老工业基地振兴的双重任务。辽宁沿海经济带以大连为中心，以营口、锦州、丹东、盘锦、葫芦岛等沿海城市为节点，是进一步开发沿海地区对外开放的战略选择。一是要发展新型工业化基地，辽宁沿海经济带产业集群发展成效显著，但产业结构仍有待提高，因此一方面要继续发展石化、冶金、船舶制造等传统共性产业，形成规模化的工业基地；另一方面要依据比较优势的原则，确定不同地区的主导产业，因地制宜建设差异化和特色化的产业集群。二要进一步发挥沿海地区的对外开放功能，将6座城市打造成现代化港口和贸易区，以"互联网＋临港产业"作为载体，发展现代化港口集群，促进大连港、丹东港、营口港、锦州港、盘锦港、葫芦岛港等一体化发展，逐步发展东北亚国际航运中心功能，使沿海地区在新一轮东北老工业基地振兴、对外开放中发挥更加积极的引领作用。

第三节　微观层面的路径

微观层面需要对助力东北产业结构优化升级的经济主体精准施策。

具体包括以下四个方面：发挥企业作为经营主体的能动作用；加强金融支持力度；充分发挥高校和科研机构的地位和作用；人才集聚助推东北发展。

一、发挥企业作为经营主体的能动作用

企业作为主要参与经济生产的经营主体，极易受到产业政策的影响。如果要重点扶持某一产业的发展，对该产业实施的税收减免、政府补贴等积极的产业政策会直接作用于企业的生产经营，借以刺激该产业的优化发展；如果要限制某一产业的发展，对该产业实施的税收增加、缩减取缔等消极政策会直接作用于企业的生产经营，借以抑制该产业的发展。在新一轮东北老工业基地振兴的背景下，如何有效发挥政策红利来调整相关产业结构显得尤为重要，企业将成为产业转型升级的主要力量。

（一）完善市场体制，优化企业经营环境

政府和市场之间的关系问题对于处于经济转型期的国家和地区来说具有重要意义，近年来东北地区经济低迷的一个主要原因是市场化程度偏低，资源不能按照正常的市场调节机制实现有效的配置，因此要推动政府转变职能，以市场为中心，建立法治型政府、廉洁性政府、服务型政府，优化产业结构转型升级的政策环境。着力为企业的生产经营和投资创新营造宽松的政策环境，保护重点行业的企业的合法权益和发展动力，遵循市场化的改革主线。政府要多做优化市场环境的举措，减少不必要的行政干预，同时通过加强基础设施建设和社会服务供给，为企业经营提供环境保障，使企业有意识、有能力进行生产转型和技术升级，由此带动企业成为具有国际水平的行业尖兵。另外要积极引入外资来促进相关产业的发展，增强外资企业的市场预期与投资信心，使外商投资能有效进入高新技术产业、绿色产业等新兴产业。

（二）深化调整国有企业改革

东北地区的资源配置偏向国有企业，而国企的产业结构偏重偏旧，在企业经营过程中容易出现政企不分、职责不清、分工不明的现象，无法适应现代产业的发展要求。东北地区应当按照《中共中央、国务院关于深化国有企业改革的指导意见》，推进新时期国有企业改革取得引领性成果。推进国有企业混合所有制改革，就要在发展迟滞、亟待改革的行业引入市场竞争机制，通过 PPP 模式由政府来帮助国有企业分离职能并引入非国有资本，使非国有资本参与国有企业兼并重组，助推国有企业重新焕发活力。另外，还要优化国有企业的资本利用效率，建立健全企业管理机制与监管体系，建立产权清晰、权责明确、政企分开、管理科学的新型企业制度。要加强国有企业改革的决心与力度，坚决有效地淘汰煤炭、钢铁等产能过剩的落后企业，对僵尸企业进行关停清算以将政府补贴用于更有意义的事业，加快"三去一降一补"任务在国企改革方面的贯彻落实，增强东北地区国有企业改革的速度与质量。

（三）促进民营企业的发展

民营企业对于市场的反应十分敏感，是市场经济发展中最能体现市场活力的组成部分，在经济振兴、增加就业、节能环保方面发挥着重要作用。在经济全球化的大背景下，应找准民营企业在新一轮东北老工业基地振兴中的角色定位，推动几个优质民营企业成为全球业界龙头，通过民营经济与国有经济进行合作的方式，实现经济资源的共享利用。要在思想上把握民营经济在社会主义市场经济发展中发挥的重要作用，放开对于民营企业的投资限制和行政限制，施行相比国内其他地区更大程度的简政放权和放管结合，充分利用可以利用的资源以行使和发扬政府的服务职能，促进民营企业在生产经营、技术研发、社会服务等方面取得更大成绩。要促进民众就业思想的转变，撤除以进入体制为首要选择的就业僵化思想（孙周佳，2018），鼓励实现自主创业和创新就业，加速民营经济的发展。东北经济不能只靠处于困境中的国有企业，民营企业相比国有企业有着更广阔的发展空间，在发展速度和发展潜力上都远远超过国有企业，未来将会成为东北老工业基地振兴的关键动力，所以在将国有企业做大做优做强的同时，一定要充分发挥民营企业的带动能力和发展潜力，使其在国有企业陷入困境时成为带动经济增长的主要力量，促进东北老工业基地整体的国民经济水平健康发展。

二、加强金融支持力度

现代经济是以宏观调控间接化为重要特征的市场经济，而金融在建立健全国家宏观调控体系方面扮演着十分重要的角色，金融发展主要通过影响储蓄和投资来影响资金流量结构，引起生产要素分配结构的变化（林春、王伟，2016），从而有力支撑了国有企业改革、政府放权市场、支持民营经济等领域的改革发展，达到促进产业结构优化升级和经济优质增长的效果。东北老工业基地振兴中，金融支持发展取得了一定成效，信贷投放的数量、结构、服务等方面都有了显著进步，但总体上金融发展与经济增长的关联性并不强，金融体系建设并没有达到高端水平，金融体制落后、金融发展偏慢、金融支持不足等瓶颈限制了东北地区的产业发展，因此要着力改变金融发展与产业结构调整的错位现象，结合国家政策的引导调整和金融机构的创新变革，进一步发挥金融资源积聚和金融服务优化对支持实体经济发展所起到的至关重要的作用，助力推进新一轮东北老工业基地振兴。

（一）进一步深化金融改革

我国目前仍以传统金融服务模式来进行金融资源和服务的配置供给，这种基于经济高速增长产生并发展的金融服务模式已经落后于时代，在当下以间接融资为发展趋势的金融体系发展背景下，依托传统货币信贷直接支持经济运行与增长的理念亟待改变。新时期要以习近平总书记关于金融改革工作的理论与政策指导为基础，贯彻落实金融监管和风险防范的理念、原则和方向，坚决履行金融系统为实体经济服务的职责，同时结合东北地区实际情况采取金融改革的东北方略。一要守住不发生系统性金融风险的底线，相关部门要做到早防范、早识别、早发现、早处理，建立健全风险应急处理体系，将金融风险对于实体经济的负面影响降到最低。二要严控地方政府债务的增长，要引导民间投资以降低对政府主导型投资的依赖，改变政府增列赤字和增发国债等对冲收支矛盾的传统方法，而要将市场化作为深化经济体制改革和行政管理体制改革的基准。三要建立健全符合我国国情的法治体系，建设一个自由、开放、高效的资本市场，创造法制化、公平化的营商环境，通过法律形式确认和巩固政策效应，推动金融服务结构与质量更上一个台阶。

（二）优化信贷结构

商业银行与实体经济的背离是金融发展面临的严峻形势，所以要进一步明确信贷风险和信贷动力在哪里，持续推动信贷结构的调整优化，实现银行信贷政策与政府产业政策的有机统一，发挥金融发展在转变产能结构、推进经济高质量发展中的作用。一要打造区域协调发展的信贷结构，考虑资源配置的合理性进行差别化管理，一方面要提高发达地区金融机构信贷的市场竞争力，合理配置信贷分布资源，提高信贷效率；另一方面要加大对于发达地区的资源投入，合理控制信贷数量的增速。二要打造新旧更迭的信贷结构，信贷结构要服务于供给侧结构性改革的新旧动能转换任务，新增贷款要重点投放在经济转型升级行业，通过优化信贷资源配置以保障经济转型升级。三要打造"因人而异"的信贷结构，区分大型客户、中小客户、政策扶持客户等多种客户主体，投放适应现代社会发展要求的信用贷款，把更多信贷资源配置到经济社会发展的关键领域，完善信贷资源的市场化配置。四要打造管控风险的信贷结构，以积极的态度和先进的分析和管理方法进行风险管控工作，建立依靠大数据等信息化技术的新型风险防控体系。

（三）创新金融产品与服务

在金融业迅速发展的今天，传统的金融模式已无法完全适应经济发展的要求，各种新的金融产品与服务在同业竞争中脱颖而出，以创新形式助推金融行业的跨越性发展，实践证明只有紧跟时代脚步的创新产品与服务，才能满足当代国民经济运行的金融需求。为创新金融产品与服务，一要坚持以市场化为基础，建立多层次的金融信贷体系，根据不同行业、地区、企业的金融需求设计多样化的金融产品（邓岩、周宇，2015），使其能体现契合各经济实体的生产经营形势、资金运用规律、规模生产需求等特点，力争将有效的信贷资源配置到最需要的行业、地区和企业，提升金融产品的质量。二要创新提供金融服务的模式与方式，鼓励和发展产业链金融、银团贷款等新型业务模式，创新抵押、担保、质押方式，优化营销理念与模式，打通金融资本与金融需求的对接通道。三要积极发展互联网金融，互联网金融是指传统金融机构与互联网企业利用云计算、大数据等实现资金融通、支付以及投资的新型金融业务运营模式，互联网和金融业的有机融合是未来金融发展的必然趋势，因此要积极引导平台金融、信息金融和碎片金融等新型金融模式的规范发展，尤其关注互联网金融在惠及扶持中小微企业发展方面的高度匹配性，最终使新兴金融产品与服务真正融入中国经济可持续稳定健康发展中。

（四）加强金融监管

金融市场失灵与缺陷很容易导致金融资本的低效利用，商业银行等金融机构的安全性和效率水平会受到抑制，从而拖慢经济的运行发展，因此必须通过加强金融监管，来保障金融体系能有效发挥作用。一要建立中央统一领导和地方协调监管的监管协调机制，由金融委与东北地区相关金融监管部门联合构建联通机制，建立上达中央、下达市县的双向信息互通链，同时建立中央和省级政府的定向评估机制，以此作为考核评价东北各层次金融业务质量的重要依据，提高监管力度。二要开展县域金融监管试点工作，发展基层金融监管探索。中国人民银行县级单位和县级银监办联合作为金融监管的执行主体，同时进行相关职能的分工与合作，兼顾金融监管要求与行业发展需要进行试点改革，充分发挥县域层次监管的灵活性与适应性优势。三要加快金融发展统计与分析系统的建设，为金融监管提供统计分析的科学方法，加强对各层次金融统计数据的采集、整理、分析与共享，并由专门科研机构根据统计数据的技术分析进行前瞻预警和趋势研判，为东北地区金融监管措施的调整提供重要依据，真正将政策预构和效应预判结合起来，进一步促进和规范金融业的发展。

三、充分发挥高校和科研机构的地位和作用

高等院校和科研机构是培养人才和推动科技进步的主要阵地，以其丰富的资源条件在经济转型中发挥了重要的作用，为经济、教育、科技等领域的良性互动发展奠定坚实基础。东北地区的科研发展受益于重工业时期的政策支持和资源倾斜，高校和科研机构众多，培养了大批科技人才和技术人员，拥有雄厚的科技和创新能力。新时期促进东北地区产业转型升级，要充分发挥高等院校和科研机构教育和科技方面的优势，将其转化为推动经济发展的实际动力。一方面要为东北产业发展培养创新型人才，建立发展性创新型人才培养模式；整合优质的科研资源，灵活运用自主研究和国际合作的互补优势效应，由学术带头人带领科研创新团队进行人才的创新培养，满足自身科研建设和东北经济振兴的双重需要。另一方面要为东北产业发展提供理论指导和智力支持，高等院校和科研机构不仅是人才培养和科研合作的摇篮，也是参与体制变革、提供科技资源、支持政策实施的功能载体，因此要将科学研究工作和我国及东北现实政治、经济、文化等方面的发展结合起来，为产业转型升级和经济振兴中的政策指导提供理论依据，使科研力量成为国民经济发展的重要推动力量。

（一）加大科研投入

当前，全球技术竞赛日益激烈，新一轮科技革命和产业变革蓄势待发，科技研究成为推动科技革命和产业变革的关键动力，为保障科技为

经济发展提供支撑力量，各国各地区纷纷加强科技投入战略部署，以推动转变经济增长方式、优化产业结构与引导社会变革。东北地区的投入总量和结构落后于发达国家和国内发达地区，因此需要加大科研投入，增加内生技术供给。一要遵循基础研究投入增长规律，稳定增加基础研究投入。我国已经进入工业化后期阶段，研发投入不应主要用于试验发展，而是应该着眼于推动中长期发展的动力基础，将更多资源分至基础研究，根据建设创新型国家的标准，达到实现现代化的基础研究投入水平。二要建立中央和地方财政资金协调引导作用，中央要继续加强财政方面对东北科技研究的支持力度，建立多元化投入体系，使科研投入成为中央财政资金的战略投资点；东北地方政府要加大科研投入力度，以适度的方式调动引导可用资金转向科研领域，并根据本地发展状况设立专项，激励研究人员着力解决区域经济发展中的重要问题。三要协调区域、行业之间的科技投入，从东北内部地区来看，科研经费投入主要集中在四大副省级城市和其他大城市，从行业分布来看，科研经费投入主要集中在金融业、建筑业等行业，区域和行业方面过大的科研支持力度差距不利于共同富裕和经济社会可持续发展，因此要协调好区域、行业之间的科技投入，统筹进行东北产业结构的优化。

（二）加大社会科学的科研力度

自然科学和社会科学是科研教育的两个主要领域，自新中国成立以来，为摆脱落后局面，我国东北地区集中进行工业现代化，自然科学以其对于工业生产的高贡献率受到各级政府的青睐，而社会科学的研究成果基本是观念形态的理论成果，无法像自然科学一样带给应用者较快较直接的物质利益，因此我国逐渐形成了重自然科学轻社会科学的科研氛围。具体到东北地区来看，哈尔滨工业大学、吉林大学、大连理工大学、东北大学四所一流大学皆是凭借雄厚的自然科学学科实力成为高等院校中的佼佼者，然而东北地区社会科学的发展无论是与自然科学相比，还是与国内发达地区的社会科学相比，都处于明显的滞后状态，这是东北地区学科发展不平衡的重要体现。我国正处于工业化后期和经济转型阶段，哲学、经济学、管理学、法学、文学等社会科学在各级政府的决策和企业的经营管理、在提高国民的思想道德素质和科学文化素质中发挥了至关重要的作用，因此必须改变重理轻文的科研教育氛围，加大社会科学的科研力度。一要加大社会科学的科研投入，提高社会科学研究投入占总研究投入的比重，将更多学术资源配置到具体的发展过程中，以重点学科、重大项目和先进团队为依托主体，与世界一流大学和一流学科建设实现战略有效对接，对国家肯定发展成绩的社会科学一流学科进行重点投入与建设。二要高度重视社会科学研究成果的转化工作，自然科学有着比较完备的科技成果转化体系，而社会科学成果转化还处在低级阶段，存在转化率低、转化不及时、不充分、不到位的问题，为解决这些问题，要制定相应的促进社会科学科技成果转化的法律法规，将成果转化置于科学的运行框架之下。

（三）建立政府引导、企业主导、科研指导的三方产业发展合作体系

促进产业结构优化升级、引领东北老工业基地振兴要使科技进步成为东北经济转型的不竭动力，高校和科研机构是推动研究成果向先进生产力转化的执行主体，因此应当高效参与到东北地区产业转型升级的进程中，促进政府、企业、高校三个不同的活动主体积极行使职能和发挥作用，各方都从制度、组织、技术层面进行改进与合作，建立政府引导、企业主导、科研指导的三方产业发展合作体系。一要发挥政府的促进和支持作用，完善政企研三方合作的政策制度环境，通过出台相应的政策和管理办法，确定合作方向和保障机制，开展支持三方合作的国家科技计划和实践平台，在实施计划时，要注意由产业界来确定科技领域发展的优先级。二要发挥企业的能动作用，使其成为引导需求和开展行业关键共性问题的研究力量，企业应主动向政府寻求政策支持和向高等院校、科研机构寻求技术支持，建立健全管理和考核体系，将技术创新能力指标纳入企业各层考核与评价体系，积极与高等院校和科研机构建立深度合作模式，实现双方资源共享和合作互信的双赢局面。三要发挥

高等院校和科研机构的研究和服务作用，积极直接参与传统产业的改造和高新技术产业的发展，与企业共建经济实体，以研究与应用具有前瞻性的重大科研成果，加快由理论知识向实践操作的有效转化；科研力量可以与社会经济组织及相关公共服务团体进行合作，联合定向培养面向社会、服务社会、建设社会的创新型人才，开展围绕东北发展的社会调研活动和社会实践活动，使人才的自由发展与整个东北的振兴发展深入结合起来。

四、人才集聚助推东北发展

产业结构问题的最根本制约因素是人才资源。产业结构不断从传统产业向高新技术产业的演进过程归根结底是由科技进步决定的，而人才资源与科技进步息息相关，一个地区人才的数量、质量、结构决定了产业结构优化升级的进度，人才结构与产业结构相适应才能对经济增长发挥正面效应。东北集聚了大量的高等院校和科研院所，区域内拥有优质的科教资源，每年培养大量的人才，理论上可以满足东北地区经济发展的需要。但事实上东北地区人才发展难度较大，一方面表现在人才流失严重，应届毕业生到省外就业、学者专家被高薪挖到发达地区高校、技术人才携专业资源出走发展的状况比比皆是，人才往外流已经成为阻碍东北地区人才强省战略推进的心头积疾；另一方面表现在本地人才资源区域与行业分布不合理，中高端人才主要分布在大城市和传统产业，以至于缺少技术创新和高级管理方面的人才来支撑东北产业结构的转型与升级。因此，要坚持以人才发展战略助推东北老工业基地振兴，充分发挥中高端人才在产业结构优化升级和创新驱动发展中的支撑作用，为实现东北产业转型与升级提供智力与人才保证，将东北打造成人才集聚地。

（一）留住本地人才和引进外地人才并重

实施人才战略的基础是留住本地人才，一要留住本地高校毕业生，减少本地人才的流失必然会在一定程度上缓解人才紧张的压力，所以要制定正确的政策框架，激励本地人才为东北发展做出贡献。高校应当加强应届毕业生就业指导工作，引导和支持优秀人才对接本地优质企业；政府要开展适当程度的毕业生留省补贴激励机制，实施更大力度的人才政策，鼓励自主创业和创新就业，通过举办创新竞赛和设立创业基金等方式，支持大学生创业，在全社会营造一种鼓励创业的氛围。二要留住本地杰出人才，各层次的人力资源部门要增强忧患意识，因才施策，不能使本地的优秀学者、企业家、技术人员因受制于发展环境而选择出走；要创造公平自由的竞争环境和人尽其能的建设平台，通过科学的物质和精神激励机制留住高端人才，为实现东北经济振兴提供高级智力支撑。

实施人才战略的关键是引进外地人才，东北地区的大部分人才仍存有"体制内"工作的传统就业思想，因此促进经济转型发展需要引进外地人才这一重要助力。目前全国各大城市已经开启了激烈的"抢人大战"，政策力度之大，令人咋舌，因此东北地区要想实现人才数量和质量的双重跨越，必须拿出诚意满满的人才引进政策，才能吸引外地人才进入东北。具体来说，一要大幅提高薪酬待遇。一般来说，在没有外力影响的情况下，各类人才的就业选择一般有家乡和发达地区两种，所以东北要想吸引人才，需要实行最为直接的物质吸引方法，这是引进优质人力资本的基础。二要创新人才引进方式，营造现代人才观念和建立现代管理体制，注重更加合理地安排和使用人才，可以考虑跨地区的流动工作制等无关档案和编制的人才利用机制，使引人策略与时代同行。

（二）关注高端人才的集聚

一流的人才将是提升东北地区经济发展活力和内生动力的主要推动者，在产业转型与升级的过程中发挥至关重要的作用，所以要以更大力度吸引高端人才集聚，坚持以市场导向来破解人才流通不畅的难题，建设人尽其才的高端人才使用机制。一要将企业作为高端人才集聚的主阵地，高端人才进入企业并推进企业的自主创新和管理升级是最为有效的人才使用途径,以高端人才引领产业发展能推动人才项目、产业资本等创新要素的落地生根,因此要关注高端人才的知识与技术储备能否带动企业的转型升级,以能力而不是学历为判断标准,实现高端智力与经济建设无缝连接,在深层次的产业链上建立起高水平的人才链。二要探索柔性引才的发展空间,高端人才一般有着更为严格的环境与精神需求,因此必须营造满足高端人才发展需求的工作环境和创业环境,使高端人才能在服务企业发展时,能够实现抱负和自我价值,这样就能塑造可持续的人才引进模式,并以此来吸引人才自发进入东北。三要实施高端人才本土化战略,相比人才引进,人才留任是一个更加艰巨的任务,很多企业培养的高端人才在一开始进入企业就只是以此当作未来发展的跳板,导致企业无法培养一批信得过、留得住的业务骨干和团队,因此必须提高高端人才对于所在企业的认同感,通过为高端人才提供合理的职业发展道路和激励机制,使这一部分骨干成为企业提高自身层次的持续推动力。

(三) 加强关键领域的人才供给

东北地区的人才分布与产业结构不相适应,东北地区正处于由"二、三、一"向"三、二、一"转型的阶段,第一、第二产业的人才不足会使人才要素的自由配置缺乏活力,不利于新兴产业对于传统产业的改造升级,人才密集的第三产业也会因其超前发展而对产业结构优化升级造成障碍,因此需要加强关键领域的人才供给。一要全面提高农业劳动力的综合素质,培养农村人才以建设现代化农业,抓好农村义务教育、成人教育、职业教育的落实发展,并配合相应的制度和体制,有针对性地培养专业人才,同时健全农村社会保障体系,确保农村劳动力在住房、教育、医疗等方面的权益得到切实的保障。二要对第二产业中数控机床、智能制造、电气仪表等装备制造业进行重点的人才支持,大力鼓励和引进先进的生产和管理技术,争取让部分优势产业达到世界顶尖水平,建立专门的研发机构和奖励机制来调动企业和个人的工作热情,推动第二产业的升级改造进程。三要侧重提高第三产业的人才质量,由国家对人力资源的自发流动进行立法监管和引导规划，引导人才资源由饱和甚至密集的行业转向第一、第二产业以及亟待发展的第三产业，同时通过引进和留住高端人才，提高现有第三产业的人才层次，使人力资本结构与产业结构相适应，以此加速东北地区产业结构优化升级和经济发展，助力新一轮东北老工业基地振兴。

结　　论

　　作为"共和国长子"，东北老工业基地曾是新中国工业的摇篮，为国家的改革开放和现代化建设做出了历史性的重大贡献。然而随着改革开放的深入，东北地区的经济发展速度逐渐落后于东部沿海地区，为此，中共中央、国务院将振兴东北老工业基地纳入国家发展战略中，东北老工业基地产业结构的优化调整也进入了战略性优化升级的新阶段。新时代，东北老工业基地产业结构优化升级需要新方略。辽、吉、黑三省单打独斗，各自为战，已解决不了东北经济全面振兴问题，东北老工业基地需要从区域经济一体化升级视角寻找路径，实现东北老工业基地全面振兴。到2020年，东北老工业基地应该在重要领域和关键环节改革上取得重大成果，转变经济发展方式和结构性改革取得重大进展，经济保持中高速增长，与全国同步实现全面建成小康社会目标。在此基础上，争取再用10年左右时间，"东北地区实现全面振兴，走进全国现代化建设前列，成为全国重要的经济支撑带，具有国际竞争力的先进装备制造业基地和重大技术装备战略基地，国家新型原材料基地、现代农业生产基地和重要技术创新与研发基地"。

　　在此背景下，探讨东北老工业基地产业结构一体化升级建构方略对东北老工业基地全面振兴和经济高质量发展具有十分重要的现实意义。

　　本书基于国民经济学、区域经济学、产业经济学、新制度经济学的相关理论，从东北地区区域经济一体化升级的视角，对东北地区产业结构的优化进程进行历史性梳理，并通过分阶段研究对东北地区产业结构的演进进行纵向和横向评价，找出新时代东北地区产业结构一体化升级的动力因素和制约因素，并在国内外区域产业结构一体化升级经验借鉴的基础上，找出新时代东北老工业基地产业结构一体化升级科学的、有效的、系统性的方略。通过上述研究，本书得到的研究结论主要如下：

（1）利用主成分分析法、熵值法、最小二乘法等定量方法，构建评价模型，对东北老工业基地产业结构的一体化升级进行了实证分析，发现产业结构优化升级绩效中的高度化程度比其他两大基准更为重要；东北老工业基地的产业结构优化升级绩效整体呈上升趋势，但是低于京津冀区域和长三角区域；东北老工业基地产业结构优化升级的动力来自辽宁省，阻力同样来自辽宁省。

（2）利用 SWOT 分析找出了新时代东北老工业基地产业结构一体化升级的优势、劣势、机遇和威胁，发现优势主要有地缘区位优势、技术创新优势、城市化响应优势、金融发展优势、交通运输基础建设优势、后发优势；劣势主要有东北地区经济发展日益衰退、产业结构升级缓慢且结构不合理、东北地区资源优势逐渐丧失、东北企业劳动力数量与质量不足、产业制度安排不健全；东北老工业基地振兴的宏观经济政策、对外开放合作扩大、外商投资力度大、东北三省被纳入环渤海经济区等为东北老工业基地产业结构一体化升级提供了机遇；国际贸易争端、国内区域间竞争激烈、外商投资加剧产业分化等成为东北老工业基地产业结构一体化升级的威胁。

（3）通过借鉴美国纽约都市圈、日本东京都市圈、"长三角"区域、"京津冀"区域的经验，归纳总结出新时代东北老工业基地产业结构一体化升级的四个重要启示：政府与市场适度发挥职能、明确产业分工实现区域产业一体化协调发展、完善通达的交通网络和发展高技术产业。

（4）从宏观、中观、微观三个层次探索性地提出了新时代东北老工业基地产业结构实现一体化升级的方略。具体说来，宏观层面需要建立和完善政策制度框架，国家战略应与东北发展相适应。具体包括以下五个方面：深化供给侧结构性改革，增强经济活力；借助"一带一路"机遇推动产业结构优化升级；坚持建设创新型国家，创新引领东北老工业基地振兴;深入推进乡村振兴战略和新型城镇化规划;落实全面减税降费改革。中观层面包括优化东北地区产业发展和推进区域经济一体化两个方面,前者主要从产业结构、产业组织、产业技术和产业布局四个方面提出了东北产业发展优化对策;后者则将重心放在推进东北亚区域经济合作和东北区域经济一体化。微观层面需要对助力东北产业结构优化升级的经济主体精准施策,具体包括以下四个方面:发挥企业作为经营主体的能动作用;加强金融支持力度;充分发挥高校和科研机构的地位和作用;人才集聚助推东北发展。

参 考 文 献

［1］白敏. 产业转移视角下广东省产业结构优化研究［C］. 广东省社会科学院, 2015.

［2］曹婉露. 东北三省金融结构对产业结构升级的影响研究［D］. 哈尔滨工程大学, 2018.

［3］曹阳, 赵英才, 马林. 东北经济区产业结构特征与区域发展模式探析［J］. 吉林大学社会科学学报, 2007（6）：107－113.

［4］曾穗平, 田健, 曾坚. 京津冀协同发展背景下的全球城市区域建设途径［J］. 城市建筑, 2017（12）：33－36.

［5］常丽, 阎质杰. 东北地区产业结构演进及变动度分析［J］. 商业时代, 2013（33）：122－125.

［6］常艳. 日本首都圈的规划建设对京津冀协同发展的启示［J］. 经济研究参考, 2014（59）：32－35.

［7］陈佳贵. 调整和优化产业结构　促进经济可持续发展［J］. 中国社会科学院研究生院学报, 2011（2）：5－13.

［8］陈丽蔷. 外资对东北老工业基地产业结构演进的影响［D］. 东北师范大学博士论文, 2006.

［9］陈倩茹. 中国东北三省产业结构相似性研究［D］. 吉林大学, 2012.

［10］陈雯. 长三角产业分工中"看得见的手"和"看不见的手"［N］. 第一财报, 2019－06－18（A12）.

［11］陈仲常. 产业经济理论与实证分析［M］. 重庆：重庆大学出版社, 2005.

[12] 吹响高质量发展的进军号——从东北三省两会看振兴新脉动，东北新闻网，2018.

[13] 邓岩，周宇. 新常态下东北产业结构优化与金融支持路径探析——以辽宁省为例 [J]. 理论探研，2015：20-23.

[14] 刁琳琳. 京津冀协同发展中的北京市产业结构转型与升级问题 [J]. 领导之友，2016（3）：54-62.

[15] 丁春玲，刘静. 金融创新促进产业结构转型升级研究 [J]. 山西财经大学学报，2014.

[16] 杜威. 政府干预、所有制结构与产业结构迟滞——来自2003-2013年东北三省地级市面板数据的证据 [J]. 财经问题研究，2016（8）：23-30.

[17] 方毅，林秀梅，徐光瑞. 东北三省高技术产业竞争力提升策略研究 [J]. 软科学，2010，24（3）：56-59.

[18] 付凌晖. 我国产业结构高级化与经济增长关系的实证研究 [J]. 统计研究，2010（1）：49-56.

[19] 付云鹏，马树才，丁义文，阿燃燃. 东北亚区域经济合作对中国产业结构的影响研究 [J]. 科技通报，2017.

[20] 付云鹏，宋宝燕，李燕伟. 东北亚区域经济合作对东北产业结构升级的影响研究 [J]. 辽宁大学学报（哲学社会科学版），2016（1）：91-98.

[21] 干春晖，郑若谷，余典范. 中国产业结构变迁对经济增长和波动的影响 [J]. 经济研究，2011.

[22] 高雪. 典型都市圈产业转型升级国际比较研究 [D]. 河北大学，2017.

[23] 高颖飞. 长三角产业集群发展的经验及对中原经济区建设的启示 [J]. 河南师范大学学报（哲学社会科学版），2012，39（5）：44-46.

[24] 高峥. 京津冀协同发展背景下河北省产业结构优化升级研究——借鉴东京圈经验 [D]. 河北大学，2016.

[25] 葛本中. 北京经济职能与经济结构的演变及其原因探讨（上）[J]. 北京规划建设，1996（3）.

[26] 郭克莎. 结构优化升级与经济发展 [M]. 广州：广东经济出版社，2001.

[27] 郭涛，赵德起. 产业结构视角下辽宁经济失速原因及对策研究 [J]. 东北财经大学学报，2017（3）：86-91.

[28] 国家统计局国民经济综合统计司. 新中国六十年统计资料汇编 [M]. 北京：中国统计出版社，2010.

[29] 韩晓良. 对京津冀印刷业协同发展的解读及思考 [J]. 今日印刷，2017（9）：15.

[30] 韩晓明，王金国，石照耀. 基于主成分分析和熵值法的高校科技创新能力评价 [J]. 河海大学学报（哲学社会科学版），2015，17（2）：83-88+92.

[31] 何平，陈丹丹，贾喜越. 产业结构优化研究 [J]. 统计研究，2014，31（7）：31-37.

[32] 胡春燕. 京津冀区域产业结构优化升级效果测度研究 [C]. 首都经济贸易大学，2018.

[33] 黄昊舟，吴开. 循环经济对区域产业结构优化的评价调整 [J]. 科技与管理，2013，15（5）：101-106.

[34] 黄继忠. 对产业结构优化理论中一个新命题的论证 [J]. 经济管理，2002（4）：11-16.

[35] 黄南. 南京产业结构调整绩效评价及提升对策研究 [J]. 南京社会科学，2013（3）：148-154.

[36] 黄群慧. 产业结构调整需分省精准施策 [N]. 人民日报，2016-10-09（5）.

[37] 黄晓军，黄馨，李诚固. 东北三省城市化水平与产业结构演变的偏差分析及地域差异 [J]. 地理与地理信息科学，2010，26（5）：53-57.

[38] 惠晓峰，沈静. 东北三省金融发展与产业结构升级关系的实

证研究与比较 [J]. 哈尔滨工业大学学报（社会科学版），2006（2）：87 – 91.

[39] 霍影，姜颖，籍丹宁，于丹. 人才结构调整与产业结构升级协同适配评价方法研究 [J]. 科技管理研究，2014，34（9）：59 – 63.

[40] 江小涓. 产业结构优化升级：新阶段和新任务 [J]. 财贸经济，2005（4）：5 – 14.

[41] 江小涓. 经济转轨时期的产业政策 [M]. 上海：三联书店出版社，1996.

[42] 江小涓. 世纪之交的工业结构升级 [M]. 上海：上海远东出版社，1996.

[43] 姜立杰，黄际英. 论20世纪七八十年代纽约市产业结构转变 [J]. 东北师范大学学报（哲学社会科学版），2001（2）：34 – 40.

[44] 姜威. 地域文化传承与东北经济发展 [J]. 商业研究，2012：7 – 11.

[45] 焦继文，李冻菊. 论产业结构合理化的评判标准 [J]. 暨南大学学报（哲学社会科学），2003（4）：88 – 91.

[46] 金成晓，任妍. 东北老工业基地产业结构调整与主导产业选择实证研究 [J]. 税务与经济（长春税务学院学报），2005（5）：71 – 77.

[47] 康珂. 产业结构调整机制研究 [M]. 北京：中国社会科学出版社，2019.

[48] 李红梅. 21世纪中国产业结构调整的战略选择 [J]. 首都师范大学学报（社会科学版），2000（6）.

[49] 李怀，高磊. 东北三省产业投资结构的协调性检验及修正路径 [J]. 辽宁大学学报（哲学社会科学版），2009，37（1）：107 – 113.

[50] 李晖，金梓超，陆云飞，吴利利. 浙江省产业结构优化和对外开放关系分析 [J]. 经济研究导刊，2013（24）.

[51] 李鸣，平瑛. 产业结构优化理论综述及新进展 [J]. 黑龙江农业科学，2010（3）：116 – 120.

［52］李瑞红．基于区域经济一体化的东北三省产业结构研究［D］．广西师范学院，2010．

［53］李笑华．黑龙江与吉林、辽宁产业结构协调问题初探［J］．行政论坛，2001（44）：32－33．

［54］李兴法，朱天星，李锦玲．基于多视角的我国东北三省工业产业结构趋同问题研究［J］．工业技术经济，2016，35（5）：89－96．

［55］李悦，李平．产业经济学［M］．大连：东北财经大学出版社，2008．

［56］李悦．产业经济学——硕士研究生教学用书（第二版）［M］．北京：中国人民大学出版社，2004．

［57］林春，王伟．东北区域金融发展与产业结构调整的实证分析——基于 VEC 模型和 Granger 检验［J］．财会月刊，2016（12）：66－71．

［58］林春艳，李富强．区域产业结构优化的模型构建与评价方法研究综述［J］．经济学动态，2011（8）：92－95．

［59］林秀梅，纪鸿，王磊．东北三省产业结构效益动态比较分析［J］．学习与探索，2005（3）：210－213．

［60］林秀梅，臧霄鹏．东北三省生产性服务业的产业关联关系分析［J］．中国科技论坛，2012（5）：85－91．

［61］刘畅．东北三省主要矿产资源接替战略研究［D］．吉林大学，2009．

［62］刘德权，邢玉升．"一带一路"战略下东北产业结构转型升级研究［J］．求是学刊，2016（3）：60－66．

［63］刘桂芝，张肃．东北地区产业结构演进中的人力资本效应［J］．经济问题探索，2004（6）：90－95．

［64］刘璐．东北三省产业结构演变特征及其影响研究．经济视角，2019：13－20．

［65］刘璐宁．京津冀"两极"的产业结构升级和人力资本水平互动关系比较研究［J］．石家庄经济学院学报，2016，39（6）：33－40．

[66] 刘维成，夏淑芝. 浅论东北地区产业结构调整与升级趋势及对策 [J]. 中小企业管理与科技，2009.

[67] 刘伟，李绍荣. 产业结构与经济增长 [J]. 中国工业经济，2002（5）：14-21.

[68] 刘伟，张辉，黄泽华. 中国产业结构高度与工业化进程和地区差异的考察 [J]. 经济学动态，2008（11）：4-8.

[69] 刘伟. 工业化进程中的产业结构研究 [M]. 上海：三联书店出版社，1996.

[70] 刘小敏. 区域产业结构优化理论研究综述 [J]. 中国市场，2013（3）：75-80.

[71] 刘艳军，李诚固，王颖，张婧. 东北地区产业结构演变城市化响应的空间效应 [J]. 城市规划，2010，10.

[70] 刘艳军，李诚固. 东北地区产业结构演变的城市化响应机理与调控 [J]. 地理学报，2009，64（2）：153-166.

[72] 刘洋，徐廷廷，俞琦，徐长乐. 长江三角洲经济形势跟踪分析 [J]. 上海城市规划，2012（4）：19-23.

[73] 刘宇. 资源、环境双重约束下辽宁省产业结构优化研究 [D]. 辽宁大学，2012.

[74] 刘志彪. 现代产业经济学 [M]. 北京：高等教育出版社，2003.

[75] 柳天恩. 基于区位熵的区际产业分工模式研究——以东北三省为例 [J]. 产经评论，2013，4（4）：41-49.

[76] 卢明华，李国平. 东京大都市圈内各核心城市的职能分工及启示研究 [J]. 地理科学，2003（2）：150-156.

[77] 路正南. 产业结构优化与竞争力评价的研究 [D]. 南京理工大学，2007.

[78] 吕万美. 长江经济带建设下重庆产业结构调整优化研究 [C]. 云南民族大学，2017.

[80] 吕政. 该地区工业化进程中面临的主要矛盾 [J]. 当代财经2005（12）：5-9.

［81］马晶晶，徐瑞，胡江峰．新常态下我国产业结构升级的影响因素分析［J］．新疆财经，2018，3．

［82］马苏，高良谋，满谦宁．东北三省产业结构动态评价及演进预测分析［J］．辽宁师范大学学报（自然科学版），2018，41（3）：385－394．

［83］聂英，赵玲．用系统分析理论构想东北自由贸易区［J］．广东技术师范学院学报，2006．

［84］诺斯，张五常等．制度变革的经验研究［M］．罗仲伟，译，北京：经济科学出版社，2003．

［85］潘文卿．一个基于可持续发展的产业结构优化模型［J］．系统工程理论与实践，2002（7）．

［86］钱纳里，鲁滨逊，萨尔奎恩．工业化和经济增长的比较研究［M］．吴奇，王松宝，译．上海：上海人民出版社，1995．

［87］秦惠敏，徐卓顺．东北地区制造业产业转移及优化升级的重点领域研究［J］．当代经济研究，2016（6）：85－92．

［88］邱振卓．东北地区产业升级的困境与出路［J］．开放导报，2015，2．

［89］曲洋，支大林，唐亮．对外贸易与产业结构的关联性研究——基于东北地区的数据［J］．华南师范大学学报（社会科学版），2011（1）：150－152．

［90］任春．东北老工业基地出现"政策利好"［J］．中国改革报，2005．

［91］任楠．东北三省区域产业结构优化研究［D］．东北师范大学，2007．

［92］任寿根．新兴产业集群与制度分割——以上海外高桥保税区新兴产业集群为例［J］．管理世界，2004（2）：56－62．

［93］桑召敏．中国东北与俄罗斯东部地区经济联动发展研究［D］．黑龙江大学硕士论文，2014．

［94］沈坤荣．改革二十年我国所有制结构变动对产业结构变动的

影响分析 [J]. 管理世界, 1999 (2): 86-94.

[95] 史利国. 北京的昨天、今天和明天——北京经济形势解析 [J]. 新视野, 2007, (4).

[96] 史云鹏, 赵黎明, 贺颖. 产业结构与城乡收入差距关系研究——基于东北三省的面板数据 [J]. 西北农林科技大学学报 (社会科学版), 2012, 12 (6): 118-123.

[97] 帅先富. 要素和市场约束下海南产业结构优化模式与路径选择 [D]. 湖南大学, 2012.

[98] 司桂霞. 长三角地区高技术产业结构优化研究 [D]. 华东师范大学, 2015.

[99] 宋冬林, 齐文浩. 东北区域经济一体化演变的社会网络分析 [J]. 吉林大学社会科学学报, 2018 (4): 97-107.

[100] 宋梅秋. 东北区域经济协调发展与产业结构调整战略研究 [C]. 吉林大学, 2009.

[101] 宋国宇. 基于协整分析的东北区域产业结构优化与金融支持关系研究 [J]. 科技和产业, 2007, 7.

[102] 苏东水. 产业经济学 [M]. 北京: 高等教育出版社, 2005.

[103] 苏向坤, 任婧. "十三五" 时期东北老工业基地经济结构调整问题探究 [J]. 行政与法, 2017 (5): 29-35.

[104] 孙浩进, 王璐. "一带一路" 战略与东北三省区域合作研究 [J]. 知与行, 2016 (1): 22-26.

[105] 孙贺. 东北地区振兴的产业转型升级路径 [J]. 学术研究, 2016 (9): 114-118.

[106] 孙平军, 修春亮, 董超. 东北地区经济空间极化及其驱动因子的定量研究 [J]. 人文地理, 2013, 28 (1): 87-93.

[107] 孙尚清, 马建堂. 中国产业结构研究 [M]. 山西: 山西人民出版社, 1988.

[108] 孙巍, 刘智超. 劳动力回流的要素配置与产业结构优化——兼论 "东北困境" 与 "东北药方" [J]. 上海财经大学学报, 2018

（3）：29 - 43.

［109］孙笑菲. 区域产业结构优化中的信贷支持研究［D］. 北京理工大学，2015.

［110］孙绪. 长吉图产业结构优化与经济发展研究［D］. 吉林大学，2014.

［111］孙周佳. 东北三省产业结构优化路径研究［D］. 哈尔滨商业大学，2018.

［112］汤姚楠. 东北振兴中的辽中南城市群区域产业结构优化升级研究［D］. 东北财经大学，2017.

［113］唐艺彬. 美国纽约大都市圈经济发展研究［D］. 吉林大学，2011.

［114］田硕，李普伶，邢永亮. 基于自主创新的东北老工业基地产业结构优化升级研究［J］. 现代管理科学，2012（5）：74 - 76.

［115］汪岩. 中国东北地区产业结构升级中的金融支持研究［D］. 东北师范大学，2017.

［116］王春丽，宋连芳. 金融发展影响产业结构优化的实证研究［J］. 财经问题研究，2011，6（6）：51 - 56.

［114］王东东. 郑汴一体化的产业结构优化效果测度与评价［J］. 河南牧业经济学院学报，2016，29（3）：31 - 34.

［11ε］王丰阁，刘敏. 区域创新系统与中国产业结构转型升级.［M］. 武汉：华中出版社，2018.

［119］王海宏. 低碳经济下我国省域产业结构优化实证分析［J］. 商业时代，2014（7）：134 - 135.

［120］王吉霞. 产业结构优化升级的影响因素探析［J］. 商业时代，2009，4.

［121］王思格. 略论对外贸易与产业结构优化的关系［J］. 全国商情，2016，32.

［122］王炜，郑悦. 产业结构演进对东北三省人口流动的影响及对策分析［J］. 学术交流，2019（6）：101 - 109.

[123] 王筱迪. 我国东北地区产业结构研究 [D]. 吉林大学, 2017.

[124] 王亚平. 新阶段产业结构优化升级的方向与政策 [J]. 宏观经济管理, 2008 (7): 36 – 38.

[125] 王岳平. 我国外商直接投资的两种市场导向类型分析 [J]. 国际贸易问题, 1999 (2): 1 – 7.

[126] 魏梅. 资源和环境约束下的城市产业结构优化——以徐州市为例 [J]. 江苏环境科技, 2008 (2): 75 – 78.

[127] 魏世红, 谭开明. 东北地区产业结构调整实证分析与对策研究 [J]. 大连理工大学学报 (社会科学版), 2007 (1): 57 – 62.

[128] 魏婉怡, 赵志强, 张菡容, 王慧慧. 对京津冀印刷业协同发展的解读及思考 [J]. 今日印刷, 2017 (9): 15.

[129] 温国才. 我国产业结构调整与优化的对策初探 [J]. 暨南学报 (哲学社会科学版), 2002 (2): 73 – 79.

[130] 乌兰图雅. 京津冀协同发展与日本的经验 [J]. 东北亚学刊, 2015 (3): 11 – 14.

[131] 吴娜. 广东金融发展与经济增长的灰色关联分析 [J]. 经济研究导刊, 2016.

[132] 吴艳华. 经济视域下的中国人类发展研究 [C]. 吉林大学, 2014.

[133] 吴云勇. "十二五" 期间中国农民持续增收的路径选择研究 [M]. 北京: 中国社会科学出版社, 2012.

[134] 吴云勇. 中国农民持续增收的路径选择研究 [C]. 辽宁大学, 2008.

[135] 伍茜蓉, 蒋团标. 珠江—西江经济带产业结构优化指标体系的构建与评价 [J]. 企业科技与发展, 2018 (2): 11 – 13 + 16.

[136] 库兹涅茨. 现代经济增长 [M]. 北京: 经济出版社, 1988.

[137] 习近平. 推动形成优势互补高质量发展的区域经济布局 [J]. 求是, 2019 (24).

[138] 夏平华, 宋之光, 肖贤明. 广东省产业结构高级化环境影响

模型的建立及实证分析 [J]. 科技管理研究, 2008 (2): 97 - 101.

[139] 项英辉, 张豪华. 交通基础设施投资对东北产业结构升级的影响 [J]. 工程经济, 2019, 5.

[140] 谢地. 新一轮东北老工业基地振兴的若干认识问题 [J]. 东北财经大学学报, 2017 (6): 79 - 81.

[141] 邢玉升. 东北三省产业结构的现状、演进及其变动 [J]. 北方经贸, 2016 (12): 40 - 41.

[142] 熊彼特. 经济发展理论 [M]. 何畏, 易家详等译, 北京: 商务印书馆, 1999: 290 - 299.

[143] 熊琳, 张平宇, 谭俊涛, 刘文新. 东北三省人口结构与经济发展的时空耦合特征 [J]. 中国科学院大学学报, 2017, 34 (3): 342 - 350.

[144] 徐东, 栾贵勤, 张婉琳. 产业结构调整时期的金融发展分析——基于调整后产业结构指标的上海实证分析 [J]. 科技与管理, 2014.

[145] 徐红芬, 刘小辉, 郑宵鹏. 我国中小商业银行风险状况评估研究——以上市城商行为例 [J]. 金融理论与实践, 2019 (8): 62 - 70.

[146] 徐泰玲. 长三角产业集群模式比较及发展策略 [J]. 东吴学术, 2010 (3): 90 - 95.

[147] 徐仙英, 张雪玲. 中国产业结构优化升级评价指标体系构建及测度 [J]. 生产力研究, 2016 (8): 47 - 51.

[148] 徐卓顺. 新时代产业结构调整的思考——以吉林产业结构调整为例 [J]. 湖北文理学院学报, 2018 (2): 61 - 65.

[149] 杨丽君, 邵军. 中国区域产业结构优化的再估算 [J]. 数量经济技术经济研究, 2018, 35 (10): 59 - 77.

[150] 杨永平, 周晓勤. 区域一体化的东北地区综合交通运输发展战略 [J]. 综合运输, 2013, 7.

[151] 杨宇, 董雯, 刘毅, 李小云. 东北地区资源型产业发展特征及对策建议 [J]. 地理科学, 2016, 36 (9): 1359 - 1370.

[152] 杨治. 产业经济学导论 [M]. 北京: 中国人民大学出版社, 1985.

[153] 于庆华. 2010 年东北三省及内蒙古自治区区域民营经济发展报告 [A]. 中国民营经济发展报告 No. 8（2010～2011）[C]. 中华全国工商业联合会研究室，2011：13.

[154] 余振，顾浩. 全球价值链下区域分工地位与产业升级对策研究——以东北三省为例 [J]. 地理科学，2016，36（9）：1371 - 1377.

[155] 俞一珍，王章豹. 我国区域产业结构优化升级水平评价及聚类分析 [J]. 科技和产业，2016，16（6）：17 - 24 + 46.

[156] 岳军. 制度创新：中国产业结构优化的出路所在 [J]. 山东大学学报（哲学社会科学版），2003（5）：106 - 109.

[157] 张保胜. 动态优化与创新驱动：东北地区产业结构优化问题分析 [J]. 商丘师范学院学报，2008（11）：77 - 81.

[158] 张建华，李博. KLEMS 核算体系与产业结构优化升级研究 [J]. 当代经济研究，2008（4）：12 - 16.

[159] 张军涛，梁智勇. 辽宁产业结构分析与振兴策略 [J]. 渤海大学学报（哲学社会科学版），2005（5）：77 - 81.

[160] 张磊. 产业结构优化对区域经济发展的影响分析 [D]. 天津大学硕士论文，2014.

[161] 张立厚，陈鸣中，张玲. 石龙镇产业结构优化的系统仿真分析 [J]. 工业工程，2000（3）：51 - 54.

[162] 张立柱. 区域产业结构动态性评价与应用研究 [C]. 山东科技大学，2007.

[163] 张平，王树华. 产业结构理论与政策 [M]. 武汉：武汉大学出版社.

[164] 张璞. 内蒙古产业结构优化研究 [D]. 天津大学，2010.

[165] 张琴. 国际产业转移对我国产业结构的影响研究——基于1983 - 2007 年外商直接投资的实证分析 [J]. 国际贸易问题，2012（4）：137 - 144.

[166] 张为杰，张景. 地区产业转型对经济增长质量的贡献度研究——来自京津冀地区的经验 [J]. 经济体制改革，2012（2）.

［167］张文伟. 常州制造业空间布局研究［D］. 河海大学，2007.

［168］张晓兰. 东京和纽约都市圈经济发展的比较研究［D］. 吉林大学东北亚研究所，2013.

［169］张欣钰，唐晓华，周帅. 环境、经济、就业多重约束下的制造业产业结构优化调整研究——以东北地区为例［J］. 经济体制改革，2019（3）：86 - 93.

［170］张亚斌. 中国所有制结构与产业结构的耦合研究［M］. 北京：人民出版社，2001.

［171］赵昌文，李晓华，李政，银温泉，杨荫凯，王佳宁. 新一轮东北振兴改革传媒发行人、编辑总监王佳宁深度对话五位专家学者［J］. 改革，2015（9）：5 - 30.

［172］周琴. 产业结构优化的路径选择——一般理论及其对长三角的应用分析［D］. 上海社会科学院，2010.

［173］周荣荣. 长三角产业结构优化调整与经济转型升级［J］. 统计科学与实践，2012（7）：6 - 10.

［174］周叔莲. 中国产业政策研究［M］. 北京：经济管理出版社，2007.

［175］周振华. 产业结构优化论［M］. 上海：上海人民出版社，1992，89 - 90.

［176］朱会霞，刘文昌，张彩虹. 基于马尔可夫模型的东北三省产业结构预测［J］. 中国农学通报，2016，32（21）：194 - 198.

［177］Lee, J. Trade, FDI, and productivity convergence：A dynamic panel data approach in 25 countries［J］. Japan & The World Economy, 2008, 21（3）.

［178］Peneder, M. Industrial structure and aggregate growth［J］. Structural Change and Economic Dynamics, 2003（14）：427 - 448.

［179］Romer, P. Endogenous Technological Change［J］. Journal of Political Economy, 1990（11）.

后　　记

新时代，辽、吉、黑三省单打独斗，各自为战，已解决不了东北老工业基地在全面振兴、全方位振兴过程中出现的问题。本书基于区域经济一体化的视角，提出新时代东北老工业基地应该重在进行一体化产业结构升级，这是东北地区在新时代建设成"具有国际竞争力的先进装备制造业基地和重大技术装备战略基地，国家新型原材料基地、现代农业生产基地和重要技术创新与研发基地"的必由之路。

本书在写作和出版过程中，得到了很多学者的大力支持。首先要感谢的是中央民族大学黄泰岩教授和辽宁大学林木西教授。两位教授都是"长江学者"，让学生高山仰止，能抽出时间予以细致指导，提携后辈，幸甚至哉！其次要感谢的是李华教授，作为我们博士求学阶段的导师，一直关心着学生的成长，他早在2005年就出版了《产业结构优化与国有经济战略性调整》一书，作为本领域的学术大伽，为本书的修改提出了很多宝贵的意见。最后，还要感谢王大超教授、孙才志教授、和军教授、赵德起教授，他们提出了很多很好的建设性建议，让我们茅塞顿开，少走了许多弯路，在此一并表示感谢！

同时，感谢王璐主任、张伟主任、李文国教授、张莉莉教授、贾洪波博士、王杰力博士、梁颜鹏博士、邱野老师、李楠老师、丁义文老师、李雯老师、赵薇老师、袁晖光博士、马喆博士、何丽双博士、王磊博士……这些好友在研究过程中的热心帮助和不断激励让我们特别感动！感谢辽宁大学硕士研究生陈燃、崔晓丹、葛林芳、刘叶芬、刘华娟、王炳峰，他（她）们参与了整个的调研、写作及校对过程，炎炎夏日，辛苦之极！

　　在本书出版过程中，也得到了经济科学出版社程铭老师、于海汛老师的热情帮助，书稿模型多、数据多，校对难度大，两位老师的止于至善的工作精神让人感动！本书是 2019 年辽宁省教育厅科学研究经费年度项目"新时代东北三省产业结构优化路径研究"（LJC201931）的最终成果。